RONALD
REAGAN

BILL O'REILLY
& MARTIN DUGARD

RONALD
REAGAN

TRADUÇÃO DE **LUCAS JIM**

4ª edição

EDITORA RECORD
RIO DE JANEIRO • SÃO PAULO

2023

CIP-BRASIL. CATALOGAÇÃO NA PUBLICAÇÃO
SINDICATO NACIONAL DOS EDITORES DE LIVROS, RJ

O'Reilly, Bill, 1949-

O75   Ronald Reagan: o atentado, os bastidores e as polêmicas de um dos presidentes
4ª ed.   mais populares dos EUA / Bill O'Reilly, Martin Dugard; tradução de Lucas Jim. –
4ª ed. – Rio de Janeiro: Record, 2023.
il.

Tradução de: Killing Reagan: the violent assault that changed a presidency
Inclui índice
ISBN 978-85-01-10769-5

1. Reagan, Ronald, 1911-2004 – Tentativa de assassinato – História.
2. Presidentes – Estados Unidos – Biografia. 3. Estados Unidos – Política e
governo. I. Dugard, Martin, 1961-. II. Título.

16-34719

CDD: 973.922
CDU: 929:32(73)

Copyright © Bill O'Reilly e Martin Dugard, 2016

Mapas: Gene Thorp, adaptados por Rafael Nobre e Paula Cruz | Babilonia Cultura
Editorial.

Título original em inglês: Killing Reagan: the violent assault that changed a presidency

Todos os direitos reservados. Proibida a reprodução, armazenamento ou transmissão de
partes deste livro, através de quaisquer meios, sem prévia autorização por escrito.

Texto revisado segundo o Acordo Ortográfico da Língua Portuguesa de 1990.

Direitos exclusivos de publicação em língua portuguesa para o Brasil adquiridos pela
EDITORA RECORD LTDA.
Rua Argentina, 171 – 20921-380 – Rio de Janeiro, RJ – Tel.: (21) 2585-2000,
que se reserva a propriedade literária desta tradução.

Impresso no Brasil

ISBN 978-85-01-10769-5

Seja um leitor preferencial Record.
Cadastre-se no site www.record.com.br e
receba informações sobre nossos
lançamentos e nossas promoções.

Atendimento e venda direta ao leitor:
sac@record.com.br

Este livro é dedicado a todos aqueles
que cuidam de pessoas idosas.
Vocês são nobres.

Deus tinha um propósito divino ao colocar este país entre dois grandes oceanos, para ser descoberto por aqueles que tinham um amor especial pela liberdade e pela coragem.

— *Ronald Reagan*

Sumário

Lista de mapas	11
Prólogo	13
Capítulo 1	17
Capítulo 2	33
Capítulo 3	47
Capítulo 4	59
Capítulo 5	67
Capítulo 6	77
Capítulo 7	79
Capítulo 8	93
Capítulo 9	105
Capítulo 10	119
Capítulo 11	123
Capítulo 12	137
Capítulo 13	149
Capítulo 14	155
Capítulo 15	169
Capítulo 16	175
Capítulo 17	189
Capítulo 18	195
Capítulo 19	205

Capítulo 20	229
Capítulo 21	243
Capítulo 22	259
Capítulo 23	265
Capítulo 24	275
Capítulo 25	287
Capítulo 26	293
Capítulo 27	299
Capítulo 28	309
Capítulo 29	319
Capítulo 30	325
Capítulo 31	331
Capítulo 32	341
Capítulo 33	347
Posfácio	351
Nota dos autores	359
Agradecimentos	361
Fontes	363
Índice	367

Lista de mapas

Pacific Palisades	138
Incidente de Chappaquiddick	161
Tentativa de assassinato	206
Guerra das Malvinas	250

Prólogo

RESIDÊNCIA DOS REAGAN
BEL AIR, CALIFÓRNIA
5 DE JUNHO DE 2004
13h08

O homem que tem apenas mais um minuto de vida já não está mais confuso.

Ronald Reagan entrou em coma há dois dias. Sua esposa, Nancy, está sentada ao seu lado na cama, segurando a mão do ex-presidente. Física e emocionalmente exausta pela provação, ela soluça baixinho enquanto sacode o corpo em sofrimento. A respiração de Reagan ficou irregular e inconsistente. Depois de dez longos anos de uma lenta descida em direção ao túmulo, principalmente em virtude do mal de Alzheimer, uma crise de pneumonia causada por partículas de alimento presas nos pulmões tratou de acertar o golpe final. Nancy sabe que a hora de seu amado Ronnie chegou.

Incluindo Reagan, seis pessoas lotam o quarto. Estão presentes o médico, dr. Terry Schaack, e Laura, a enfermeira irlandesa cujo meigo sotaque é conhecido por acalmar o presidente. Dois de seus filhos permanecem ao lado da cama: Ron, 46 anos, e Patti, 51. Ambos estão há dias em vigília com a mãe. Eles se tornaram famosos por entrar em conflito com os pais, mas hoje as discussões cessaram e prestam todo apoio emocional a Nancy. Michael, filho adotivo do primeiro casamento de Reagan, também foi chamado, mas, preso no trânsito de Los Angeles, perderá o último suspiro do pai.

Fora da casa térrea, de três quartos, a névoa vinda do Pacífico dissipou-se, sendo substituída por um quente sol de verão. As hortênsias e camélias brancas estão em plena florescência. Uma horda midiática juntou-se em St. Cloud Road, na elegante vizinhança de Bel Air, onde fica a casa de Reagan.[1] Todos esperavam, com suas câmeras e carros de transmissão de TV, o inevitável momento em que morrerá o quadragésimo presidente dos Estados Unidos. O ex-ator e ex-jogador de futebol americano universitário tem 93 anos. Quando tinha 60, era tão vigoroso que cavalgava por horas nas colinas de seu rancho, em Santa Bárbara, e ainda limpava sozinho o mato de vários hectares de encostas densas.

Há alguns anos, porém, sua mente o traiu. Reagan entrou lentamente em uma demência tão grave que não aparece em público faz uma década. A principal causa para o problema pode ter sido genética, já que sua mãe também não estava lúcida em seus últimos dias. Ou o resultado de uma experiência de quase-morte, por conta de uma tentativa de homicídio, 23 anos antes. Seja qual for a razão, o declínio de Reagan é dramático. Nos últimos dez anos, passou quase todos os dias dormindo ou olhando de sua varanda para a extraordinária vista de Los Angeles. Seu sorriso é caloroso, mas sua mente é vaga. Com o

---

[1] Um grupo de amigos de Reagan comprou a residência por 2,5 milhões de dólares, enquanto ele ainda ocupava a Casa Branca. A casa foi alugada para ele com a opção de compra, que foi aceita em dezembro de 1989. Reagan pagou 3 milhões de dólares por ela. A casa tem por volta de 2.200m² e fica em um terreno de aproximadamente 5.200m², dispondo de uma piscina, três quartos e seis banheiros. Ao lado, fica a mansão Kirkeby Estate, que serviu de cenário para a série *The Beverly Hillbillies*. Apesar do preço da casa de Reagan, um agente imobiliário observou que "é uma casa muito comum — Reagan deve ser o homem mais pobre de Bel Air".

tempo, perdeu a capacidade até mesmo de reconhecer os familiares e amigos. Quando a filha mais velha do primeiro casamento de Reagan, Maureen, estava morrendo de melanoma em um hospital de Santa Mônica, em 2001, o ex-presidente internou-se no mesmo prédio para tratar o quadril quebrado — ele estava muito confuso para vê-la.

O homem que usa um confortável pijama e está sobre uma cama hospitalar, em casa, é apenas uma sombra do que já foi. Nas últimas vezes em que se abriram, os olhos azuis estavam densos e acinzentados. A voz, que antes era capaz de grandes discursos, está em silêncio.

Outro suspiro. Este mais irregular do que o último. As lágrimas de Nancy caem sobre os lençóis, no início da agonia do marido.

De súbito, Ronald Reagan abre os olhos. Olha fixamente para Nancy. "Eles não eram nem pálidos nem vazios", escreveu Patti Davis, sobre os olhos do pai. "Eram claros, azuis e cheios de amor."

O quarto fica em silêncio.

Reagan fecha os olhos, dá o último suspiro.

O ex-líder do mundo livre, o homem que derrotou o comunismo soviético e deu um fim à Guerra Fria, está morto.

1

CONVENTION CENTER MUSIC HALL
CLEVELAND, OHIO
28 DE OUTUBRO DE 1980
21h30

O homem que viverá por mais 24 anos entra no palco.

Aplausos cordiais são direcionados a Ronald Reagan enquanto caminha em direção ao púlpito, no debate presidencial de 1980.[1] Ex-astro de cinema e ex-governador da Califórnia por dois mandatos, luta para se tornar o presidente dos Estados Unidos aos 69 anos — uma idade relativamente avançada. Os cabelos escuros e bem arrumados, que jura não tingir, são mantidos no lugar por um simples e barato creme para pentear.[2] Suas bochechas estão visivelmente rosadas, como se tivessem sido maquiadas — apesar de que a cor pode ser resultado do copo de vinho que ele tomou no jantar. Com 1,82m de altura e pesando 86kg, Reagan é alto e se mantém

---

[1] Seriam realizados três debates na campanha de 1980, devido à presença de um terceiro candidato, John Anderson. O congressista republicano pelo estado de Illinois concorreu como independente. O presidente Carter se recusou a debater com Anderson, o que deu a Reagan e a Carter a chance de um confronto frente a frente.

[2] Os cabelos de Reagan eram castanhos, mas a aparência úmida de seu penteado fez com que parecessem mais escuros.

ereto. Sua aparência, porém, não intimida; pelo contrário, aparenta ser agradável e gentil.

O oponente do ex-governador é o presidente em exercício Jimmy Carter. Com 1,79m e 70kg, o esbelto Carter tem a aparência de um homem que praticou *cross country* na faculdade. A verdade é que o atual presidente ainda arranja tempo para correr 6 quilômetros por dia. É viciado em política e mergulha em cada nuance da campanha. Teve um enorme crescimento nas pesquisas nos últimos dois meses e está ciente de que, faltando apenas uma semana para o dia da eleição, a corrida está praticamente empatada. O vencedor deste debate provavelmente ganhará a presidência. Se for Carter, sua virada será uma das maiores da história moderna.[3] Uma derrota, por outro lado, pode fazer dele o primeiro presidente, em quase cinquenta anos, a ser retirado do cargo depois do primeiro mandato. Ele ainda apresenta um semblante pueril aos 56 anos, embora tenha o rosto marcado pelos rigores da presidência. E agora fica frente a frente com seu oponente, a quem detesta.

O sentimento é mútuo. Reagan, privadamente, se refere ao presidente dos Estados Unidos como "um bostinha".

* * *

O presidente Carter está em pé, atrás de um púlpito azul, e mira maliciosamente o oponente, com o canto dos olhos. É franco e não acredita que Ronald Reagan tenha um intelecto equivalente ao seu. Declarou publicamente que Reagan é "falso e perigoso" e "diferente de mim em quase todos os elementos básicos a respeito do comprometimento, da experiência e das promessas com o povo americano".

---

[3] O âncora Walter Cronkite, da *CBS News*, é uma das razões de Jimmy Carter estar perdendo. Todas as noites, o jornalista informava ao público o número de dias em que os reféns americanos eram mantidos no Irã. Isso ajudou os eleitores a depositar menos confiança em Carter.

No discurso de nomeação, durante a Convenção Nacional Democrata, em agosto de 1980, Carter deixou claro que a próxima eleição seria "uma escolha difícil entre dois homens, dois partidos e duas imagens muito distintas do que a América e do que o mundo significam".

O presidente concluiu, ao acrescentar à sua fala, que "é uma escolha entre dois futuros".

Carter parece mesmo ser o mais inteligente. Ele se formou em 59º lugar, numa classe de 820 alunos, na Academia Naval dos Estados Unidos, e passou a carreira militar a bordo de submarinos nucleares. O georgiano, de sorriso aberto, domina fatos e números com facilidade. Tem experiência prática em política externa e doméstica e faz, frequentemente, com a voz calma, breves discursos intelectualizados.

Em 1976, derrotou seu adversário republicano, Gerald R. Ford, nos três debates realizados. Tem certeza de que fará o mesmo esta noite. O analista político Pat Caddell, principal autoridade do país em eleições presidenciais e integrante da campanha democrata, prevê que Carter conquistará a eleição ao sair vitorioso deste decisivo debate.

Dois meses atrás, a vantagem de Reagan nas pesquisas era de 16 pontos. Se a eleição fosse realizada hoje, as pesquisas indicam que Carter iria conquistar 41% dos votos, e Reagan, 40%. Mesmo assim, Caddell aconselhou veementemente Carter a não debater com o republicano. O maior golpe político contra Reagan é a percepção de que é um belicista. Caddell acredita que um debate daria ao republicano a oportunidade de afastar essa imagem ruim, ao se mostrar simpático e calmo em vez de impulsivo. Assim que ficou evidente que Carter tinha mesmo a intenção de participar de um debate público, seus conselheiros pressionaram a favor de um formato mais longo, de 90 minutos — modelo que será o usado esta noite —, porque esperam que Reagan se desgaste falando alguma bobagem.

Não seria a primeira vez. Ronald Reagan é tão propenso a dizer a coisa errada na hora errada que sua equipe de campanha o chama de "velho-da-gafe". Talvez a pior gafe pública de sua carreira ocorrerá no Brasil. Ao falar em um jantar em Brasília, vai levantar uma taça e propor um brinde ao povo da Bolívia.[4]

Reagan não é nenhum tolo e é muito mais incisivo que Carter quando se trata do regime comunista da União Soviética. Abomina o comunismo, embora não tenha nenhuma experiência com política externa para fazer menção a ele. Memoriza discursos e frases em vez de se aprofundar em estudos ou em detalhes específicos. Apesar de isso não causar problemas na maioria dos eventos de campanha, quando pode ler um discurso previamente escrito, esse pormenor poderá ser um transtorno aqui em Cleveland: as regras do debate estipulam que nenhum candidato tem permissão para trazer anotações ao palco.

Mesmo assim, Reagan não admite que está em desvantagem. Acredita que suas habilidades em comunicação compensarão suas deficiências acadêmicas. Reagan é muito diferente daquilo que a maioria das pessoas imagina. Tem um exército de conhecidos, mas poucos amigos. Fala abertamente sobre políticas públicas, mas é raro compartilhar os pensamentos mais íntimos. Alguns integrantes da equipe de campanha acham que Reagan é distante e preguiçoso, já que frequentemente deixa terceiros tomarem decisões difíceis em seu lugar. Outros, no entanto, julgam seu modo de ser dócil, simpático e agradável, e veem como libertador o estilo descentralizado de gestão.

Reagan não se importa com o que os outros pensam. Segue em frente com confiança e raramente demonstra qualquer dúvida sobre si mesmo.

---

[4] Ele imediatamente tentou consertar o deslize ao acrescentar: "É para lá que estou indo", referindo-se à série de viagens por quatro países sul-americanos que faria. Mas, na verdade, ele não estava indo à Bolívia. Sua próxima parada foi a Colômbia, cuja capital é Bogotá. Funcionários tentaram disfarçar, alterando a transcrição do discurso para "Bogotá". Quando perguntaram o porquê, eles responderam que era o que Reagan pretendia dizer e se recusaram a corrigir.

Para atrair sorte para o debate, o ex-ator viajou na semana passada para Illinois, seu estado natal, e visitou o túmulo de Abraham Lincoln. Ele esfregou o nariz na estátua do grande debatedor de política, esperando que algum brilho lhe fosse transferido.

Reagan não se sente intimidado. Sobre Carter, disse condescendentemente: "Ele sabe que não pode vencer nem mesmo um debate que fosse realizado no jardim da Casa Branca, perante uma plateia de funcionários da própria administração e com perguntas sendo feitas por Jody Powell", fazendo referência ao porta-voz do presidente em exercício.

A verdade, entretanto, mostra que a campanha de Reagan perdeu o ímpeto que possuía. "A campanha presidencial de Ronald Reagan estaria ficando sem combustível", escreveu o *Wall Street Journal*, em 16 de outubro.

"Eu acho que Reagan está escorregando em todos os lugares", disse um de seus principais assessores a repórteres durante uma conversa informal. "Se não fizer algo grandioso, ele vai perder."[5]

Enquanto isso, os assessores de Carter estão quase cegos com seu próprio otimismo. "Está tudo como deveria estar para vencermos", disseram à revista *Newsweek*.

Pontualmente, às 21h30, o debate começa.

* * *

Ruth Hinerfeld, da Liga das Mulheres Eleitoras, abre a programação com um breve discurso. Ela fala suas poucas frases cuidadosamente, em tom hesitante, antes de passar a palavra ao mediador da noite,

---

[5] Embora esta citação não tenha o autor identificado, as pessoas dos círculos de Reagan e Carter acreditam que essas palavras foram ditas pelo falecido Lyn Nofziger (1924-2006), um político veterano conhecido por sua franqueza com a imprensa.

o veterano jornalista Howard K. Smith, da *ABC News*. Smith está posicionado em uma mesa à frente do palco, com o paletó aberto e a gravata afrouxada.

"Obrigado, sra. Hinerfeld", diz ele, antes de introduzir os quatro jornalistas que vão sabatinar os dois candidatos.[6] O burburinho e os aplausos que eram ouvidos na sala há poucos momentos foram substituídos por um palpável nervosismo. Há uma sensação de que esta noite pode mudar o curso da história dos EUA.

***

Como os candidatos bem sabem, a década de 1970 foi brutal para os EUA. Em 1974, o presidente Richard Nixon renunciara, sob ameaça de impeachment, após o caso Watergate. O crescimento descontrolado da máquina de guerra da União Soviética e o fracasso americano na Guerra do Vietnã mexeram no equilíbrio do poder mundial. Internamente, a inflação, as taxas de juros e o desemprego estão nas alturas. A escassez de gasolina causa filas quilométricas em postos de combustível. E o pior de tudo: uma contínua humilhação teve de ser enfrentada quando radicais iranianos invadiram a embaixada americana de Teerã, em 1979, e levaram quase todos os funcionários como reféns. Cerca de seis meses depois, uma tentativa de resgate falhou miseravelmente, resultando na morte de oito soldados americanos. Daqui a uma semana, quando os americanos forem às urnas para escolher o novo presidente dos EUA, os 52 reféns terão passado um ano em cativeiro.

Os Estados Unidos ainda são uma superpotência, mas talvez exista agora um certo ar de derrota a definir a perspectiva nacional.

---

[6] Barbara Walters, da *ABC News*; William Hilliard, do *Portland Oregonian*; Marvin L. Stone, do *US News & World Report*; e Harry Ellis, do *Christian Science Monitor*.

O pequeno teatro onde o debate será realizado foi construído logo após a Primeira Guerra Mundial, no momento em que os EUA vinham demonstrando sua grandeza no cenário internacional e assumido a supremacia global pela primeira vez. Nesta noite, há apenas uma única pergunta na mente de muitos que assistem ao debate:[7] o país pode ser consertado? Ou, mais precisamente, os melhores dias dos Estados Unidos ficaram no passado?

* * *

"Governador", pergunta Marvin Stone, editor da revista *US News & World Report*, "você tem sido criticado por ser exageradamente precipitado ao defender o uso da força, da ação militar, para lidar com as crises externas. De forma específica, quais são as diferenças entre vocês dois no que tange ao uso do poderio militar americano?"

A carreira de Reagan como ator de Hollywood foi formada por uma série de altos e baixos pessoais. Vivenciou frustrações e um divórcio, para além de sofrer a humilhação de atuar em filmes que o fizeram cair no ridículo. Porém, aprendeu a se comportar quando pressionado e conheceu bem a arte da comunicação. Agora, quando Stone tocou naquilo que alguns veem como uma fraqueza gritante no currículo de Reagan, suas habilidades em comunicação o abandonaram. Ele tateia em busca das palavras corretas. Pausas estranhas surgem no lugar da eloquência. "Eu acredito de todo meu coração", diz lentamente, como se tivesse esquecido por completo a pergunta, "que nossa maior prioridade deve ser a paz mundial."

Nos bastidores, no camarim da campanha de Carter, a equipe do presidente explode em gargalhadas, ao assistir pelo monitor de televisão a um candidato desconfortável.

---

[7] Três mil pessoas estão no auditório e 80,6 milhões assistem em casa, pela televisão.

A resposta de Reagan ainda não acabou, e é nítido que tenta deixar o embaraço para trás e voltar ao texto bem ensaiado que fora preparado para esta noite. "Eu tenho filhos", finalmente diz, ao achar uma forma de usar um de seus roteiros. "Eu tenho um neto. E não quero nunca mais ver outra geração de jovens americanos sangrarem em praias do Pacífico, em arrozais e florestas da Ásia, ou em enlameados e sangrentos campos de batalha da Europa."

A cerca de 3 metros de distância, Carter segura o púlpito como se estivesse em uma igreja. Os olhos estão cansados, e o rosto, tenso.[8] Naturalmente teimoso, ele está esgotado depois de ficar acordado até tarde tentando negociar a libertação dos reféns americanos no Irã. As conversações estão em uma fase delicada e Carter sabe que sua vitória eleitoral estará garantida se a negociação for bem-sucedida. Ele está tão preocupado com essa questão que inicialmente se recusou a gastar tempo preparando-se para o debate. A falta de sono o deixou intolerante, tenso, difícil no trato. O cansaço também dificulta que o presidente esconda o desprezo por Reagan, com quem divide o palco.

Quando chega sua vez de responder a mesma pergunta, Jimmy Carter fala de modo simples, lembrando ao público presente e aos milhões de telespectadores que lhe assistem que está comprometido com uma sólida defesa da nação. Ao falar sobre a natureza da resolução de problemas, Carter cita o jornalista americano Henry Louis Mencken. É uma alusão literária que pretende lembrar o público de seu intelecto apurado, mas é um passo em falso — Mencken era contra a religião, desconfiava da democracia e era um elitista. A menção é também uma tentativa velada de conquistar aqueles mais inclinados à esquerda do Partido Democrata. Porém, para o público

---

[8] A campanha de Reagan solicitou que os púlpitos ficassem lado a lado, pois isso iria ressaltar a altura de seu candidato. A campanha de Carter recusou. Na noite do debate, como notou um observador, os púlpitos estavam "separados tanto quanto possível, sem sair do palco".

americano, democratas e republicanos são idênticos sob o ponto de vista patriótico. Os dois anseiam por um retorno aos valores americanos mais simples e justos. As palavras de H. L. Mencken destoam e fazem Carter parecer distante.

Stone vai ao ataque. O editor calvo inclina-se até o microfone. Ele fala com o presidente dos Estados Unidos como se estivesse interpelando um de seus jovens e inexperientes repórteres. "Sob quais circunstâncias você usará forças militares para lidar, por exemplo, com um fechamento das linhas de petróleo no Golfo Pérsico, ou a fim de combater uma expansão russa para além do Afeganistão, Irã ou Paquistão? Faço esta pergunta tendo em vista as acusações de que nossas forças estão, lamentavelmente, despreparadas para enfrentar — e enfatizo a palavra *enfrentar* — o poder naquela parte do mundo."

Carter recorrerá ao copo d'água por onze vezes esta noite. Este é o seu *tell*, como os jogadores de pôquer chamam qualquer tique nervoso que possa demonstrar desconforto. Outro *tell* é que pisca constantemente quando está pouco à vontade.

"Trataremos essa questão de forma pacífica, sem colocar as forças militares americanas em combate, permitindo que o poder da nossa nação seja percebido de modo benéfico", ele responde com suas pálpebras tremendo, como se estivesse olhando para o sol. "Isso, creio eu, garante que os nossos interesses sejam protegidos na região do Golfo Pérsico, assim como fizemos no Oriente Médio e em todo o mundo."

Essa não é uma resposta. É uma fuga. Carter tenta parecer presidenciável e acima da disputa, mas a verdade é que aparenta ser indeciso e, de certa forma, fraco.

Quando Reagan responde a essa mesma pergunta, tropeça outra vez — apenas por um breve momento. Sua forma de pensar parece mais clara. Reagan havia ensaiado para o debate com o consultor David Stockman, cuja inteligência aguçada rivaliza com a de Carter.

Toda essa prática pode ser vista agora na confiança reavivada de Reagan, que subitamente começa a expor uma série de estatísticas. Ele discorre sobre a redução de 38% na força militar dos Estados Unidos sob a presidência de Carter e a recusa da administração em construir sessenta navios que a Marinha julga necessários para cumprir suas missões pelo mundo. Cita também os programas para fabricar novos bombardeiros, mísseis e submarinos americanos, estagnados ou totalmente interrompidos pela teimosia de Carter.

A indignação na voz de Reagan chega direto aos ouvidos dos telespectadores, fartos da decadência americana.

Jimmy Carter recorre ao copo d'água.

* * *

A mais de 1.600 quilômetros ao oeste, na cidade de Evergreen, Colorado, um andarilho de 25 anos não dá muita atenção ao debate. Em vez disso, John Hinckley Jr. está debruçado sobre os planos para impressionar Jodie Foster, a jovem atriz que estrelou o filme *Taxi Driver*, em 1976, ao lado de Robert De Niro — Hinckley já viu o filme mais de quinze vezes. Mesmo sem nunca a ter conhecido, considera a atriz o amor de sua vida e está determinado a conquistar seu coração.

A obsessão pela atriz de 18 anos é tão cega que o fez mudar-se temporariamente para New Haven, Connecticut, a fim de persegui-la enquanto estuda na Universidade de Yale. O rapaz já havia abandonado a faculdade, incapaz de concentrar-se nos próprios estudos, e, ainda assim, quase não teve dificuldade para conseguir frequentar as mesmas classes que Foster. Em New Haven, ele passava bilhetes de amor por baixo da porta do dormitório da jovem, e, em um ousado momento, encontrou o número de telefone dela e a convidou para jantar. Chocada, ela recusou. Foster ficou tão perplexa com as subsequentes investidas de Hinckley que deixou de falar a respeito por anos.

Agora, quase sem dinheiro e morando novamente na casa dos pais, John Hinckley se pergunta sobre como fazer Jodie Foster mudar de ideia. Os planos são grandiosos e bizarros. Ele vislumbrou um suicídio bem na frente da atriz ou, talvez, o sequestro de um avião.

Planejou até mesmo o assassinato do presidente Jimmy Carter.

O rechonchudo Hinckley, que usa franja em uma cabeleira despenteada, tem agendado um encontro com um psiquiatra, para tratar a esquizofrenia que lentamente toma conta do cérebro. Ainda falta uma semana para a consulta. Nenhuma forma de terapia jamais vai impedi-lo de pensar em Jodie Foster — ou sobre até onde pode ir para ganhar o amor da moça. Neste momento, sentado num pequeno quarto no porão, pensa em suicídio.

A cabeceira da cama está coberta de frascos de pílulas. Ainda vai demorar alguns dias para que tome coragem, mas vai valer-se, em breve, de um vidro em que se lê "Valium". E tomará uma dose letal.

Mais uma vez, John Hinckley falhará.

Ele acordará enjoado, mas vivo, e prometerá encontrar uma nova maneira para impressionar Jodie Foster.

Suicídio não é a resposta. Claramente, alguém precisa morrer.

* * *

Quase na metade dos 94 minutos de debate, Ronald Reagan leva a conversa para o lado pessoal: "Eu conversei brevemente com um homem que me fez uma simples pergunta", diz seriamente. "Posso ter esperança de que tomarei conta da minha família novamente?"

Assistindo de uma posição lateral do palco, Nancy Reagan pode ver que o marido ganha confiança a cada pergunta. É um alívio, pois ela estava com tanto medo de seu Ronnie dizer alguma bobagem que, no começo, opusera-se ao debate. Mais que a opinião de qualquer um dos assessores, é a opinião de Nancy que mais importa para Reagan. Eles estão casados há 28 anos, e ela é a força motriz por trás da campanha presidencial. Durante todo o casamento, Reagan a chamou de *Mommy* (mamãe), um termo carinhoso que é ridicularizado por alguns jornalistas.

Nancy Reagan usa vestidos tamanho 36, tem pernas finas e tornozelos grossos. Sua mãe era atriz e seu pai adotivo, um renomado cirurgião. Nancy cresceu determinada a se tornar famosa.[9] Ela precisa de tranquilizantes para dormir e, às vezes, estressada, explode em lágrimas. Existe rigor em sua voz quando corrige o marido ou se certifica de que algum membro da equipe de campanha está sendo apropriadamente disciplinado. Diz ficar surpresa quando vê a imprensa retratá-la como uma conivente Lady Macbeth, mas a descrição não é totalmente fantasiosa. Nancy é, de longe, a metade mais severa do casal Reagan, e está disposta a vencer esta eleição a qualquer custo.

Trapaças não estão descartadas. Embora ele ainda não saiba, Jimmy Carter teve informações roubadas da Casa Branca e secretamente entregues à campanha de Reagan para o atual debate. Isso lhe permitiu saber de antemão como Carter reagiria a todas as questões. Ninguém está acusando Nancy Reagan de ser a pessoa que planejou o furto — relatórios a respeito do caso não divulgados ao público por mais três

---

[9] Nancy Reagan nasceu em Nova York, em 6 de julho de 1921, e foi batizada Anne Francis Robbins. A mãe era atriz, e o pai, vendedor de carros usados. Os dois se separaram quando a garota, cujo apelido era Nancy, tinha apenas 6 anos. Ela foi enviada para morar com a família em Maryland. Sua mãe se casou novamente com um neurocirurgião de Chicago chamado Loyal Davis, que adotou Nancy e deu a ela seu sobrenome. Em 1949, depois de trabalhar por um tempo como caixa em um comércio, ela viajou para Hollywood, a fim de perseguir o sonho de se tornar atriz. Nesse período, namorou vários nomes proeminentes de Hollywood, entre eles Clark Gable.

anos, e o verdadeiro culpado permanece um mistério.[10] No entanto, é sabido que, quando há tanta coisa em jogo, Nancy não deixa barato. Para ela, ter acesso às anotações de Carter é um golpe de sorte para a campanha de Reagan, e não um crime.

Com o debate indo em frente, Jimmy Carter não faz nenhum favor para a própria campanha. "Eu tive uma conversa com minha filha Amy", diz, referindo-se à filha de 13 anos, "e perguntei a ela qual seria a questão mais importante. Ela disse que pensou no controle de armas nucleares."

No camarim, a equipe de campanha de Carter está perturbada. Enquanto se preparava para o debate, disse que planejava usar sua filha para construir uma argumentação. Sua equipe suplicou que não fizesse isso.

"No final", Pat Caddell lembrou, "ele baixou o nível dizendo: 'Eu sou o presidente. Foda-se.'"

É um erro gigantesco. O presidente dos Estados Unidos permite que uma adolescente decida o que mais importa para o país num momento de enorme crise. Um jornalista escreverá que a declaração foi "Carter no pior momento: fraco e tolo".

Jimmy Carter não pensa dessa maneira. "No debate, foi difícil julgar a percepção geral que foi projetada aos telespectadores", escre-

---

[10] Como observou Craig Shirley no livro *Rendezvous with Destiny*, o falecido Paul Corbin, um democrata influente e amigo da família Kennedy, ressentido por Ted Kennedy ter perdido as primárias de 1980 para Jimmy Carter, admitiu ter roubado o bloco de notas pouco depois de cópias terem sido feitas na Casa Branca, na noite de 23 de outubro. O pequeno caderno foi então dado a William Casey, um ex-espião da Segunda Guerra Mundial que chefiou a campanha de Reagan. Finalmente, em 25 de outubro, as anotações de Carter foram entregues a três pessoas-chave na preparação de Reagan para o debate: James Baker III, David Gergen e David Stockman. Três anos mais tarde, quando o boato sobre o roubo vazou, uma investigação foi feita pelo Congresso e pelo FBI durante dez meses. Corbin não foi apontado como culpado, e a verdade sobre seu envolvimento não apareceu até sua morte, em 1990. Pat Caddell, quando entrevistado para este livro, disse que acredita que Corbin recebeu o caderno de um membro do Conselho de Segurança Nacional que servia na Casa Branca de Carter.

verá à noite em seu diário. "Ele [Reagan] tem suas falas memorizadas. Aperta um botão, e elas saem."[11]

A afirmação de Carter é verdadeira. Assim como todos os atores veteranos, Reagan domina a arte da memorização. E mesmo com um grande número de falas roteirizadas, escritas por ele próprio ou por algum dos assistentes, criou uma frase simples para ridicularizar o oponente. Depois que Carter se lança em uma explicação detalhada e muito entediante sobre a oposição de Reagan ao plano nacional de saúde, o ex-ator faz uma pausa no púlpito. É óbvio que Carter exibe o intelecto para fazer Reagan parecer velho, lento e distante do público. As palavras foram escolhidas para assegurar que as falas decoradas de Reagan não pudessem salvá-lo e tornar óbvio a todos que Jimmy Carter é o mais inteligente dos dois. O que se segue é o melhor de Reagan. Em quatro palavras simples, que serão lembradas por décadas, consegue fazer o presidente parecer ridículo. São palavras que concebeu durante as longas horas de ensaio para o debate, mas que guardava para si mesmo, sabendo que, para ter máxima eficácia deveriam soar completamente espontâneas.

Lentamente, balançando a cabeça, Reagan se vira para Carter e diz: "Lá vai você novamente..."

O auditório explode em gargalhadas. O tom é o mesmo de um pai decepcionado, triste com uma criança que não conseguiu fazer jus às expectativas. As palavras significam tudo e, ao mesmo tempo, nada. É uma frase curta que capta o estado de espírito de uma nação que não quer mais explicações políticas detalhadas sobre o colapso da economia e sobre os americanos estarem sendo mantidos como reféns em um país distante.

---

[11] Momentos depois de o debate ter sido encerrado, um grupo de jornalistas chegou a Jimmy Carter antes que ele pudesse sair do palco. "Você está preparado para declarar vitória? Você ganhou?" Carter se recusou a responder.

A hora de falar já passou. Agora é hora de agir.

Podem até faltar sete dias para a eleição, mas, para James Earl "Jimmy" Carter Jr., de Plains (Geórgia), acabou. O único que não sabe disso é o próprio Carter. "Ambos os lados se saíram bem no debate. Vamos ver qual estratégia é a melhor quando chegarem os resultados na próxima terça-feira", escreve em seu diário.

* * *

Reagan conclui o debate com sucesso. "Você está melhor do que estava quatro anos atrás?", diz para a câmera com sinceridade, envolvido em um apelo emocional ao povo americano. "Está mais fácil para você ir às lojas e comprar as coisas do que estava quatro anos atrás? Há mais ou menos desemprego no país, em comparação a quatro anos atrás? A América é respeitada no mundo, como era antes? Você sente que a nossa segurança é de fato confiável e que somos tão fortes quanto éramos há quatro anos? Se você responder 'sim' a todas essas perguntas, então eu acho que a escolha é muito óbvia em quem você deve votar."

Tão óbvia que a eleição é esmagadora: Ronald Reagan conquista 489 delegados eleitorais; Jimmy Carter, apenas 49.[12]

Em 20 de janeiro de 1981, Ronald Reagan toma posse como o quadragésimo presidente dos Estados Unidos.

John Hinckley Jr. tem um novo alvo.

---

[12] Carter ganhou no seu estado natal, Geórgia, e também em Minnesota, o estado natal do companheiro de chapa, Walter Mondale. A campanha Carter-Mondale ainda conquistou o Havaí, Rhode Island, Virgínia Ocidental, Maryland e o Distrito de Colúmbia.

2

UNIVERSAL STUDIOS
HOLLYWOOD, CALIFÓRNIA
SETEMBRO DE 1950
DURANTE O DIA

A chimpanzé usa um macacão branco e escala os galhos de uma árvore de eucalipto, no jardim da frente no número 712 de Colonial Street.[1] "Peggy" tem 5 anos. Ela nasceu nas selvas da Libéria e foi atraída para o cativeiro por um cacho de bananas. Desde que chegou a Hollywood, é ensinada a compreender 502 comandos de voz, andar em um triciclo, dar saltos mortais e até vestir gravata. Ela se tornou um dos melhores animais da indústria cinematográfica, faturando semanalmente um salário de mil dólares. Agora, com as câmeras rodando, estrela o primeiro papel. O filme é uma comédia maluca chamada *Bedtime for Bonzo*.

---

[1] Essa não é uma rua real, mas um cenário para os filmes da Universal Studios. Casas similares no lote de trás serão usadas para muitas produções nos próximos anos, incluindo a série *Desperate Housewives*, de grande sucesso na televisão.

34 Bill O'Reilly e Martin Dugard

"Ação!", grita o diretor Frederick de Cordova.[2] Peggy obedece instantaneamente às instruções do treinador Henry Craig para fazer o que é mais natural para um de sua espécie: subir em uma árvore.

Alguém poderia pensar, porém, que a interpretação não será assim tão fácil para o coator do filme. Reagan tem 39 anos e se equilibra precariamente no degrau mais alto de uma escada de quase 3 metros, que está encostada no tronco da árvore. Ele usa sapatos sociais, camisa e gravata — não parece ser o melhor traje para uma escalada. O topete, sua marca registrada, está cuidadosamente arrumado com a ajuda de um creme para pentear. Se perder o equilíbrio, não há nenhuma corda de segurança para impedir a queda. Mas isso não é um problema. Quase vinte anos depois de encerrar a carreira no futebol americano da faculdade, o robusto ator ainda é magro e atlético. Reagan sobe com facilidade, com quase nenhum fio de cabelo fora do lugar.

Alguns anos antes, seria ridículo imaginar Ronald Reagan contracenando com um chimpanzé. Era uma estrela contratada pelo estúdio cinematográfico da Warner Bros. e estava caminhando bem para se tornar o tipo de ator que podia escolher qualquer papel que desejasse, assim como os amigos Cary Grant e Errol Flynn.

Em todos os aspectos, a vida de Reagan no início da década de 1940 não poderia ter sido melhor.

Esse tempo, porém, ficou para trás.

* * *

Ele tem 26 anos quando desce de um bonde elétrico na parada da Republic Pictures, em Hollywood. O ano é 1937. A chuva torrencial de abril encharca o jovem locutor de beisebol enquanto ele caminha ra-

---

[2] Fred de Cordova, graduado na Harvard Law School, continuará sua carreira até se tornar o produtor de longa data de Johnny Carson, no *The Tonight Show*. Antes que isso aconteça, Carson escreverá várias piadas curtas para *Bedtime for Bonzo*.

pidamente pela Radford Avenue, até a porta do estúdio. Se Reagan levantasse a cabeça, iria ver o lendário letreiro "HOLLYWOODLAND" a apenas alguns quilômetros acima, nas colinas. Mas ele mantém a cabeça baixa, com o colarinho da capa de chuva firmemente apertado em torno do pescoço.

Holandês, como Reagan é conhecido por familiares e amigos, trabalha cobrindo esportes para a estação de rádio WHO, da cidade de Des Moines, Iowa. Veio ao oeste para visitar o campo de treinamento que o Chicago Cubs usa na primavera, na ilha de Catalina, a aproximadamente 32 quilômetros da costa californiana.[3] A tempestade interrompera o funcionamento da balsa e do hidroavião que levavam a Catalina, dando-lhe um dia livre em Los Angeles. O cantor de música *country* Gene Autry está gravando um novo filme de faroeste chamado *Ritmo serrano*, e alguns dos amigos conterrâneos de Reagan interpretam cantores caubóis.[4] Reagan, que há muito tempo fantasiou ser um astro de cinema, apareceu para oferecer apoio moral aos amigos.

Escreverá mais tarde que "centenas de jovens — de Iowa, Illinois, e de praticamente todos os outros estados" — compartilhavam sua fantasia. Eles "descem do trem na Union Station, em Los Angeles... E o máximo que conseguem é chegar perto do portão principal do estúdio".

Graças aos amigos, Reagan consegue atravessar o portão e entrar apressadamente no estúdio onde Autry gravava. No cavernoso edifício, com holofotes pendurados em altas vigas de madeira, é intoxicado de imediato por atores, câmeras, luzes e tudo o que envolve a produção de um filme. Está tudo silencioso no momento em que a filmagem

---

[3] A família Wrigley, dona dos Cubs naquele momento, também tinha uma participação no controle da ilha, e é por isso que os Cubs treinavam lá.

[4] Eles eram membros de uma banda chamada The Outlaws Oklahoma, que contava com um grande público no Centro-Oeste. Autry queria ampliar o número de espectadores dos shows e, por isso, havia organizado a vinda deles a Hollywood.

começa. Gene Autry, que usa botas de cano alto e tem uma arma numa cinta de vaqueiro, dedilha o violão e canta um lamento sobre a vida na pradaria. O cenário é construído para simular uma sala de estar de uma casa bem enfeitada. Autry está rodeado por músicos e atores que seguram violinos e violões — todos vestidos de caubóis.

"Corta!", grita o diretor Mack Wright, e o volume da canção diminui. Autry para. Todos no estúdio fazem o mesmo. Alguns minutos depois, Wright diz "ação" e a cena se repete.

"Eu fiquei deslumbrado", Reagan admite a uma amiga naquela noite. Essa amiga se chama Joy Hodges e, junto com sua banda, se apresenta no imponente Biltmore Hotel, no centro de Los Angeles. Joy o conhecia de Des Moines, e eles agora desfrutam um jantar tranquilo, durante uma pausa nos números musicais. As paredes são revestidas de carvalho, e um chafariz de mármore borbulha ao fundo. Reagan fala sobre o sonho de se tornar um astro de cinema e como deseja encontrar um meio de entrar nesse mercado.

Joy Hodges, uma linda mulher de cabelos negros, acha-o intrigante.

"Tire os óculos", ela pede. Ao atender, Joy instantaneamente se transforma num borrão para Reagan.

Hodges pode vê-lo claramente — e gosta do que vê. "Os estúdios não fazem testes com atores que usam óculos", ela avisa, antes de voltar ao palco para o segundo número.

O conto de fadas começa. Por volta das dez da manhã do dia seguinte, Reagan está em reunião com o agente de Joy, que consegue um teste para o rapaz. O teste, por acaso, cai na mão de Jack Warner, o poderoso chefe da Warner Bros. Pictures. Ele também gosta do que vê e oferece a Reagan um contrato de sete anos, pagando 200 dólares por semana — quase três vezes o que ganha na WHO. Um cabeleireiro transforma-lhe o cabelo repartido no topete que será sua marca pessoal, usado por toda a vida. Um alfaiate, engenhosamente, altera a espessura do colarinho para criar a ilusão de que seu pescoço não é tão grosso.

E finalmente, depois de algumas considerações, o departamento de publicidade decide que ele pode manter o nome real nas telas.

Então, em junho de 1937, dois meses depois de andar na chuva, em Republic Pictures, Ronald Reagan atua no primeiro trabalho. O filme se chama *O amor está no ar*. De forma bem apropriada, interpreta um locutor de rádio.

* * *

Sarah Jane Mayfield — ou Jane Wyman, como é conhecida em Hollywood — tem alguma noção do que é o amor. No início de 1938, ela chega ao estúdio para gravar o filme *Os cadetes do barulho*. Com 21 anos, já é casada, com o fabricante de vestidos Myron Futterman, a quem se uniu em Nova Orleans, seis meses atrás. Pequena, ela tem a franja mal-ajambrada e uma voz rouca que um dia se tornará sua marca. Wyman luta para se firmar em Hollywood desde que chegou ao oeste, vinda do Missouri. Depois de uma série de pequenos papéis em filmes B, agora ela conseguiu uma boa oportunidade, e está disposta a se tornar uma estrela. A jovem atriz é impulsiva quando se trata de amor, e essa é a sua fraqueza. Ela se separou de Futterman quase imediatamente depois do casamento.

Ronald Reagan começa a rodar o décimo filme em menos de um ano,[5] e não há como esconder o fato de que a coestrela de *Os cadetes do barulho* rapidamente se apaixona por ele. Em dezembro de 1938, Jane Wyman se divorcia oficialmente de Futterman e começa o relacionamento com Reagan.

Logo se tornam o casal de ouro de Hollywood. "Saudável, feliz e absolutamente americano", nas palavras da colunista de fofocas

---

[5] Tal ritmo será inédito nos próximos anos, mas em uma era anterior à televisão, os estúdios produziam centenas de filmes anualmente. Para um ator, ir de um filme para o outro era tão simples quanto andar de um estúdio para um diferente ao lado.

Louella Parsons, que, mesmo sabendo que em Hollywood nada dura para sempre, prevê que a união se prologará por trinta anos. Wyman e Reagan se casam em janeiro de 1940, pouco antes de ele filmar *Criador de campeões*, com Pat O'Brien, em que faz o papel de George Gipp, o lendário jogador de futebol americano da Universidade de Notre Dame. Antes de morrer em cena, diz a imortal frase: "Peça para eles irem com tudo e vença só uma para o Gipper!" É seu primeiro grande filme, logo seguido de um papel como coastro, ao lado do mulherengo fanfarrão Errol Flynn, em *A estrada de Santa Fé*. Depois de apenas quatro anos em Hollywood, Ronald Reagan é uma grande estrela. Ele e Wyman irão construir em breve uma casa imensa e passar as noites nas melhores boates de Hollywood.

Em 1941, Wyman dá à luz sua linda filha, a quem batizam Maureen.

* * *

A Segunda Guerra Mundial é iminente. Mas a péssima visão de Ronald Reagan o isenta de lutar no exterior. Ele fica na Califórnia e está ansioso para contribuir com o esforço de guerra. Muito antes de se mudar para Los Angeles, havia se alistado no agrupamento de reservistas de Iowa, servindo na Cavalaria. Em maio de 1937, antes de fazer o primeiro filme, foi oferecido a ele o posto de segundo-tenente do corpo de reservas da Cavalaria dos Estados Unidos.

Ele começa a servir ativamente nessa posição do Exército em abril de 1942, designado a fazer filmes de treinamento e a ajudar na venda de papéis de Bônus de Guerra. Conseguiu uma credencial de segurança, o que significa que muitas vezes está a par de informações restritas sobre os próximos bombardeios americanos. Nesse processo, aprende como tais ataques são planejados e realizados. Até aqui, a carreira de Reagan trouxe uma série de trabalhos que não exigem liderança ou organização. O Exército lhe ensina a assumir responsabilidades e motivar os homens sob seu comando. Essas são lições que usará para o resto de sua vida.

Os afazeres de Reagan na Primeira Unidade de Filmes do Exército dos Estados Unidos mudam nos dias finais da guerra. Em junho de 1945, ele envia um fotógrafo a uma fábrica regional de aviões, para registrar imagens de mulheres que trabalham na força de produção para a guerra. O recruta David Conover dispara usando filme colorido (uma raridade na época) e tira a foto de uma morena de 18 anos que segura uma pequena hélice. Esposa de um jovem marinheiro mercante, a menina atraente ganha 20 dólares por semana inspecionando paraquedas em uma empresa chamada Radioplane, que também desenvolve alguns dos primeiros drones do mundo.[6] Ela tem um lindo sorriso e veste uma modesta blusa verde, com um crachá de identificação preso ao cós da saia cinza. O seu nome é Norma Jeane Dougherty e essas fotografias irão, em breve, abrir as portas do sucesso em Hollywood. Depois, Norma Jeane vai se divorciar e mudar de nome, para se transformar em uma das mais famosas mulheres do mundo. No mesmo momento em que sua própria carreira está à beira da combustão, Ronald Reagan é diretamente responsável por dar o pontapé inicial para a fama de Marilyn Monroe.

* * *

No fim da guerra, Reagan faz um retorno triunfal a Hollywood. A Warner Bros. lhe dá um novo contrato de longo prazo, no valor de 1 milhão de dólares, com garantia de pelo menos 52 mil dólares por filme. Reagan e a pequena Wyman vivem em uma casa planejada

---

[6] Com o codinome Operação Afrodite, o programa de drones destacava os bombardeiros radiocontrolados B-24, que eram carregados com explosivos e levados à posição de ataque por pilotos, que, então, ejetariam enquanto os aviões voavam até os alvos, guiados de longe por uma "estação mãe". Às vezes, no entanto, os explosivos detonavam muito antes de os pilotos conseguirem ejetar. Uma fatalidade do tipo ocorreu com o tenente Joseph P. Kennedy Jr., irmão mais velho do futuro presidente John F. Kennedy, que morreu em um programa naval similar, conhecido como Operação Anvil.

de 1.500m², em uma colina com vista para Los Angeles. Ele passa o tempo livre jogando golfe com os comediantes Jack Benny e George Burns e saboreia jantares com Wyman, no exclusivo Beverly Club. Ainda em 1945, o casal adota um menino, batizado Michael.

O primeiro filme de Reagan sob o novo contrato é *Razões do coração*, no qual interpreta um cavaleiro veterinário. Sua montaria é uma égua puro-sangue preta chamada Tar Baby. Reagan gosta tanto de Baby que a compra quando terminam as filmagens. Ao dar à égua um lugar para galopar, realiza um grande sonho pessoal e compra um pequeno rancho, em San Fernando Valley, mantido por alguns anos, até adquirir uma propriedade maior em Malibu.

Em seguida, a tragédia. Em junho de 1947, Jane Wyman dá à luz prematuramente uma menina. Nesse momento, Reagan está no hospital, com pneumonia, e não pode estar ao lado da esposa quando Christine Reagan vem ao mundo. A recém-nascida vive por apenas nove horas. A perda afeta profundamente o casamento.[7]

Ao tentar recolocar suas vidas em ordem, ambos mergulham no trabalho. No entanto, apesar de todos os louros do sucesso, os dias de glória de Reagan em Hollywood estão contados. A Warner Bros. irá lançá-lo numa série de filmes medíocres, que arrecadam pouco dinheiro e são desprezados pela crítica. Ele fica desorientado. O conto de fadas hollywoodiano ameaça chegar ao fim — e não há nada que possa fazer para mudar isso.

Reagan tem o perfil de um homem agitado e trabalhador, com muita disposição para atividades físicas. É filho de um irlandês ven-

---

[7] Michael Reagan escreveu que, para Wyman, a morte de Christine foi "provavelmente a experiência mais dolorosa de sua vida, e eu não acho que ela realmente chegou a se recuperar disso". O filme *Ainda há sol em minha vida*, gravado por Wyman em 1951, reabriu essas feridas, já que a protagonista lidava com a morte prematura de um bebê. Filmado nos arredores da Catedral de St. Patrick, em Nova York, o filme teve um profundo impacto sobre a vida de Jane Wyman. A experiência trouxe uma transformação espiritual; três anos depois, ela foi batizada na Igreja Católica.

dedor de sapatos (que frequentemente estava bêbado) e de uma cristã fervorosa. A criação dada pelos pais ensinou o jovem Ron a evitar comportamentos extremos, o que o levou, algumas vezes, a parecer ignorante e avoado. Além disso, não tem um grande intelecto e lutava para manter uma média C na faculdade. No entanto, é capaz de memorizar vários parágrafos com facilidade para, em seguida, recitá-los muitas e muitas vezes. Reagan também é um pensador, passando longos períodos em solitária meditação — preferencialmente montado em um cavalo. Acredita que "quando você balança ao som dos cascos e do ranger do couro, com o sol na cabeça, o cheiro do cavalo e da sela e as árvores ao redor, as coisas simplesmente começam a descomplicar".

Aprendeu a cavalgar em sua adolescência, quando trabalhava como salva-vidas de Lowell Park, em Dixon, Illinois. Vive citando o ditado: "Nada é tão bom para o interior de um homem quanto o exterior de um cavalo." Nem mesmo as longas cavalgadas no dorso de Baby puderam esconder o fato de que a vida, pessoal e profissional, de Ronald Reagan caminha agora para uma desastrosa direção.

* * *

Jane Wyman está cada vez mais entediada com o marido, embora ele seja alheio à sua insatisfação. Reagan muitas vezes é egocêntrico e insensível. Tem o hábito de falar com altivez com a esposa, porque possui um diploma universitário e ela não. Também gosta de ser o centro das atenções; às vezes, exibe o filme *Em cada coração um pecado*, de 1942, quando os convidados aparecem para jantar.[8]

---

[8] Dos 53 filmes que fez, *Em cada coração um pecado* era o favorito de Reagan. Ele é o coprotagonista, um jovem cujas pernas foram amputadas por um perverso cirurgião. A fala principal de Reagan, que ele disse espontaneamente, acontece no momento em que o jovem olha para baixo e vê que suas pernas não estão mais lá: "Onde está o resto de mim?" Mais tarde, esse se tornou o título de seu livro de memórias, lançado em 1965.

Jane Wyman não se impressiona quando amigos sugerem a Reagan, que desenvolve afeição por ativismo político, lançar a candidatura ao Congresso. "Ele está muito politizado. Eu não sou muito favorável", ela responde friamente, quando perguntam se apoia a ideia.

Ronald Reagan tornou-se um apreciador de sermões. Qualquer assunto lhe serve. "Não pergunte a Ronnie que horas são", Wyman adverte à colega e atriz June Allyson, "porque ele vai dizer como um relógio é feito."

Quando um jogo de beisebol surge no rádio, Reagan ignora a esposa e os filhos, aumenta o volume para abafar o que falam, e finge ser o locutor, narrando o jogo. Dessa forma, exclui a família por horas.

Para piorar a situação, está ressentido pela crescente fama de Wyman. Seus filmes, como *Virtude selvagem*, estão faturando dinheiro, elogios da crítica e nomeações para prêmios da academia. Não mais o centro das atenções quando os dois saem, como antigamente, Reagan fica solto ao lado da esposa, enquanto ela desfruta os aplausos do público.

Então, o recém-descoberto ativismo político de Ronald Reagan, a fama crescente da esposa e a morte da filha se juntam para formar uma barreira no casamento. Em 1947, prenunciando a separação que virá em breve, Wyman o ridiculariza cruelmente durante um longo discurso que ele fez aos membros do Screen Actors Guild [Sindicato de Atores]. "Oh, pelo amor de Deus, Ronnie", ela grita para a atriz Rosemary DeCamp, "cala a boca e vá cagar."

O fim do casamento acontece enquanto Wyman filma *Belinda* numa locação em Pebble Beach, Califórnia. Ela tem um caso com o companheiro de filme, Lew Ayres. Em maio de 1948, dá entrada no divórcio e menciona crueldade mental no processo. "Eu não podia assistir a esse maldito *Em cada coração um pecado* outra vez", explica, quando o casamento finalmente tem um ponto final.

* * *

O divórcio traumatiza Reagan. Ele está destruído e às vezes chora abertamente, dizendo a amigos que o fim do casamento o deixou "envergonhado". Ele se agarra à esperança de que o relacionamento possa um dia ser retomado e ainda dirige o Cadillac conversível verde que Wyman lhe deu de presente antes do divórcio. Quando ela declara publicamente que "Lew Ayres é o amor da minha vida", torna-se claro que não haverá reconciliação.

Amargurado, Reagan começa a se comportar de maneira imatura. Em Hollywood, ele extravasa esbanjando em boates como Ciro, Coconut Grove e Slapsy Maxie. Bebe bastante e tem uma série de encontros sexuais com mulheres bem mais jovens. Seus movimentos não passam despercebidos pela imprensa. A revista *Silver Screen* escreve: "Nunca pensamos que um dia chamaríamos Ronnie Reagan de garanhão. De repente, todas as moças glamorosas o consideram uma companhia sensual para passar a noite. Até ele admite que perdeu muita diversão e agora está compensando o tempo perdido."

* * *

Um dos romances de Reagan é com a atriz Penny Edwards, que tem apenas 20 anos. Outro é com Patricia Neal, de 22. Em uma noite memorável, num relacionamento casual, Reagan tira a virgindade de Piper Laurie, de 18 anos, depois de preparar um hambúrguer para ela. Ironicamente, durante essa aventura, Reagan estava atuando como pai de Laurie no filme *Os noivos de mamãe*. Mais tarde, a atriz se recorda de Reagan como "prepotente" na cama: um egoísta que se gabava do vigor sexual durante o ato e que ficava impaciente quando ela não chegava ao clímax. "Já era para você ter tido vários orgasmos", Reagan resmungou para Laurie, depois de ela dizer que haviam sido cerca de quarenta minutos de sexo. "Você tem que consultar um médico por causa dessa sua anormalidade."[9]

Reagan chega ao limite quando acorda no Garden of Allah Hotel, em Sunset Boulevard, e não sabe o nome da mulher que está deitada ao lado. Depois disso, ele promete controlar o próprio comportamento.

Mas a promessa não é cumprida. Três anos depois do divórcio, ele pede em casamento a atriz Christine Larson, 26 anos, oferecendo a ela um relógio de diamantes. Porém, nesse mesmo período, Reagan tem relações com outras seis mulheres, e Larson o abandona.[10]

* * *

Agora, vivendo sozinho num apartamento em Sunset Strip, Ronald Reagan se distancia cada vez mais dos filhos. Michael e Maureen se lembrarão do pai como uma pessoa carinhosa, embora muito ausente por longos períodos — tão ausente como a mãe deles. Quando chegam à segunda série, as crianças são mandadas a colégios internos. "Há uma grande diferença entre o cuidado dos pais e os cuidados de uma pessoa contratada", Maureen declarou anos depois. "Foi simplesmente um dos preços que tivemos que pagar pelo sucesso deles."

---

[9] Laurie será indicada ao Oscar pelos filmes *Desafio à corrupção*, *Carrie, a estranha* e *Filhos do silêncio*. Patricia Neal ganhará um Oscar de Melhor Atriz em 1963, pelo filme *O indomado*, coestrelado por Paul Newman. Penny Edwards não chegou a ser indicada, mas fez fama por contracenar com Roy Rogers em seis filmes de faroeste.

[10] A principal razão de Larson em abandonar Reagan foi sua adesão à Fé Bahá'í, que não acredita na política. No entanto, essa desculpa não disfarça o fato de Larson não estar apaixonada por Reagan. Ela está saindo com os atores Gary Cooper e Mickey Rooney, entre outros. E também terá um caso com Lew Ayres, o ator que estava envolvido com Jane Wyman enquanto ela e Reagan ainda eram casados. Em outro exemplo da troca de casais, tão comum em Hollywood naquele momento, o lendário garanhão e amigo de Reagan, Gary Cooper, ficará com a fama de ter dormido com quase todas as protagonistas em sua longa carreira, incluindo Patricia Neal.

Durante o período de *bon vivant*, o sucesso de Reagan estagnou. Ele não é mais visto pelos padrões de Hollywood como um astro capaz de produzir lucros. Para piorar a situação, justo quando a carreira cinematográfica chega aos últimos momentos, Reagan vê a ex-esposa ganhar o primeiro Oscar e levar a tiracolo na cerimônia de premiação o namorado, Lew Ayres. Esse fato só faz a vida de Reagan parecer ainda mais medíocre.[11] Em 1949, a Warner Bros. rescinde o contrato de longo prazo, deixando Ronnie sem fonte de renda para bancar o extravagante estilo de vida hollywoodiano, com o qual ele já tinha se acostumado.

Desesperado, Reagan aceita a oferta para trabalhar em *Bedtime for Bonzo*. Filmes com animais são a sensação de Hollywood em 1950, graças ao sucesso de *E... o mulo falou,* lançado em fevereiro daquele ano. Jimmy Stewart acabou de gravar *Meu amigo Harvey,* uma história sobre um homem que mantém amizade com um coelho imaginário. A filmagem foi feita a apenas um quarteirão de onde Reagan grava *Bonzo. Harvey* estreia em outubro e leva Stewart a ser indicado ao Oscar pela quarta vez. E Ronald Reagan, que escala uma árvore junto com a chimpanzé Peggy (Bonzo), ainda acredita que sua carreira vai se recuperar.

A outra estrela do filme é Diana Lynn, que espera os dois nos galhos mais altos, somando loucura à comédia. Nesse meio-tempo, Bonzo saltou da árvore e agora está dentro de casa tentando ligar para as autoridades. Em instantes, vários carros de polícia e caminhões de bombeiros surgem em Colonial Street. Tudo roteirizado para que todos desçam da árvore. Esse é um mundo totalmente novo para Reagan, que fazia filmes como *Vitória amarga,* atuando com grandes

---

[11] Wyman ganhou o prêmio de Melhor Atriz por *Belinda,* de 1949. Ela também foi indicada a Melhor Atriz em 1947 (por *Virtude selvagem*), 1952 (por *Ainda há sol em minha vida*) e em 1955 (por *Sublime obsessão*).

estrelas como Humphrey Bogart e Bette Davis, ou mesmo *A estrada de Santa Fé*, que contou com Errol Flynn. Naquele filme, Reagan interpretou o general George Armstrong Custer, a quem ele considera um grande herói americano.

Reagan é profissional. Chega pontualmente todas as manhãs, decora suas falas e é simpático com os colegas de trabalho. Há momentos, no entanto, que parece distraído, pois sua mente é invadida por preocupações angustiantes.

Ronald Reagan tem quase 40 anos. Seu ofício é atuar, mas a política trouxe um novo e ardente desejo para sua vida. Os jornais estão cheios de notícias surpreendentes sobre os acontecimentos globais na luta contra o comunismo e o presidente Harry Truman envia tropas americanas para a Coreia, com a intenção de deter o avanço comunista. Reagan é um ferrenho defensor do presidente democrata e fez campanha para ele em 1948. O tempo de Truman na Casa Branca está acabando, caso ele decida não concorrer à reeleição. Reagan espera que o ex-general e herói da Segunda Guerra Mundial, Dwight Eisenhower, concorra à presidência pelo partido democrata. Mesmo atuando com a chimpanzé Peggy, Reagan prepara um artigo para a revista *Fortnight,* no qual explicará como combater o comunismo pelo mundo. Sua determinação para acabar com a ameaça comunista é inabalável.

"A verdadeira luta contra esse totalitarismo pertence às forças da democracia liberal, tal como foi feito na batalha contra Hitler. Não há nenhuma diferença entre as duas tiranias, a não ser o elenco de personagens", Reagan escreverá alguns meses depois.

Por ora, ele está envolvido em um assunto bem menos intelectual.

"Corta!", grita o diretor Fred de Cordova.

Ronald Reagan obedece e desce da árvore.

3

RANCHO YEARLING ROW
SANTA MÔNICA, CALIFÓRNIA
22 DE DEZEMBRO DE 1951
DURANTE O DIA

Ronald Reagan está com 40 anos e galopa em sua égua Tar Baby nos campos de sua nova propriedade de 110 hectares, em Malibu. Ele cavalga ao estilo inglês, vestindo calças apertadas e botas à altura do joelho. Faltam apenas alguns dias para o Natal. Nessa manhã de inverno, o ar está fresco e o céu, claro. Dois filhos de Reagan estão em férias escolares e passam o fim de semana num pequeno chalé, próximo a um estábulo.

Esse fim de semana não é exclusivo para Ronnie e os filhos. Também se juntou a eles a mais nova namorada de Reagan, uma atriz de 30 anos chamada Nancy Davis. Embora ela se esforce bastante para conquistar as crianças (e apesar de Maureen e Michael gostarem muito dela), Reagan não está seguro quanto ao futuro do relacionamento. Ele não se vê pronto para ser monogâmico e ainda sai com outras mulheres.

Mesmo assim, Nancy Davis está decidida a ganhar seu coração — faz uso de qualquer meio necessário. Recentemente, Nancy confessou a Reagan que poderia estar grávida. Porém, em vez dessa conversa incentivar Reagan a propor casamento, o anúncio teve o efeito contrário. Ele foge para a casa de Christine Larson, a mesma atriz que rejeitou seu pedido de casamento alguns meses atrás. Reagan queixa-se, dizendo que se sente preso a Nancy e se questiona, em voz alta, se ela não estaria tentando enganá-lo apenas para conseguir casar.

Hoje, porém, Reagan não se sente mais enclausurado. Cavalga tranquilamente, sentindo as passadas da égua sob sua sela. Sua ligação com Baby tornou-se tão intensa que o ator insiste em filmar com ela as cenas rodadas com cavalos. Nessa mesma época, no ano passado, eles estavam em Tucson, no Arizona, filmando o faroeste *A revolta dos apaches*, que acabou não abocanhando grande bilheteria. Os cuidadores de cavalos alertaram que o calor e a poeira do deserto poderiam ser fatais para a égua, mas Reagan conhece bem o animal e Tar Baby sobreviveu às exaustivas gravações sem problema.

No instante em que Reagan cavalga em um caminho cheio de sicômoros e carvalhos, nas redondezas do lago Malibu, onde ele planeja nadar no verão, e nos prados distantes de Mulholland Drive, sua carreira entra numa interessante encruzilhada. *Bedtime for Bonzo* foi um sucesso de bilheteria tão grande que uma sequência do filme está sendo planejada. Reagan recebeu variadas críticas por sua atuação cômica, mas a maioria dos que assistiram ao filme preferiu centrar os elogios em Peggy, a chimpanzé. O jornal *The New York Times* disse que o filme foi "um pouco divertido", com um número respeitável de risadas, mas nada que deixe, verdadeiramente, o público em êxtase.

Reagan mal foi mencionado na crítica.

Apesar do sucesso de *Bonzo*, não foi oferecido a ele nenhum papel na continuação do filme.[1] Como se não fosse o bastante, o mandato

---

[1] A sequência é intitulada *Bonzo Goes to College*. É estrelada por Edmund Gwenn, mais conhecido pelo papel Kris Kringle no filme *Milagre na rua 34*, pelo qual ganhou um Oscar de Melhor Ator Coadjuvante.

de Reagan como presidente do sindicato de atores chegará ao fim em breve. É um momento de turbulência e mudanças em Hollywood, e Reagan está no meio da batalha campal entre os estúdios. Ao mesmo tempo, a presença comunista emerge no mercado cinematográfico.

A "vida dupla", como ele agora define sua paixão por cinema e política, consome seus dias. O rancho tem sido o único alento nesses tempos difíceis e, aos sábados, ele foge para lá, numa tentativa de espairecer.

Reagan foi o líder do sindicato de atores por cinco anos. Nenhum ano foi pessoalmente mais intenso que 1951. Além de atuar em três filmes e presidir as reuniões do SAG [Screen Actors Guild], às segundas, ele também viaja por todo o país ao falar em nome de um grupo anticomunista conhecido como "Cruzada pela Liberdade". O objetivo é arrecadar fundos para a Rádio Europa Livre. E, embora Reagan ainda tenha muito mais o estilo de um ator de Hollywood, os discursos que escreve são parecidos com aqueles de um político internacional experiente.

"O campo de batalha para a paz, hoje, está nos países estrategicamente localizados na faixa entre o Báltico e o Mar Negro", Reagan diz em um discurso gravado e depois repetido a pequenos grupos ao redor do país. "Geograficamente, não são grandes países, mas abrigam milhões de pessoas que amam a liberdade, pessoas como nós, que compartilham nossa cultura e enviam milhões de filhos e filhas para se tornarem parte dos Estados Unidos. Alguns chamam esses países de nações-satélite. Mais precisamente, essas são as nações cativas da Europa."

Reagan não sabe que a Cruzada pela Liberdade é secretamente mantida pela Agência Central de Inteligência (CIA), mas provavelmente ficaria muito feliz se soubesse.

* * *

Ronald Reagan pensou em aderir ao Partido Comunista em 1938. Muitos em Hollywood foram cortejados pelos comunistas, durante o período em que Adolf Hitler e sua ideologia fascista estavam se tornando uma ameaça não só para a Europa, mas para todo o planeta. Os comunistas, com a sua missão declarada de ajudar os pobres e marginalizados, pareciam prontos para frustrar as ambições de Hitler. Para Reagan, havia mais do que mera ideologia: como um recém-chegado a Hollywood, com apenas um ano de contrato, ele viu o comunismo como uma boa maneira de expandir o círculo social.

"Reagan ficou empolgado com os relatos do Partido Comunista ajudando os menos favorecidos, os desempregados e os sem-teto", diz o roteirista Howard Fast. "Alguns de seus amigos, pessoas a quem ele respeitava, eram membros do partido, então ele se voltou para eles. Disse que queria se tornar um comunista... Disse que estava decidido a juntar-se a eles."

O ator Eddie Albert, parceiro de set no filme *Os cadetes do barulho*, estava muito empenhado em convencer Reagan a não se tornar um comuna. As intenções de Albert, porém, eram escusas. Ele se inclinou muito para a esquerda e, secretamente, assumiu o debate a respeito da liderança do Partido Comunista americano. Albert acreditava que o tagarela Reagan era "esquisito" e não queria que ele se juntasse ao seu grupo.

Albert foi bem-sucedido, e o flerte de Reagan com o comunismo chegou rapidamente ao fim.

Entretanto, o interesse por política não cessou.

* * *

O calendário marca 11 de agosto de 1941, e Ronald Reagan comparece para sua primeira reunião do sindicato de atores, na sede do Hollywood Boulevard. Ele foi convidado para substituir a atriz Heather Angel. O sindicato tem apenas oito anos de existência, no momento, e foi fundado para melhorar as condições de trabalho dos atores. A primeira reunião de Reagan é mais um passeio social, pois ele tem pouco conhecimento sobre o funcionamento interno da organização. Mesmo quando Jane Wyman foi eleita para o conselho, um ano depois, Reagan permanece distante do sindicato, por estar envolvido no esforço de guerra. Retoma a participação nas reuniões em fevereiro de 1946, como substituto do ator Boris Karloff. Em setembro daquele ano, ele é eleito como terceiro vice-presidente.

Ao fim da Segunda Guerra Mundial, com Hitler e o Terceiro Reich alemão derrotados, fica claro que Joseph Stalin e os comunistas são tão cruéis e tão inclinados à dominação mundial quanto era o Führer. A União Soviética, a matriz do comunismo internacional, deslocou milhões de pessoas em toda a Europa Oriental, a fim de construir um império ainda maior que o de Hitler. Os soviéticos também estão enviando espiões para todo o mundo com a intenção de se infiltrar em outras nações e difundir a propaganda comunista. Reagan logo vê isso acontecer de forma bastante clara em Hollywood. O sindicato dos atores se divide lentamente entre aqueles que, como Reagan, agora consideram o comunismo um flagelo e aqueles que acreditam que o sistema político adotado pela União Soviética é intelectual e moderno.

"O importante é que você não discuta com eles. O comunismo tornou-se uma religião intensamente dogmática e quase mística, e qualquer coisa que você diga, eles conseguem distorcer para colocá-lo em alguma categoria inferior da humanidade", escreveu o romancista e roteirista F. Scott Fitzgerald, ao descrever a tensão ideológica de Hollywood.

A ilusão de que o comunismo é uma ideologia inofensiva acaba em 27 de setembro de 1946, quando a Confederação dos Sindicatos de Cinema entra em greve. O chefe do sindicato é Herb Sorrell, um ex-boxeador durão que também é um velho membro do Partido Comunista. A greve é financiada pelo Conselho Executivo Nacional do

Partido Comunista. "Quando a greve acabar", Sorrell prevê, "haverá apenas um homem no comando da mão de obra de Hollywood — e esse homem sou eu."

Não é um protesto pacífico, mas sim uma tentativa violenta e militante de os comunistas começarem a tomar o controle de todos os principais sindicatos de Hollywood — e, consequentemente, de toda a indústria cinematográfica. Além dos membros do sindicato em greve, Sorrell recrutou valentões da região de São Francisco para fazer ameaças. Carros são tombados nas ruas. A polícia lança gás lacrimogêneo contra os manifestantes que bloqueiam a entrada dos estúdios da Warner Bros. Grandes multidões de grevistas atacam quem tenta atravessar os bloqueios. O ator Kirk Douglas descreve uma cena composta por homens armados com "facas, porretes, cabos, soqueiras e correntes".

Apesar da violência, Jack Warner, o chefe do estúdio, se recusa a ceder. Ele continua rodando os filmes. Atores e funcionários não passam pelos bloqueios para chegar ao trabalho. Entram no estúdio escondidos pelas galerias de água do rio Los Angeles. Para aqueles que preferem não passar pelo lodo e mau cheiro da entrada subterrânea, a outra opção é pegar um ônibus que entra diretamente pelo portão da frente da Warner, passando bem no meio dos manifestantes. Dezenas de policiais são chamados para o local, mas não conseguem impedir que grevistas atirem pedras e tijolos contra os veículos. Todos dentro do ônibus são instruídos a se deitar no chão para evitar ser atingidos na cabeça por estilhaços de vidro e projéteis.

Ronald Reagan, na qualidade de vice-presidente do sindicato dos atores, considera os bueiros uma opção covarde e se recusa a ficar deitado no chão do ônibus. Não importa que ele tenha dois filhos e uma mulher grávida em casa. Reagan coloca-se em risco, a fim de afirmar que não tem medo.

Todos os dias, ao chegar para trabalhar em um novo filme chamado *Noite após noite,* Reagan é o único dentro do ônibus que está sentado, ereto, para que todos possam ver. Depois, quando os grevistas intensificam o movimento, forçando o sindicato dos atores a apoiar a greve, uma ligação anônima atendida na casa de Reagan ameaça atacar o ator e queimar seu rosto com ácido, caso ele tente impedir o envolvimento pró-greve do sindicato.

Furioso, Reagan se recusa a voltar atrás. Em vez disso, ele compra uma pistola e a carrega num coldre de ombro para todo e qualquer lugar que vai. Durante a vida, Ronald Reagan será veementemente anticomunista. Para ele, é muito pessoal: nunca vai se esquecer das ameaças que sofreu.

Quatro semanas depois do confronto, em 24 de outubro de 1946, Reagan e o líder grevista Herb Sorrell encontram-se no Hollywood Knickerbocker Hotel. Sorrell é um homem robusto, que gosta de usar a intimidação física para atingir seus objetivos. Mas Reagan também é forte e não se sente intimidado. Com muita raiva, ele acusa o chefe do sindicato de ser o responsável por aquelas ameaças.

"Eu tenho que contratar seguranças para os meus filhos, porque eu recebo ligações advertindo o que poderá acontecer comigo", ele fervia. E acrescentou: "Você não quer a paz na indústria cinematográfica."

O ator Gene Kelly também está na reunião, como membro do conselho de administração do sindicato dos atores. Ele entra em cena rapidamente com uma piada, para manter o clima pacífico: "Se o sr. Reagan bater no sr. Sorrell, eu gostaria de deixar claro que essa não é a posição oficial deste conselho."[2]

---

[2] Kelly era um homem de ideais elevados, que deixou a Igreja Católica quando sentiu que ela não estava fazendo o suficiente para deter a fome no mundo. Mesmo assim, ele doou dinheiro para o Exército Republicano Irlandês Provisório, em sua guerra contra os protestantes e a ocupação britânica na Irlanda do Norte. O famoso bailarino, mais conhecido por *Cantando na chuva*, já foi citado como o dono da frase: "Eu acredito em Deus, no estilo de vida americano, na liberdade do indivíduo e em tudo o que representa a Constituição dos Estados Unidos." Para Kelly, isso também significa tolerar os comunistas, o que fez dele o intermediário perfeito para as discussões entre Reagan e Sorrell.

As palavras de Kelly têm o efeito desejado. A reunião aconteceu até a madrugada, à 1h30, e teve um clima calmo até o fim. Mas nada foi resolvido.

Em dezembro, com a greve no terceiro mês, Reagan é convocado para uma reunião especial com os 350 membros mais importantes do sindicato dos atores. Entre eles está o ator Edward G. Robinson, conhecido por interpretar gângsteres. Robinson é também um dos mais ardentes comunistas de Hollywood. Num discurso em que todos os presentes irão recordar por anos, Reagan reforça sua sólida posição como um "democrata ao estilo *New Deal*" e argumenta que o sindicato deve se manter unido contra a greve. Até mesmo Robinson fica maravilhado "com a apresentação clara e inteligente de Reagan".

Ainda assim, a greve se arrasta.

A continuidade dos protestos irrita Reagan. Ele está assustado com os líderes sindicais comunistas e seu fervoroso desejo de tomar o controle de Hollywood. O que começou como uma batalha de ideologias, agora se tornou a missão pessoal de Reagan. Ele jura combater o comunismo, onde quer que seja.

* * *

Ronald Reagan está ganhando convicção política e Gene Kelly o nomeia para presidente do SAG. Os atores veteranos James Cagney, Robert Montgomery, Harpo Marx e John Garfield acabaram de abandonar a liderança do sindicato. Reagan não está presente no momento de sua nomeação, chegando no meio da reunião para descobrir que era o vencedor. Ele fica aturdido.

A duração do mandato é de um ano, com início em 1947. Quase imediatamente, Reagan é testado por simpatizantes comunistas que tentam enfraquecer sua liderança. "Durante uma assembleia", Reagan escreve mais tarde, "eu vi, com alguma impotência, como eles obstruíram a reunião, esperando que nossa maioria fosse embora, para que eles pudessem assumir o controle."

Uma voz na multidão grita dizendo que a reunião deve ser adiada. "Eu aproveitei esse instante para acabar com a tentativa de golpe. O pessoal do outro lado exigiu que eu identificasse quem solicitou a suspensão."

Reagan ficou num beco sem saída. Muitos no SAG eram contra os comunistas, mas se tornou problemático para a carreira discursar publicamente contra o partido. O ímpeto do movimento comunista é muito grande e a possibilidade de cair no ostracismo pessoal e profissional em meio à comunidade de Hollywood é bastante real. Reagan examina cuidadosamente a multidão, procurando por pelo menos um indivíduo com personalidade para ser seu aliado nesse acalorado momento.

Ele encontra o "seu" homem. "Eu acredito que foi John Wayne quem pediu o adiamento", Reagan diz à multidão. Wayne é um dos durões mais conhecidos de Hollywood. Ele é ex-jogador de futebol universitário. Os grandes papéis em faroestes e filmes de guerra fizeram dele um dos astros mais lucrativos do mundo. Ao contrário de muitos heróis de Hollywood, que parecem altos quando vistos na tela mas são baixinhos na vida real, o rústico Wayne mede 1,90m.

"É claro que fui eu que gritei!", Wayne urra no meio da multidão.

A reunião está encerrada.

* * *

Finalmente, depois de treze longos meses, a greve termina. Porém, mesmo com os estúdios saindo vitoriosos, a simpatia de Hollywood pelo comunismo continua inabalável, e isso chama atenção do temido chefe do FBI, J. Edgar Hoover.

Nos últimos dias de seu casamento, Ronald Reagan e Jane Wyman foram abordados pelos agentes do FBI, Richard Auerbach e Fred Dupuis, que chegaram à casa dos atores sem ser convidados, no dia 10 de abril de 1947. Os agentes pedem que o casal "forneça informações ao FBI, secretamente, a respeito de pessoas suspeitas de atividades comunistas".

Wyman e Reagan logo oferecem seis nomes. Esse será o fim do envolvimento de Wyman com o FBI, mas Ronald Reagan se encontra frequentemente com os agentes, para fornecer mais nomes e informações. Ele é batizado com um codinome: T-10. Duas das pessoas que ele delata, as atrizes Karen Morley e Anne Revere, não trabalharão mais em Hollywood pelos próximos vinte anos.[3]

Reagan acredita que o banimento é justo, pois ele sabe que as mulheres eram comunistas — e acha que o Partido Comunista é um agente de uma potência estrangeira.

Ele se sentiria eternamente culpado se permitisse que a indústria cinematográfica pervertesse o tecido moral dos Estados Unidos.

Ronald Reagan nunca abandonará a crença de que passar informações ao FBI foi a coisa certa a ser feita. E também nunca trará nenhuma consequência para ele. "Eu conversei com Ronnie", comenta Jack Dales, secretário-executivo do SAG daquela época. "E ele não tem dúvida quanto à conveniência do que fizemos."

* * *

Em 23 de outubro de 1947, Reagan viaja para Washington e comparece perante o Comitê de Atividades Antiamericanas, um grupo congressista que tenta erradicar personalidades e práticas subversivas.[4]

---

[3] Revere ganhou o prêmio de Melhor Atriz Coadjuvante pelo papel no filme *A mocidade é assim mesmo*. Morley entrou para a política depois que saiu de Hollywood, disputando sem sucesso o cargo de vice-governador de Nova York, em 1954. Ela voltou a atuar em 1970, aparecendo em episódios televisivos de *Kojak* e *Kung Fu*.

[4] Não deve ser confundido com as investigações comunistas do senador Joseph McCarthy. O HUAC foi originalmente fundado em 1938, para acabar com simpatizantes do nazismo. O foco foi alterado para o comunismo quando a União Soviética ganhou poder. Aos 34 anos, Richard Nixon, congressista recém-eleito pela Califórnia, era um membro do HUAC no dia em que Reagan testemunhou, mas não estava presente.

"Como disse Thomas Jefferson, eu acredito que se todos os americanos souberem da totalidade dos fatos, eles nunca cometerão um erro", respondeu Reagan a perguntas feitas pelo investigador-chefe Robert Stripling. "Se o partido [comunista] deve ser banido ou não, isso é uma questão que o governo deve decidir. Como cidadão, eu desconfiaria ao ver qualquer partido político sendo interditado por causa de sua ideologia. No entanto, se for provado que certa organização é agente de uma potência estrangeira ou, de alguma forma, um partido ilegítimo — e eu acho que o governo é capaz de provar isso —, então a história muda."

O depoimento de Reagan perante a comissão marca sua primeira visita ao Capitólio.

A visita cria também uma duradoura impressão sobre ele.

* * *

Quase quatro anos depois de depor no Congresso, Ronald Reagan conduz Tar Baby de volta ao estábulo. Ele espera em breve adicionar o título de "criador de cavalos puro-sangue" aos muitos cargos que atualmente o mantêm ocupado e planeja, também, expandir o simples estábulo em algo mais arrojado.

Reagan leva a égua até sua baia e retira a rédea e a sela que usava. Ele assobia baixinho para si mesmo, enquanto penteia o animal. O movimento repetitivo permite a Reagan um momento contemplativo.

É claro que Ronald Reagan precisa tomar algumas decisões difíceis acerca do futuro. Ele não é muito respeitado por seus papéis como ator. Entretanto, conserva a imagem resguardada por conta do ativismo político. Recentemente, em uma homenagem recebida no Friars Club, não houve piadas depreciativas ou humilhações contra sua pessoa. Em vez disso, os seiscentos membros presentes passaram a noite elogiando-o com discursos sinceros sobre sua "estatura e dignidade". O lendário cantor Al Jolson vai tão longe que chega ao ponto de dizer que ele deseja que o filho "cresça para se tornar o tipo do homem que Ronnie é".

Com a presidência do SAG chegando ao fim, parece que os dias de político de Reagan também estão esgotados. Todo o respeito do mundo que possa vir por parte dos colegas de Hollywood não pagará as contas que se acumulam. Ele precisa encontrar uma maneira de renovar a carreira. Somente a hipoteca de seu rancho chega a 85 mil dólares. A política não oferece tal quantia de dinheiro.

Reagan sai do estábulo e caminha até o pequeno chalé, onde Nancy Davis e os filhos estão esperando. Nesse momento, ele enfrenta uma crise de meia-idade. Reagan está ciente da verdade: é um decadente ator hollywoodiano de 40 anos que está à beira de perder tudo.

Depois de um breve momento de silêncio e solidão nessa fria manhã de dezembro, ele não vislumbra o que 1952 reserva para sua vida — mal sabe ele que é o ano em que vai se casar, ser pai de outra criança, e votar nos republicanos pela primeira vez.[5]

---

[5] A batalha contra o comunismo obstinou Ronald Reagan até o fim de seu mandato como presidente do Screen Actors Guild. Em 16 de janeiro de 1952, durante uma das últimas reuniões de Reagan no SAG, o poderoso diretor Stanley Kramer explicou ao conselho que o seu recente filme, *A morte do caixeiro viajante*, estava sendo boicotado por grupos pró-comunistas que o acusavam de discriminação, porque ele se recusou a empregar comunistas. A fim de evitar o aumento do uso dessa tática contra outros cineastas, Kramer entrou com um processo por difamação. O diretor John Ford, que ganhou fama fazendo os filmes de Velho Oeste de John Wayne, como *No tempo das diligências*, levantou para dizer que ele iria depor em favor de Kramer. Como resultado, Reagan e o conselho do SAG emitiram uma resolução formal em apoio a Kramer e em repúdio à pressão comunista. Durante o mandato como presidente do conselho do SAG, Reagan transformou completamente a liderança do sindicato. Antes simpática ao comunismo, ela passou a se opor abertamente à ideologia e suas táticas.

4

STUDIO CITY, CALIFÓRNIA
4 DE MARÇO DE 1952
17h

"Eu aceito", diz Ronald Reagan, olhando para os grandes olhos castanhos de Nancy Davis, que está grávida. Ele veste um terno de casamento preto e uma gravata fina. Davis, que segura um perfumado buquê de flores de laranjeira e tulipas brancas, não usa um vestido de casamento. Em vez disso, ela escolheu vestir um tailleur de lã cinza, escolhido na arara de uma loja de departamentos de Beverly Hills. Um único colar de pérolas decora o pescoço.

O reverendo John Wells, ministro da Christian Church, está diante de uma pequena mesa descoberta que representa o altar da Igreja Little Brown. Ele pergunta se Davis também concorda em se casar "até que a morte os separe".

"Eu aceito", ela responde. Há três anos, quando colocou os olhos em Reagan pela primeira vez, Nancy Davis se esforça para esse momento. Ela não se deixa intimidar pelos impulsos de Reagan por outras mulheres e aceita suas indiscrições, enquanto desfruta ela própria alguns breves casos com outros homens.[1] Davis sabe que existem duas chaves para o coração de Reagan: política e cavalos. Por isso, ela passou muitas horas pintando cercas no rancho do ator e outras tantas assistindo-lhe presidir as reuniões de conselho do SAG, às segundas-feiras. "Eu amo ouvi-lo falar", Davis escreve sobre o namorado, "e agora ele sabe disso."

Em pé, na capela, à direita de Reagan está seu melhor amigo, o ator alcoólatra William Holden. Aos 33 anos, ele foi indicado ao Oscar pelo filme *Crepúsculo dos deuses* e agora pegou uma folga das filmagens do drama *Inferno número 17* para comparecer à cerimônia. Sua esposa, Ardis, participa como dama de honra de Nancy Davis. O casal Holden brigou antes da cerimônia e não está muito comunicativo. Não é algo incomum nesse casamento, que já dura onze anos. O problema principal entre eles é a infidelidade. Holden foi submetido a uma cirurgia de vasectomia depois do nascimento do segundo filho e agora tem relações com suas coadjuvantes sem qualquer medo de engravidá-las. Nessas condições, sua esposa fica num constante estado de ciúme e sofrimento.[2]

---

[1] Nancy Davis nunca havia se casado. Ela ficou noiva de um jovem oficial naval chamado J. P. White Jr., em 1944, mas terminou o relacionamento poucos meses depois. Uma série de curtos relacionamentos se seguiu. "Ela era o que os homens daquela época pensavam como 'disponível'", recordou mais tarde um amigo da família. Depois de se mudar de Chicago para Nova York, em 1945, para seguir carreira na Broadway, Davis teve casos com o ator Alfred Drake e com o produtor Max Allentuck. Ela se mudou para a Califórnia e assinou com a MGM, em 1949. Lá, ganhou a reputação de ser ambiciosa. Dizem que ela teve um ardente romance com o produtor Benny Thau, um homem conhecido por usar o "teste do sofá" para favorecer a carreira de jovens atrizes. Em 1949, Nancy fez uma lista dos solteiros mais cobiçados do show business, com a intenção de tentar se casar com um deles. O nome de Ronald Reagan estava no topo da lista, o que a fez começar os três anos de tentativas que conduziram ao casamento.

[2] Ardis Ankerson é uma atraente morena que atende pelo nome artístico de Brenda Marshall. Ao contrário de muitas atrizes, ela insiste que os amigos e a família usem o nome real em vez do nome artístico. Ela é mais conhecida por interpretar o par romântico de Errol Flynn, no filme de piratas *O gavião do mar*, de 1940. Ela fez seu último filme em 1950, preferindo colocar a carreira de lado para começar sua família. Após uma série de separações, William Holden e Ardis Ankerson divorciaram-se em 1971. Entre as amantes de Holden durante seu casamento estavam as coestrelas Grace Kelly, Audrey Hepburn, Shelley Winters e a sedutora francesa Capucine. Ele também teve um caso ardente de uma semana com Jackie Kennedy, em meados dos anos 1950. Holden, que se vangloriou para um amigo dizendo que havia feito o papel de professor de sexo para a esposa do futuro presidente americano, comentou: "Se ela voltar para Washington e fizer sua mágica com Kennedy, ele vai ficar me devendo uma."

No momento em que Ronald e Nancy dizem os votos, mergulhados em evidente alegria, os Holden estão sentados em lados opostos da pequena igreja.

Para além dos dois casais e do grisalho reverendo Wells, que preside a ocasião vestindo uma túnica negra, não há mais ninguém no local, o que torna gritantemente óbvia a rixa dos Holden. Os filhos de Reagan, Maureen e Michael, estão na escola.

O casamento havia sido anunciado em 21 de fevereiro, mas foi Louella Parsons que tratou de espalhar a notícia para 20 milhões de pessoas, em todo o mundo, por meio de uma coluna social em jornais de grande circulação. Mesmo assim, a cerimônia é incrivelmente simples. Não houve limusine para levar o casal à igreja. Reagan buscou Nancy em seu apartamento usando o Cadillac conversível que ele havia ganhado como presente de sua ex-esposa.

Não há recepção formal depois da cerimônia. O grupo vai se dirigir à residência dos Holden,[3] próxima ao lago Toluca, para comer um pouco de bolo e tomar champanhe antes de Ronald e Nancy pegarem a estrada por duas horas, em direção ao hotel Riverside's Mission Inn. Lá, eles terão a noite de núpcias.

O pedido de casamento feito por Reagan passou bem longe do romantismo. Nancy queria "que Ronnie me levasse numa canoa, durante o pôr do sol, e tocasse seu ukulele enquanto eu me deitava, passando meus dedos na água, da mesma forma que costumavam fazer [os casais] nos velhos filmes que eu via quando era menina".

Em vez disso, Reagan simplesmente disse: "Vamos nos casar!", em um jantar numa boate, pouco depois de Nancy revelar que estava

---

[3] Os vizinhos dos Holden incluem Bob Hope e Shemp Howard (de *Os Três Patetas*) e Frank Sinatra. A casa dos Holden, futuramente, será comprada pelo ator Denzel Washington.

grávida. Ao mirar os olhos de seu Ronnie e colocar as mãos em cima das dele, ela respondeu: "Vamos!"

Nancy Davis estava tão ansiosa para se casar com Ronald Reagan que, de bom grado, atendeu todos os desejos dele. Se isso significasse ter uma pequena cerimônia, sem banda e sem fotógrafos da imprensa, que poderiam trazer um pouco de pompa, que assim fosse. Nancy foi liberada do contrato com o estúdio Metro-Goldwyn--Mayer apenas duas semanas antes. "Eu não quero fazer mais nada a não ser me casar. Eu quero apenas ser a esposa de Ronnie", ela disse mais tarde.

Para Reagan, o casamento no anonimato é perfeito. Sua vida parece ficar mais complicada a cada dia, e ele não precisa de uma manada de repórteres para lembrar que sua carreira corre perigo. Além de lidar com a gravidez de Nancy, Reagan teve o contrato com a Warner Bros. encerrado cinco semanas antes do casamento. Ele afirma que quer uma pequena cerimônia porque a lembrança do extravagante casamento com Jane Wyman ainda é dolorosa. Reagan depois anotou que "só de pensar em enfrentar repórteres e luzes de flash já fico suando frio".

O casamento é tão discreto que Reagan nem sequer convidou a mãe. O pai, Jack, morreu há mais de dez anos. Já Nelle Reagan vive nas proximidades, no sul da Califórnia. Apesar de Reagan ter uma estreita relação com a mãe, que faz parte da Igreja dos Discípulos de Cristo, ela não está presente no casamento.

Nancy não tem parentes em Hollywood. Sua madrinha era Alla Nazimova, a antiga proprietária do lendário hotel Garden of Allah. Coincidentemente, esse mesmo antro de iniquidade é o lugar onde Reagan prometeu a si mesmo que iria largar a vida promíscua. Graças a isso, e à sua relação com Nancy, ele agora é visto cada vez menos nas casas noturnas de Hollywood, preferindo passar os fins de semana no rancho de Malibu.

"Não é que eu sinta uma ardente necessidade de que alguém me ame", Reagan confidenciou a Nancy, ao deixar para trás as lembranças do divórcio. "É que eu sinto falta de ter alguém para amar."

* * *

"Eu vos declaro marido e mulher", diz o reverendo Wells, ajustando a armação fina dos óculos. Nancy está tão impactada pelo momento que não se lembrará de ter dito "sim", ou do primeiro beijo de Ronald Reagan como seu marido. Ela recordará apenas do vozeirão de Bill Holden, quando ele se aproxima perguntando: "Posso beijar a noiva?"

"Ainda não", protesta Nancy. "É muito cedo."

Sob o olhar fixo de Ardis, Holden envolve os braços em volta da cintura de Nancy e a beija apaixonadamente nos lábios.

* * *

Ardis Ankerson arranjou um fotógrafo para estar presente no momento em que a radiante Nancy Reagan corta o bolo de casamento com o marido. Na mesa de jantar dos Holden há três andares de bolo com cobertura branca e pequenos bonecos de plástico da noiva e do noivo no alto. Reagan pisca com os cliques da câmera, enquanto Nancy se inclina em direção à câmera com os olhos bem abertos. É um momento icônico e eterno, recriado em incontáveis casamentos antes e depois desse. Se Ardis não tivesse premeditado a contratação de um fotógrafo, não teria havido nenhum registro desse momento.

As imagens resultantes são modestas. No entanto, um dia elas serão consideradas notáveis, por serem o registro do início de um casamento que mudou o mundo.

É meia-noite quando o casal Reagan chega ao Mission Inn, uma elaborada estrutura construída para ser como uma velha igreja espanhola, com grandes paredes de estuque, vigas expostas e um pátio com jardins.[4] Um buquê de rosas vermelhas espera o casal no quarto, como cortesia da casa.

Nancy vê em Ronald Reagan uma grandiosidade que há muito tempo já deixou de existir dentro dele. Ela vai dedicar sua vida para trazer isso de volta. Logo, sua súplica desaparecerá, substituída pela capacidade de dominar. Reagan vai dar fim, relutantemente, aos outros relacionamentos, embora continue o caso com Christine Larson até pouco depois do nascimento de sua filha, Patti, em 21 de outubro de 1952.[5] Ainda que aconteça uma discreta e ocasional ligação entre eles no futuro, os dias de Reagan como playboy estão no passado. Com o tempo, esses casos irão assombrá-lo. Sem nunca ter sido um homem normalmente dado a remorsos, Reagan se arrependerá de seu comportamento, conforme cresce e fica mais profundo seu amor por Nancy. "Se você quer ser um homem feliz", ele aconselha um amigo, anos depois, "apenas nunca traia sua esposa."

Nancy Reagan possui algo que o marido não tem: uma força inabalável. Essa qualidade vai, em breve, tornar suas opiniões indispensáveis. Ela será sua caixa de ressonância, sua estrategista e conselheira,

---

[4] O presidente Richard Nixon e sua esposa, Pat, casam-se no Mission Inn. Uma série de outros presidentes já visitou o prédio histórico: Benjamin Harrison, William Howard Taft, William McKinley, Theodore Roosevelt, Herbert Hoover, John F. Kennedy, Gerald Ford e George W. Bush. Notadamente, Kennedy é o único democrata.

[5] Reagan não está no hospital na noite em que nasce Patricia Ann Reagan, por meio de uma cesariana. Ele está nos braços de Larson. No entanto, essa relação chega ao fim pouco depois, quando Reagan aparece no apartamento de Larson e um ator francês vestindo apenas uma toalha pequena atende a porta. Nancy nunca reconhecerá que ela sabe do relacionamento, mas comentará mais tarde: "Quando eu voltei para meu quarto e as enfermeiras trouxeram o bebê pela primeira vez, meu primeiro sentimento foi de tristeza por Ronnie não poder estar lá." Reagan nunca deu nenhuma desculpa por sua ausência; Nancy simplesmente aceitou sua falta.

persuadindo-o e cutucando-o para que ele se transforme no homem que só ela acredita que ele pode ser.

Reagan será sempre "Ronnie" para a mulher, mas o poder do casamento mudará lentamente até que Nancy se torne a matriarca chamada pelo marido de "mamãe".

De sinergias singulares são feitos os grandes casamentos.

5

CASSINO LAST FRONTIER
LAS VEGAS, NEVADA
27 DE FEVEREIRO DE 1954
20h55

O homem que viverá por mais longos cinquenta anos está exilado.

Ronald Reagan sobe no palco vestindo um avental com o anúncio da cerveja Pabst Blue Ribbon. "Vas vilst du haben?", ele indaga aos berros, com um grosso sotaque alemão, para Ben Cruz, líder de um grupo pastelão conhecido como The Continentals.

"Vats zoo got under dere?" Cruz replica com uma voz perplexa, apontando para a barra do longo avental de Reagan.

"Underwear?" ["Cueca?"], Reagan responde, coçando a virilha.

"Under dere", responde Cruz, apontando novamente para a barra do avental de Reagan. Então, com o público explodindo em riso, eles encaixam uma canção, numa rotina teatral muito conhecida.

A apresentação de Reagan em Las Vegas é de uma esquisitice tão grande que, após o primeiro show, o *Las Vegas Sun* escreveu, incrédulo, que "De todas as pessoas possíveis, foi Ronald Reagan quem abriu a noite de ontem no The Last Frontier". O público dessa noite percebe que Reagan sabe lidar muito bem com o palco e que ele é um *showman*. Seu *timing* cômico, em particular, é impecável. As trezentas pessoas que lotam o teatro morrem de rir com o personagem do vendedor de cervejas. Mas Reagan não terminou. Rapidamente, ele imita um sotaque irlandês para contar uma série de piadas curtas. Uma onda de altas gargalhadas toma conta da sala.

Antes de o show começar, havia um temor generalizado de que o ator de Hollywood iria falhar miseravelmente diante da plateia. Reagan é tão espetacular, e o público ama tanto a apresentação, que o cassino quer contratá-lo por mais um mês — ou talvez mais.

"Reagan começa com o humor mais inibido e a resposta entusiasmada do público o deixa solto, e então ele sorri abertamente o tempo todo", escreve o jornal especializado em show business *Variety* em sua crítica. "Ele brilha no papel de um garçom holandês que vende cerveja."

Apesar da crítica positiva, Reagan está apavorado. The Last Frontier [a última fronteira] é um nome bem apropriado para o cassino, pois ele poderia descrever muito bem o delicado momento em que Ronald Reagan agora se encontra. Ele não pode se dar ao luxo de errar sequer uma fala. Ele quase desistiu de Las Vegas, sabendo muito bem que se a apresentação falhasse, sua carreira, já em declínio, acabaria ali mesmo.

Ainda que as apresentações sejam bem-sucedidas, Reagan vislumbra outras coisas para o futuro. Nada naquela remota cidade, no meio do deserto, lhe atrai. Ele não é um jogador. Quando tem tempo livre, lê livros ou descansa com Nancy à beira da piscina. Às vezes, eles fazem passeios de um dia no lago Mead, que ajudam a saciar sua paixão pelo ar livre. Mas o que Reagan quer mesmo é voltar à Califórnia, para cavalgar com Tar Baby e fazer filmes.

Porém, essa não é uma escolha ao seu alcance. Ele agora tem uma esposa e uma criança para sustentar, bem como mais dois filhos do casamento anterior. Reagan está pagando as hipotecas do rancho de

Malibu e da casa nova, que ele e Nancy compraram recentemente, perto do distrito de Pacific Palisades. Suas despesas somam alguns milhares de dólares entre dívidas e uma pequena fortuna de impostos atrasados. Ainda assim, ele insiste em viver a vida de um grande astro do cinema: janta em restaurantes caros e não faz muito esforço para conter os gastos pessoais. Reagan diz aos amigos que recusará trabalhos que não cubram seu padrão de vida, quando a verdade é que bons papéis não são mais propostos a ele. Em vez de bons contratos, ele é procurado para narrar documentários de emissoras públicas, que pagam apenas 240 dólares.

Sendo assim, o jeito é ir para Vegas.

* * *

Ronald Reagan sobe no palco todas as noites, às 20h30 e às 23h30. Há também uma apresentação adicional aos sábados, uma e meia da manhã. Depois da cena da cerveja, Reagan e o grupo musical correm para trocar as roupas. Enquanto isso, o alto e gracioso Royce, junto com o irmão gêmeo Ramon Blackburn, sobe no palco para executar um número de música e dança. O trio The Honey Brothers entra logo depois, com uma comédia acrobática que, frequentemente, quase os leva a cair do palco. Finalmente, Reagan fecha a apresentação sozinho, em pé, iluminado por um único holofote. Ele faz um monólogo sobre a vida de ator.

É monótono e cansativo, mas o dinheiro é muito bom. Reagan não é a única celebridade decadente que se limitou a trabalhar em Las Vegas. No Sands, um cassino ao lado do Last Frontier, a ex-estrela de cinema Tallulah Bankhead aparece no palco quase nua, fazendo monólogos dramáticos.

* * *

Durante todo o espetáculo, Nancy Reagan senta-se sozinha em uma pequena mesa, bebendo lentamente um copo de água gelada. Nancy, que nunca fumou, está no meio de espessas nuvens de fumaça de tabaco, impossibilitando que Reagan a veja a partir do palco. Mesmo assim, sabe que ela está lá. Apesar da atmosfera sufocante, Nancy comparece a todas as apresentações, sentando sempre no mesmo local, cercada por estranhos.

O declínio da carreira de Ronald Reagan é difícil para a ambiciosa Nancy. Enquanto observa o marido fazer piadas a respeito de cuecas, ela está decidida a viver uma vida de fama e fortuna. Nancy Reagan foi criada em meio a privilégios, e agora se vê com dívidas. Isso é inaceitável para ela. A entrada de Nancy em Hollywood foi facilitada pela amizade de sua mãe com grandes atores, como Spencer Tracy e Walter Huston, e havia toda uma expectativa que o casamento com Reagan continuaria expandindo esses relacionamentos de alto nível.

Agora, bebendo sua água gelada, ela bem sabe que os dois não são mais bem-vindos nas festas dos atores de primeiro escalão. Apesar da multidão barulhenta embalar o teatro nesta noite de sábado, há provas abundantes de que Reagan está acabado para Hollywood. Nancy está a 480 quilômetros de Los Angeles, sentada sozinha em um cassino que foi concebido para aparentar ser uma construção do Velho Oeste. Lá fora, o vento frio de inverno sopra no deserto. Ela e o marido estão tão longe de Hollywood que podem muito bem dizer que estão na Sibéria.

Nancy Reagan, porém, se prende à esperança de que Las Vegas trará, em breve, algo melhor. O país está fascinado por um novo meio de comunicação conhecido como televisão, que leva o entretenimento diretamente para dentro das casas das pessoas, em todos os lugares. Como resultado da popularidade da TV, mais de 5 mil salas de cinema foram fechadas, devido à queda nas vendas de ingressos. Ronald Reagan fez uma dúzia de aparições em vários programas, mas está relutante sobre a ideia de trabalhar na televisão em tempo integral. "Os donos de salas de cinema acreditavam que ninguém iria comprar um ingresso para assistir a uma pessoa que podia ser vista em casa, em sua própria sala, sem pagar nada", ele escreverá um dia.

Nancy não é tão cautelosa. A família Reagan precisa de dinheiro. A televisão é o futuro. A MCA, agência de talentos que representa Reagan, está forçando o ator nessa direção — e sua esposa também. Poucos meses antes de ir para Las Vegas, Reagan concordou relutantemente em fazer um teste para apresentar um programa intitulado *General Electric Theater*, da rede de televisão CBS. Ele vai ao ar todas as noites de domingo, às 21h, por trinta minutos. O salário é de 125 mil dólares por ano, mais que suficiente para tirar os Reagan do vermelho e ainda pagar a hipoteca. Não há garantia de que Reagan conseguirá o emprego, já que os atores veteranos Eddie Albert, Walter Pidgeon e Kirk Douglas também foram sondados para a posição.

A vaga da GE será mesmo oferecida a Ronald Reagan, e Nancy irá se assegurar de que ele aceite.

São quase dez horas da noite de sábado. Daqui a pouco, Nancy vai se meter nos bastidores para acompanhar o marido em uma rápida refeição entre as apresentações. Ela está determinada em voltar para casa o mais rápido possível — para não voltar nunca mais. Ela não pode imaginar uma vida em que tem de se sentar sozinha por três horas todas as noites, e em perder o contato com Hollywood a cada dia que passa, enquanto celebridades menores, como Lucille Ball, estão conseguindo fama e fortuna na televisão.

Nancy Reagan balança sua água gelada e ouve a última fala que indica o final da performance.

"Você vê as coisas e pergunta: 'Por quê?'" Reagan recita no palco, fazendo referência ao dramaturgo irlandês George Bernard Shaw. Um único holofote o ilumina, e ele está sozinho, com seu smoking, falando com o público como se cada um fosse um amigo pessoal.

"Eu sonho com coisas que nunca existiram e digo: 'Por que não?'"

A sala fica em silêncio, apenas por um instante. Em seguida, o público se levanta em uma grande ovação. O *showman* sorri de orelha a orelha, aquecendo-se com os aplausos que viraram rotina em suas noites. Se Reagan aprendeu algo em Las Vegas, é que ele ama se apresentar ao vivo, e a plateia, em retribuição, o ama igualmente.

Uma semana depois, em 5 de março de 1954, Ronald Reagan recusa uma oferta do cassino para estender suas performances.

A televisão está chamando.

* * *

"Eu sou Ronald Reagan falando em nome da General Electric", pronuncia o ator para o microfone. A transmissão é ao vivo e acontece em 12 de dezembro de 1954. "Nesta noite hollywoodiana, é com muito prazer que atuo na história intitulada *The Dark, Dark Hours* [As negras, negras horas]", Reagan diz. "O jovem James Dean, um dos brilhantes novos atores de Hollywood, contracena comigo. Constance Ford interpreta a minha esposa, no *General Electric Theater*."

O tema musical da GE começa a tocar e a câmera se afasta. Assim que a introdução termina, o cenário muda e a lente da câmera se aproxima novamente. Agora, os telespectadores podem ver que Reagan veste uma roupa. Ele usa um pijama e um roupão. Em seu papel, como o bondoso dr. Joe, Ronald Reagan atende a porta no meio da noite para deparar com um agressivo James Dean, interpretando um personagem chamado Bud, que implora ao dr. Joe ajuda a um amigo que sofreu um misterioso ferimento a bala.

O ceticismo de Reagan em relação à televisão claramente desapareceu. O emprego como apresentador do *GE Theater* oferece a ele a oportunidade de ser visto em milhões de casas, todas as semanas, apresentando o programa noturno e, por vezes, atuando em roteiros dramáticos. Ele tem sorte por estar na vanguarda do movimento de grandes atores que agora migram para a televisão. James Dean, ou Jimmy, como Reagan refere-se a ele, faz sua segunda aparição no *GE Theater*, algumas semanas depois de estrelar uma adaptação do conto *I'm a Fool* [Eu sou um estúpido], de Sherwood Anderson, junto a ex-atriz mirim Natalie Wood. Nem Dean nem Wood sabem que, em breve, os dois atuarão juntos no memorável filme *Juventude transviada*.

Nesta noite, Reagan interpreta o herói contra o vilão de Dean. Esse é o tipo de papel que lhe escapou durante seus anos no cinema. No fim da atuação, o personagem de Reagan não só lutou para tomar uma pistola calibre .32 das mãos de um suicida, mas mostrou um lampejo de raiva e um bom conhecimento sobre armas, que sugerem um passado muito mais obscuro. Reagan atua bem melhor do que Dean, o jovem ator que é saudado como um dos melhores de Hollywood. A cena termina com o raivoso Reagan empurrando o derrotado James Dean e, em seguida, abraçando sua família.

Por ora, a maestria de Reagan como ator termina. O espectador está tomado pela raiva apresentada pelo personagem. A tela fica preta. Os créditos começam a subir.

De repente, a imagem volta a mostrar um sorridente e jovial Ronald Reagan, sentado em seu quarto. Ele, mais uma vez, fala para a câmera. Ainda veste pijama e roupão, mas não mostra mais a aflição de alguns segundos atrás. Magicamente, voltou a ser uma pessoa confiante e simpática. "Bem...", ele diz ao público, ainda sem fôlego depois de sua luta física com Dean, "espero que vocês tenham gostado de James Dean, Constance Ford e de todos nós."

O país gostou demais do *GE Theater* e de Ronald Reagan, em especial. O programa é um sucesso. Novamente, a carreira de Reagan está firme e forte, assim como sua conta bancária.

O trabalho como anfitrião do *GE Theater* vai bem além da simples apresentação do programa e de uma atuação ocasional. A General Electric é uma corporação gigantesca, com fábricas localizadas em 31 estados. Como parte do contrato, Reagan precisa viajar para essas fábricas na posição de embaixador da boa vontade. A liderança corporativa da GE, em Nova York, acredita que ter um âncora de um programa de televisão em meio aos trabalhadores fará bem ao ânimo deles. Com medo de avião, Reagan viaja pelo país de trem e passa o tempo ouvindo e conversando com cada funcionário que encontra.

"No começo, tudo que fiz foi andar pelas linhas de montagem nas instalações da GE, e se isso não interrompesse a produção, eu falava com os trabalhadores em pequenos grupos, em cima de uma plataforma colocada no chão das fábricas", ele escreve mais tarde.

Reagan é surpreendido ao descobrir que essa obrigação do contrato é tão interessante quanto o tempo em frente às câmeras, pois a cada fábrica visitada, ele aprende mais sobre a economia e os governos locais — e muitas vezes aceita convites para conversar com grupos cívicos. A paixão política que ficou dormente desde que ele deixou o cargo de presidente do Screen Actors Guild, há três anos, despertou novamente. Reagan agora acredita que menos interferência governamental é o melhor caminho para os Estados Unidos. Os longos percursos de trem dão a ele tempo de sobra para refletir e para escrever discursos, cuidadosamente, em pequenos cartões. Ele passa um elástico em torno dos blocos de cartões e os guarda. Um dia, suas palavras serão transformadas num ensaio espetacular que será conhecido como "O Discurso".

E "O Discurso" não só irá mudar o rumo da vida de Ronald Reagan, mas irá torná-lo um homem notável.

* * *

Em 18 de novembro de 1956, um sombrio Ronald Reagan abre o último bloco do *GE Theater* usando casaco e gravata. O ator James Dean morreu um ano antes, em um acidente de carro. Atendendo a pedidos do público, o programa retransmite a produção de *I'm a Fool,* estrelado por Dean e sua parceira em *Juventude transviada* Natalie Wood. Reagan fala com carinho a respeito de Dean, mas não exibe o sorriso nem a pitada de entusiasmo que viraram sinônimo do *GE Theater.* "Jimmy Dean", ele diz para os telespectadores, "era um jovem ator com potencial ilimitado."

O monólogo de Reagan sobre Dean sinaliza que seus dias como ator médio de Hollywood estão chegando ao fim. Ele começou uma jornada inexorável numa guerra ideológica e no serviço público que ninguém, nem mesmo Ronald Reagan, jamais poderia ter imaginado. As palavras de Reagan sobre o potencial ilimitado de James Dean também podem ser usadas para descrever ele mesmo.

6

ARDMORE, OKLAHOMA
29 DE MAIO DE 1955
6h

Uma mulher está prestes a dar à luz o terceiro filho. Ela tem 28 anos e, como o marido, torce para que seja um menino. Eles formam um casal rico, com forte crença no sonho americano.

Se o bebê for realmente um menino, ele será batizado em homenagem ao pai, que, além de ser presidente do Ardmore's Optimist Club, é profundamente religioso e bem-sucedido no ramo do petróleo. Haverá, um dia, insinuações de que ele é ligado à CIA. E essas insinuações serão examinadas muito de perto.

Mas isso é para o futuro. Como esperado, nasce um menino.

A cerca de 3 quilômetros da cidade de Oklahoma, o moderno Memorial Hospital acabou de ser inaugurado. O recém-nascido poderia muito bem ganhar a honra de ser a primeira criança a nascer nessa instalação de ponta. Apesar de o hospital ficar na cidade de Ardmore, deveria ser uma marca de distinção. Mas Jo Ann, como a mãe é chamada, optou pelo parto no hospital conhecido como Hardy Sanitarium, e fará o nascimento ser lembrado por outra razão. A inauguração de um novo hospital na cidade significa que o Hardy será, hoje mesmo, fechado para sempre. Há 44 anos, o antigo prédio de dois andares de tijolos foi de grande importância para a cidade. Em vez de ser a primeira criança nascida no novo hospital, o bebê de Jo Ann será o último nascido no Hardy Sanitarium.

Foi assim que nasceu John Warnock Hinckley Jr., num obsoleto hospital psiquiátrico.

À primeira vista, a criança parece ser completamente normal.

7

LOS ANGELES MEMORIAL COLISEUM
15 DE JULHO DE 1960
20h

O homem que viverá por mais três anos está nervoso. O senador John F. Kennedy sobe ao pódio e tem o olhar fixo nos 80 mil democratas, que estão em pé aplaudindo ruidosamente. Com 43 anos, o aristocrata de Massachusetts transpira um pouco. Seus olhos percorrem o estádio, com colunas, arcos e pira olímpica — tudo feito para os Jogos Olímpicos realizados em 1932. Esse é um local reservado para heróis conquistadores. Lá, o general George S. Patton foi recebido quando retornou da Segunda Guerra Mundial, em 1945.

Há apenas dois dias, o político abastado com estilo de galã conquistou os votos necessários para garantir a nomeação do partido democrata na corrida presidencial. Agora, a convenção nacional chega ao fim e o discurso de aprovação agita o estádio. Nativos americanos executam danças rituais no campo de futebol e helicópteros de TV voam baixo, ameaçando abafar o discurso de Kennedy.

Com muitos democratas de alto escalão, e outros apoiadores famosos (como Henry Fonda e Frank Sinatra) se juntando à festividade,

John F. Kennedy começa seu discurso: "Com um profundo senso de dever e elevada determinação, eu aceito a nomeação." As palavras de Kennedy são curtas, e ele fala muito rápido. Ele dormiu pouco nesta semana, passando dias e noites em reuniões políticas, festas e encontros com supostas amantes.[1] "Eu aceito de coração agradecido — e sem reservas —, com apenas uma obrigação: dedicar todo esforço, de corpo, mente e espírito, para levar nosso partido de volta à vitória e nossa nação, à grandeza."

Kennedy fala agora o que irá ficar conhecido como o discurso da "Nova Fronteira". Ele diz aos americanos: "Hoje, nossa preocupação deve ser com esse futuro, pois o mundo está mudando. Uma velha era está no fim. Os velhos costumes não mais funcionarão." Ao descrever sua visão de futuro, Kennedy lança uma série de ataques pessoais ao provável adversário republicano, o atual vice-presidente Richard Milhous Nixon.

* * *

Do outro lado do país, Nixon não consegue dormir. A rede de televisão CBS transmite o discurso de Kennedy ao vivo. Apesar de ser 23h em Washington, Nixon olha fixamente para a TV em preto e branco, no quarto de sua luxuosa casa no bairro de Wesley Heights.[2] Ele absorve cada um dos ataques do adversário, levando cada detalhe para o lado pessoal, sabendo que Kennedy faz isso o tempo todo, já que ele próprio é apaixonado pelo jogo duro da política.

---

[1] Entre elas estão Judith Campbell e a atriz Marilyn Monroe. Campbell, que já saiu com Frank Sinatra, depois passará a ser amante do mafioso Sam Giancana.

[2] A residência oficial do vice-presidente fica no Observatório Naval dos EUA, no noroeste de Washington, DC. No entanto, o Congresso não a tornou oficial até 1974. Até aquele momento, os vice-presidentes tinham sua própria residência particular. Nixon comprou a casa de Forest Lane, de 1.500m², em 1957.

"O sr. Nixon deve imaginar que agora é a vez dele", diz Kennedy de forma sarcástica. Nixon, um aguçado observador, nota que o rosto fino de Kennedy está tenso, apesar das tentativas de o senador parecer mais à vontade.

"Antes que alguém distribua o jogo, é melhor que alguém corte as cartas."

O público ri.

Kennedy continua: "Esse 'alguém' pode ser a grande massa de americanos que votou no presidente Eisenhower, mas rejeitou o pretenso e autonomeado sucessor. Pois assim como historiadores nos dizem que Ricardo I não era bom o bastante para substituir o grande Henrique II, e que Richard Cromwell não servia para tomar o lugar de seu tio, eles também poderão dizer no futuro que Richard Nixon não era o melhor para seguir os passos de Dwight D. Eisenhower."

Nixon tem 47 anos, mas as bochechas avantajadas e as entradas no cabelo o fazem parecer dez anos mais velho. Ele é um homem de origem humilde — ao contrário de Kennedy, que nasceu em meio a grande riqueza. Na verdade, JFK está mais perto do estereótipo de um republicano — "presidentes de fraternidades, assessores fiscais, líderes comunitários, cirurgiões, empregados de ferroviárias, chefes de enfermagem e filhos gordos de pais ricos", como um escritor descreveu os fiéis do partido.[3]

Nixon matriculou-se na faculdade de direito, serviu na Marinha durante a Segunda Guerra Mundial e, em seguida, concorreu com sucesso ao Congresso em 1946. Ele acredita firmemente nas virtudes republicanas do conservadorismo fiscal, do Estado mínimo e de uma força militar poderosa. Nixon tem uma mente política afiada. Ele vem observando bem de perto a ascensão de Kennedy ao poder e

---

[3] O escritor era Norman Mailer, que publicou um artigo na *Esquire* sobre a Convenção Nacional Democrata de 1960, intitulado "Superman vai ao supermercado".

identificou, há quase um ano, que JFK seria seu provável adversário à presidência. Agora, ao catalogar mentalmente cada item do discurso de Kennedy, e saber que é preciso cooptar alguns desses temas para dar a eles um sentido republicano, Nixon se concentra pesadamente no rival.

A esposa de Nixon, Pat, e suas duas filhas pequenas, Tricia e Julie, adormeceram logo, mas ele não tem planos imediatos de ir para a cama. Ele escuta a conclusão de Kennedy e os aplausos ensurdecedores.

"À medida que enfrentamos os próximos desafios, nós devemos confiar em Deus e pedir a ele que renove nossas forças. Assim, seremos páreo para a provação. Assim, não estaremos exaustos. Assim, triunfaremos."

Nixon não está impressionado. Oitenta mil democratas, aparentemente, é gente demais, mas ele sabe que o Coliseum tem capacidade para outros tantos milhares de pessoas. Nixon se considera melhor político que seu rival e acredita que pode ganhar a eleição se for capaz de convencer alguns democratas a desistir de seu partido. Nixon precisa de votos do outro lado.

"Nesta campanha, eu farei uma previsão", ele dirá ao público ao aceitar a nomeação republicana à presidência, daqui a treze dias. "Eu digo que, assim como em 1952 e 1956, milhões de democratas irão se juntar à nossa campanha — não porque estão abandonando seu partido, mas porque o partido os abandonou, há duas semanas, em Los Angeles."

* * *

Outro homem também observa John F. Kennedy atentamente.

Sentado na sala de sua luxuosa casa em Pacific Palisades, Ronald Reagan está revoltado com o que ouve. Ao fim do discurso de Kennedy,

Reagan se levanta e anda até as grandes janelas que dão de frente para a espetacular vista das distantes luzes de Los Angeles.

Reagan já fez sua escolha: votará em Richard Nixon.

E não será nenhuma surpresa para os moradores de Hollywood. Embora ainda seja tecnicamente democrata, Reagan foi bastante influenciado por visões conservadoras adotadas por sua esposa Nancy (que cresceu em uma família republicana e gosta de se gabar de que lê a revista conservadora *National Review* desde sua primeira edição).[4]

A indústria cinematográfica está dividida entre liberais e conservadores. Uma minoria de atores, como Reagan e John Wayne, defende abertamente visões anticomunistas e de menor intervenção estatal. Um contingente bem maior, liderado pelo cantor Frank Sinatra e o grupo Rat Pack, caiu no feitiço de John F. Kennedy. Esse grupo inclui os atores Paul Newman, Joanne Woodward, Elizabeth Taylor, Cary Grant e Angie Dickinson. Enquanto alguns mantêm distância entre as vidas pessoais e profissionais, Sinatra, em particular, deixou claro que despreza não apenas as posições de Ronald Reagan, mas também o próprio Reagan. "Estúpido e perigoso", Sinatra diz, "e muito simplista." O cantor leva o ódio adiante e ataca Nancy Reagan, chamando-a de "uma tola com tornozelos gordos que nunca poderia se tornar uma atriz".

Apesar do ressurgimento de sua carreira na televisão, e da riqueza que permitiu a construção da espetacular casa de 1.400m² (com quatro quartos e localizada no final de uma estrada particular em Pacific Palisades), Ronald Reagan e a esposa tornaram-se párias sociais. Eles raramente são convidados para as melhores festas e,

---

[4] Em 19 de novembro de 1955, a *National Review* foi fundada por William F. Buckley Jr., um rico ex-agente da CIA que acreditava que a expressão conservadora estava muito ausente do debate político americano.

ainda que surja algum convite, Reagan tem a péssima mania de discursar sobre tudo que envolve política. Nancy não ajuda em nada, por ter um jeito condescendente. "Ficamos presos com eles em um jantar e foi horrível", lembrou a esposa do roteirista Philip Dunne. "Nancy está sempre julgando — ela olha para você da cabeça aos pés antes de falar."

Afastando-se da janela, Reagan passa em frente à grande lareira de pedra de seu pequeno escritório. Ele se senta e abre uma gaveta para pegar caneta e papel. A General Electric tem grande orgulho em ter transformado sua residência na "Casa do Futuro" e capitalizou esse conceito apresentando Reagan nos comerciais em que ele aparecia em sua própria cozinha, equipada com uma torradeira GE, máquina de lavar louça e dispensador elétrico de lixo. Mas nenhum desses aparelhos modernos ajudarão Reagan a realizar a simples tarefa de escrever uma carta.

Ronald Reagan não tem medo de enviar suas reflexões para aqueles que querem conhecê-las — assim como para muitos que não querem. As cartas escritas no escritório de sua casa tornaram-se o vínculo do movimento conservador pessoal de Reagan e, junto com cada uma enviada, cresce sua ambição política.

Com as palavras de Kennedy ainda ecoando na cabeça, Reagan pega a caneta e começa a escrever uma carta para Richard Nixon.

"Caro sr. vice-presidente", ele começa. "Sei que é presunçoso de minha parte, mas estou refletindo sobre algumas ideias depois de assistir à convenção aqui em Los Angeles... Eu ouvi um discurso assustador. Infelizmente, ele [Kennedy] é um ótimo orador, com um bom apelo à emoção. Ele deixa pouca dúvida de que sua ideia de um 'novo mundo de desafios' é aquele em que o governo federal vai crescer mais e fazer mais, e, é claro, gastar mais."

Ronald Reagan e Richard Nixon se encontraram pela primeira vez em 1947, ano em que Reagan apareceu diante do Congresso. Eles retomaram essa relação em 1950, quando Reagan fez campanha para o adversário de Nixon, na disputa da Califórnia por uma cadeira no senado americano. Eles se tornaram amigos desde então, e Nixon é a razão de Reagan ainda manter sua condição como membro do Partido Democrata. Quando Reagan disse a Nixon que estava planejando mudar de partido a tempo para as eleições de 1960, o astuto Nixon falou que ele poderia fazer mais pelo Partido Republicano permanecendo como democrata e usando sua fama para convencer outros democratas a também mudar de partido.

Então, Reagan continua como democrata — pelo menos por ora. Ele não tem ideia de que Nixon o considera "superficial" e de "limitada capacidade mental". Ainda que soubesse disso, provavelmente não se importaria. Ronald Reagan quer ver John F. Kennedy derrotado, junto com seu dogma liberal.

Reagan continua sua carta: "Deve haver pessoas míopes dentro do Partido Republicano que irão aconselhar os republicanos a tentar ser mais liberais do que Kennedy. Na minha opinião, isso seria fatal... Não sou um perito infalível, mas eu tenho um forte sentimento de que 20 milhões de pessoas que não comparecem às urnas só podem ser conservadoras."

Nixon não planeja seguir o conselho de Reagan. Daqui a uma semana, ele voará para Nova York a fim de se reunir com o governador republicano Nelson Rockefeller. Depois de um jantar com costeletas de cordeiro em plena Quinta Avenida, no apartamento de "Rocky", os dois ficarão acordados a noite toda elaborando uma plataforma republicana mais liberal. O "Tratado da Quinta Avenida", como será apelidado, é desenhado para atrair eleitores independentes e democratas.

Reagan conclui a carta esmagando John F. Kennedy: "Sob o corte de cabelo despenteado do garoto ainda está o velho Karl Marx — discutido pela primeira vez há um século. Não há nada de novo na ideia de um governo ser o Big Brother para todos nós. Hitler chamou sua versão de 'Socialismo de Estado'."[5]

Ao assinar a carta como "Ronnie Reagan", o ator espera fervorosamente que sua sugestão para a campanha de Richard Nixon seja aceita. Nixon perderá a eleição presidencial de 1960 por menos de um ponto percentual, depois de todos os votos contabilizados. Mesmo assim, Reagan continuará falando em favor dele sempre que for solicitado.

* * *

"Você já se registrou como republicano?", grita uma voz do meio do público. O ano é 1962. Como Ronald Reagan antecipou, a tentativa de Richard Nixon parecer mais liberal que John Kennedy está entre os fatores que lhe custaram a presidência. Agora Reagan ajuda novamente Nixon em uma campanha. Desta vez, o ex-vice-presidente concorre ao cargo de governador da Califórnia.

Reagan está diante de uma pequena multidão de partidários republicanos. O evento para angariar fundos está sendo realizado numa casa, a apenas algumas portas de sua residência de Pacific Palisades. Reagan conhece muitos dos presentes, embora não identifique a voz que o chama no meio da sala de estar.

"Você já se registrou como republicano?", pergunta a voz pela segunda vez.

---

[5] A animosidade de Reagan para com John F. Kennedy continuará mesmo depois que o jovem presidente é morto por uma bala assassina. Em 22 de novembro de 1963, algumas horas depois do assassinato de JFK, Ronald e Nancy Reagan realizarão um jantar. "Por que deveríamos cancelar nosso jantar só porque John F. Kennedy morreu? Não seja bobo", Nancy Reagan disse a um convidado que ligou para perguntar se a festa ainda estava de pé. O homem é um produtor de cinema e ex-general de brigada do Exército americano, chamado Frank McCarthy. Ele chegou para encontrar-se com Ronald Reagan, John Wayne e o ator Robert Taylor. Como um produtor de cinema, McCarthy ganhará o Oscar de Melhor Filme, em 1970, por *Patton — rebelde ou herói?*.

"Bem... não. Eu não me cadastrei ainda. Mas pretendo."

A verdade é que Ronald Reagan já não tem qualquer razão para continuar sendo um democrata. Suas opiniões conservadoras tornaram-se tão notórias que a General Electric o demitiu recentemente do cargo de porta-voz, sob pressão de alguns poderosos interesses liberais. Mais uma vez, Ronald Reagan é um ator desempregado em busca do próximo salário. Ele não tem absolutamente nada a perder ao trocar de partido político.

"Eu sou uma das responsáveis pelo registro", a mulher diz, se levantando e andando em direção a Reagan com um pedaço de papel na mão.

Ela o entrega a Reagan. É um formulário de inscrição. Todos os espaços em branco já foram preenchidos, o que significa que com um simples toque de sua caneta, Ronald Reagan se tornará oficialmente um republicano.

A mulher dá a Reagan uma caneta.

Ele assina o formulário sem qualquer hesitação.

Com o ambiente tomado por aplausos, Reagan sorri. No futuro, alguns se lembrarão de seus trinta anos como democrata. "Eu não abandonei o Partido Democrata", ele vai dizer às pessoas, tomando emprestada a frase de Richard Nixon. "O Partido Democrata me abandonou."

Agora, nos primeiros momentos de sua nova vida como republicano, Ronald Reagan retorna à sua tarefa.

"Onde eu estava mesmo?", ele pergunta, antes de continuar o discurso que vem aperfeiçoando nos últimos oito anos.

* * *

O amargo Richard Nixon caminha suavemente ao palco do hotel Beverly Hilton, em Los Angeles. A data é 7 de novembro de 1962. Apesar dos esforços da campanha de Ronald Reagan, Nixon acabou

88   Bill O'Reilly e Martin Dugard

de perder a eleição para governador da Califórnia, um pleito que ele acreditava que iria ganhar facilmente.[6] O cargo de governador estava destinado a ser uma posição que iria manter Nixon à vista do público até 1968. Ele acreditava que John F. Kennedy seria presidente por dois mandatos, de modo que iria esperar até lá para apresentar suas propostas para outra candidatura presidencial.

Agora, o exausto e furioso Richard Nixon enfrenta a dura realidade de que está acabado. Será quase uma impossibilidade política que ele se recupere dessa derrota.

Antes de partir, Nixon gostaria de dizer algumas palavras.

O rosto está enrugado com a tensão. Nixon força um sorriso enquanto olha para os repórteres reunidos em sua frente. Não há púlpito, apenas um conjunto de microfones. Ele está nervoso a respeito do que está prestes a falar, mas tenta parecer animado. O homem de 49 anos considera a mídia sua maior inimiga pessoal e acredita que, após anos de silêncio frustrado, chegou o momento de desabafar.

Nixon enfia a mão direita no fundo do bolso da calça. Um lustre majestoso paira em um canto do salão. Os repórteres estão sentados em uma longa mesa na frente dele, prontos para anotar suas palavras com lápis e papel. À sua direita, câmeras de televisão e fotógrafos de jornais preparam-se para capturar o momento de derrota.

"Por dezesseis anos", Nixon começa a falar, "vocês tiveram a oportunidade de me atacar, e acho que eu me saí tão bem quanto pude."

Um silêncio cobre o pequeno salão. Nixon está indo longe demais. Uma coisa é confrontar um jornalista particularmente sobre sua cobertura; fazer isso em público é um assunto ainda tabu. E graças a todas as câmeras de televisão, o ataque verbal é agora filmado para a

---

[6] As pesquisas mostravam que Richard Nixon ganharia a eleição para o governo da Califórnia em 1962. No entanto, Nixon não conseguiu atingir os eleitores mais conservadores do Partido Republicano — um erro que lhe custou caro. Pat Brown (o então governador) ganhou facilmente, levando 52% do voto popular contra 47% de Nixon.

posteridade. Os lápis rabiscam freneticamente enquanto os repórteres aguardam, ansiosos, as próximas palavras de Nixon.

"Vou deixar os senhores agora. E, uh... vocês vão escrever sobre isso. Vocês vão interpretar. É o direito que têm. Enquanto eu me retiro, quero que vocês pensem no quanto vocês sentirão minha falta. Não terão mais o Nixon para bater, porque, meus senhores, esta é a minha última coletiva de imprensa."

Foram 59 segundos. Foi o bastante. Nixon não respondeu perguntas. Ele deixa a sala e caminha rapidamente para fora do hotel, parando apenas para apertar a mão de um funcionário da recepção, antes de entrar no banco da frente de um carro que o aguarda.

Ele está entusiasmado por ter conseguido dizer uma última palavra.

No entanto, o destino permitirá a ele muitas outras coletivas de imprensa. Richard Nixon acha que a imprensa o derrotou no passado, mas isso não é nada comparado ao que será feito com ele no futuro.

* * *

Dois anos mais tarde, as câmeras de televisão, mais uma vez, capturam um momento histórico. É noite de 27 de outubro de 1964. Ronald Reagan aguarda ansiosamente, observando a si mesmo na televisão. Trata-se de um discurso gravado uma semana antes, em apoio ao candidato presidencial republicano Barry Goldwater.[7] No começo, a equipe de Goldwater queria que Reagan fizesse o discurso ao vivo, mas ele é agora um político sagaz, e embora fosse gostar dos

---

[7] Uma jovem apoiadora de Goldwater, e membro ativo do Movimento Jovem Republicano, era uma moça de Chicago, de 17 anos, chamada Hillary Rodham. Ela gostava de vestir roupa de vaqueira e um chapéu de palha estampado com o slogan AuH_2O, da campanha Goldwater (Au é o símbolo periódico para ouro e H_2O é a fórmula da água). Pouco depois, ela irá destinar sua lealdade partidária aos democratas, talvez sob pressão dos amigos liberais do Wellesley College.

aplausos e risos espontâneos que poderia causar, o novo político não queria correr nenhum risco de cometer algum erro. Assim, a ideia do discurso ao vivo foi deixada de lado.

"Nancy e eu fomos para a casa de alguns amigos para assistir à transmissão", ele escreve mais tarde sobre a noite que mudou sua vida. O discurso de Reagan em favor de Goldwater foi tão bem-sucedido que os jornalistas apelidaram as palavras como "O Discurso".

Reagan percebe que sua carreira está voltada à vida pública. Depois de uma pausa de sete anos no cinema, ele fez sua última filmagem. Interpretou um vilão em *Os assassinos*, um filme que afundou sem deixar vestígios nas bilheterias.[8]

Ainda que o discurso de Reagan tenha causado boa impressão, os conselheiros de Barry Goldwater não queriam levá-lo ao ar. A uma semana da eleição, eles temiam que os temas conservadores defendidos por Reagan fariam alguns eleitores ficar a favor dos democratas.

O casal Reagan senta-se lado a lado em frente a um aparelho de televisão, na sala da casa de seus amigos. A tela em preto e branco pisca, mostrando-o em pé, atrás de um púlpito coberto com decoração patriótica. A apresentação editada corta para a parte de trás da sala, permitindo que a nação veja o público que aguarda as palavras de Reagan. Alguns seguram cartazes, outros usam chapéus de caubói. Todos estão vestidos informalmente, para que pareçam ter um visual bem familiar ao público americano.

Isso combina com o jeito caseiro e gentil de Reagan, e com sua voz parental que foi aperfeiçoada nas fábricas da GE, nos discursos feitos durante jantares e nos inúmeros encontros conservadores em todo o país. "Diferentemente da maioria dos programas de televisão, hoje

---

[8] O filme anterior de Reagan foi *Demônios submarinos*, de 1957, coestrelado por Nancy Reagan. A última atuação do casal ocorreu em 1958, no filme *A Turkey for the president*, para o *GE Theater*.

o orador não recebeu qualquer tipo de roteiro", ele garante ao público quando começa a falar. "Deram-me permissão de escolher minhas próprias palavras e discutir minhas próprias ideias acerca da escolha que enfrentaremos nas próximas semanas."

Então, Reagan começa um monólogo de 27 minutos, sobre as virtudes em que ele realmente acredita para o país. O candidato presidencial republicano, Barry Goldwater, é pouco mencionado. Reagan faz um deslumbrante discurso cheio de alusões ao sonho americano, ao conservadorismo fiscal e ao *small government*. Fala de liberdade e sobre os Pais Fundadores dos Estados Unidos, como se fossem conceitos totalmente novos que os americanos precisassem abraçar de imediato. Fala sobre a pobreza, os agricultores, a Guerra do Vietnã, os imigrantes cubanos, e também sobre os veteranos de guerra americanos. Não há hesitação na voz de Reagan. Ele não se atrapalha com as palavras do discurso que ele mesmo escreveu, e isso é a soma de tudo em que acreditou durante anos.

"Você e eu temos um encontro com o destino", conclui ele, com sua voz em um tom mais sério e inspirador. "Vamos preservar isso para os nossos filhos, a última esperança do homem na terra, ou vamos sentenciá-los a dar o último passo em direção a mil anos de escuridão."

* * *

Ronald e Nancy Reagan rumam de volta para casa no Lincoln Continental, depois de assistir ao discurso. Aos 53 anos, Reagan está nervoso, sem saber se a apresentação foi bem recebida. Outros que assistiram ao discurso insistem que Reagan fez um bom trabalho, mas ele ainda tem dúvidas.

Esta noite de outubro está parcialmente nublada, com temperatura na casa dos vinte graus. Os Reagan estacionam o carro, depois seguem para dentro de casa e vão direto para a cama, ainda sem saber se o discurso foi um sucesso ou um fracasso.

É meia-noite quando o telefone toca na cabeceira da cama. A equipe de campanha de Goldwater está na outra ponta da linha. O discurso de Reagan foi um sucesso tão grande que as pessoas de todo o país estão ligando, prometendo apoio e dinheiro ao candidato. "Um tempo para escolher", como o discurso virá a ser conhecido, será descrito por repórteres como "a estreia política nacional mais bem-sucedida desde que William Jennings Bryan agitou a convenção democrata de 1896, com o discurso conhecido como 'A Cruz de Ouro'".[9]

"Esse discurso foi um dos marcos mais importantes da minha vida", Reagan recorda depois. Até aquele dia, era cético em relação a qualquer sugestão para concorrer a um cargo político. Agora está prestes a mudar. "Um tempo para escolher" passará a ser, em suas palavras, "mais uma daquelas voltas inesperadas que me levaram a um caminho que nunca esperei tomar".

---

[9] Discurso da Convenção Nacional Democrata de Chicago, em 9 de julho de 1896. Nessa época, Bryan tinha 36 anos e era um ex-congressista pelo estado de Nebraska. O discurso foi tão forte que o público gritava, em apoio, agitando chapéus e bengalas. Alguns membros da plateia jogaram os casacos para o ar. O discurso, que defendia o uso da cunhagem de prata para aumentar a prosperidade americana, foi tão eficaz que Bryan ganhou a nomeação. No fim, perdeu a eleição geral para o candidato republicano William McKinley (baleado por um atirador em 6 de setembro de 1901, morreu oito dias mais tarde, e foi sucedido no cargo por Theodore Roosevelt). William Jennings Bryan disputou a presidência por mais duas vezes e, no fim de sua vida, ele complementava sua renda fazendo o discurso da "Cruz de Ouro" em palestras. Bryan também é conhecido como o antagonista do famoso advogado Clarence Darrow, durante o "julgamento Scopes Monkey", que deliberava sobre a legalidade do ensino da teoria da evolução nas escolas. Bryan, um presbiteriano devoto, posicionou-se contra a prática. Ele morreu enquanto dormia, cinco dias depois de ganhar o caso.

8

ROTUNDA
EDIFÍCIO DO CAPITÓLIO DO ESTADO DA CALIFÓRNIA
SACRAMENTO, CALIFÓRNIA
2 DE JANEIRO DE 1967
00h11

Apesar de ter feito 53 filmes, Ronald Reagan nunca viu tanto drama quanto agora. Vestido com um terno preto e uma gravata escura fina, ele está com a cabeça erguida e os pés plantados no chão, a 30 centímetros um do outro. A postura é de um herói conquistador dos filmes de faroeste que ele tanto ama. Sua mão esquerda repousa sobre uma Bíblia. Um homem calvo, corpulento, está à sua frente. Olhando à esquerda, é possível ver a empertigada Nancy Reagan, radiante após uma cirurgia plástica para reparar as pálpebras caídas. Trinta e duas câmeras de televisão apontam para o rosto de Reagan. A canção "America the Beautiful" ecoa em sua cabeça, graças ao coro da Universidade do Sul da Califórnia, que fez uma serenata para o casal quando o relógio marcou meia-noite.

É o mais glorioso momento de Ronald Reagan: a hora em que ele finalmente faz o papel principal. Há apenas dois anos, ele apresentava um programa de televisão.[1] Agora, ele é o recém-eleito governador da Califórnia. Não há um único escritor em Hollywood que poderia ter roteirizado algo melhor que isso.

Reagan levanta a mão direita e, então, a posse começa. Cento e cinquenta convidados o observam de perto, esperando o sorriso e o aceno de cabeça que se tornaram marcas registradas e foram usados com efeito populista durante a campanha. Existe hoje, porém, um problema para o novo governador. O homem à frente dele, a meio metro de distância, causa incômodo. O juiz da Suprema Corte da Califórnia, Marshall McComb, reflete a luz de sua careca diretamente nos olhos de Ronald Reagan. Neste grandioso momento, Reagan é forçado a apertar os olhos e mal pode enxergar a pessoa com quem está falando.

"Eu, Ronald Reagan, juro solenemente que vou defender a Constituição dos Estados Unidos", ele promete, repetindo as palavras que McComb acaba de recitar. A voz de Reagan preenche a Rotunda e rebate nos pisos de mármore e na estátua em tamanho natural da rainha espanhola Isabel de Castela, que olha por cima dele.

Reagan se permite contemplar a sala. É impossível não se distrair. Homens, mulheres e crianças estão ao redor dele, observando tudo com silenciosa reverência. Muitos estão na ponta dos pés, para melhor testemunhar esse instante histórico.

São os eleitores e aficionados por Reagan. Eles também representam uma forma de anacronismo. Os Estados Unidos estão decaindo em meio à turbulência, e o país está dilacerado pela Guerra do Vietnã, por uma profunda divisão racial, pelo uso de drogas e por uma revolução sexual em curso. Na sala, neste momento, Reagan não vê qualquer conflito.

---

[1] *Death Valley Days* [Dias no vale da morte], uma produção temática do Velho Oeste, que teve 452 episódios de 1952 a 1970. Reagan foi o segundo dos quatro apresentadores da atração. Ele também atuou em oito episódios.

Muitos dos que preenchem esse imponente espaço cerimonial são tão conservadores quanto ele. Os homens usam ternos escuros. Os cabelos são curtos, em nítido contraste com os penteados até os ombros que tantos rapazes estão começando a usar. Os vestidos até o joelho são um retorno ao estilo mais formal da década de 1950 e passam longe das minissaias, que se acomodam no alto das pernas das mulheres e deixam pouca margem à imaginação masculina. Recentemente, Ronald e Nancy Reagan visitaram a filha Patti, de 14 anos, num colégio interno e a viram usando uma dessas saias curtas. Nancy ficou tão furiosa que esbravejou e voltou rapidamente ao carro.

Reagan não tem nada contra minissaias. Ainda se vê admirando as moças. "Ele gostava de olhar as mulheres, não há dúvida disso", lembrou um dos assessores. "Se chegou a fazer algo a mais que isso, foi muito discreto." Os dias de mulherengo de Reagan estão praticamente no passado. O Reagan politicamente reinventado prefere mostrar uma forte e paterna imagem pública.

Obviamente, ninguém é perfeito. Reagan ainda tem peculiaridades que devem ser mantidas discretas como, por exemplo, sua crença em astrologia. Ele e Nancy usam os astros a fim de antecipar o futuro. Os conservadores que admiram o casal Reagan podem ficar escandalizados se descobrirem isso.

Até mesmo os detalhes da cerimônia de posse foram influenciados pelos astrólogos de Reagan. Em geral, a posse do governador acontece em plena luz do dia, mas os astrólogos de Ronald Reagan notaram que Júpiter está visível no céu noturno, precisamente à meia-noite. Acredita-se que o maior planeta do sistema solar é um prenúncio de fama, prosperidade e poder. Em vez de tentar a sorte, mantendo a posse pela manhã, quando Júpiter está ausente, Ronald e Nancy Reagan insistem para que a cerimônia seja realizada à meia-noite, para que possam colher os benefícios da generosidade de Júpiter. É por isso que um juiz da Suprema Corte do estado, um capelão, dezenas de membros da imprensa e um seleto grupo de benfeitores e dignitários convidados estão a essa hora da noite em um amplo círculo em torno de Ronald Wilson Reagan e de sua amada esposa.[2]

Reagan sabe que algumas pessoas da plateia, no íntimo, podem duvidar de sua capacidade de liderar, achando que ele é apenas um ator. Ele está ciente também de que suas convicções políticas estão em desacordo com as tendências atuais dos EUA e da Califórnia, tornando-o, assim, um dinossauro aos olhos de muitos que não estão presentes ali. Mesmo com a vitória de Reagan, a derrota esmagadora de Barry Goldwater na eleição presidencial de 1964 deixa claro que os valores republicanos conservadores estão saindo de moda.

O juiz McComb conclui a longa recitação do juramento e Ronald Reagan está ansioso para começar sua nova jornada. Para manter a posição, ele absorve um corte significativo em seus vencimentos. O salário de governador, de 44 mil dólares anuais, é tão baixo que a família Reagan teve que vender o rancho em Malibu. Essa é uma dificuldade que Reagan terá de suportar.[3]

Aliás, na noite fria de janeiro, Ronald Reagan mantém um segredo: o cargo de governador não será o bastante para ele. Reagan espera ser, um dia, presidente dos Estados Unidos.

Seus astrólogos acham que isso pode estar escrito nas estrelas.

* * *

---

[2] Confrontado muitos anos depois, Ronald Reagan negará que os astrólogos tiveram alguma influência em sua posse no governo, afirmando que a cerimônia incomum, à meia-noite, foi devido ao fato de que o governador Pat Brown teve compromissos burocráticos de última hora.

[3] A tristeza de Reagan com a venda do rancho para a Twentieth Century-Fox, em 1966, foi amenizada pelo preço da venda (1,9 milhão de dólares), que o fez milionário pela primeira vez. A propriedade é agora parte do Malibu Creek State Park, mas durante o tempo em que a Twentieth Century-Fox foi dona do local, o rancho foi cenário de muitos filmes, incluindo *Butch Cassidy e Sundance Kid*. Lá também serviu de gravação para o programa televisivo *M*A*S*H*.

Quatro meses depois da posse, Ronald Reagan está na frente de uma câmera de televisão da CBS, em Los Angeles, prestes a participar de um debate intitulado "A imagem da América e da juventude para o mundo". São 22h na sede da CBS em Nova York, 19h em Los Angeles e 3h em Londres, onde um painel de estudantes universitários internacionais está pronto para fazer perguntas a Ronald Reagan e seu colega convidado: o senador liberal Robert F. Kennedy.

O programa será transmitido ao vivo para o mundo todo. Kennedy está em Paris e é um político profissional mais experiente. Jovial e bonito, aos 41 anos, RFK é fabuloso, tendo atuado como procurador--geral durante a presidência de seu falecido irmão, o presidente assassinado John F. Kennedy. Em 1964, Bobby, como é conhecido, foi eleito senador pelo estado de Nova York. Ele é arrogante e poderoso, e hoje à noite está confiante de que vencerá facilmente os argumentos de Ronald Reagan. O terno e a gravata de Kennedy têm a mesma tonalidade, azul-escuro, e seu comportamento é despreocupado. Ele despreza tanto a capacidade mental de Reagan que mal estudou para o debate.

Reagan é bem mais cauteloso. Ele sabe que 15 milhões de americanos provavelmente assistirão à transmissão, além de outros milhões ao redor do mundo. Então, ele se preparou por semanas, memorizando dados sobre a Guerra do Vietnã e a história do Sudeste Asiático. Ele não pode se dar ao luxo de parecer malpreparado ou deixar que Kennedy o faça de bobo. Essa preocupação é claramente percebida no rosto de Reagan. Embora ele esteja bronzeado e descansado, o famoso sorriso não está estampado em seu rosto. Ao olhar para a câmera, os olhos são frios.

Este debate tem cunho pessoal para Reagan. Sem que o grande público saiba, ele acredita que foi Bobby Kennedy quem pressionou a General Electric para demiti-lo da posição de apresentador do *GE Theater*, em 1962. RFK teria dito à corporação que nenhum contrato

98   Bill O'Reilly e Martin Dugard

com o governo seguiria adiante se o conservador Reagan permanecesse à frente da atração televisiva.[4]

Ronald Reagan não é um homem vingativo, mas sua memória guarda muitos fatos, e agora ele quer desesperadamente vencer o debate — e humilhar Kennedy.

"Eu sou Charles Collingwood", diz o âncora da CBS, dando início à transmissão. "E esta é a 'Reunião Aberta Internacional', o mais recente de uma série de debates intercontinentais que estão sendo realizados desde que os satélites de comunicação os tornaram possíveis. Comigo aqui no estúdio da BBC, em Londres, está um grupo de jovens estudantes universitários. Um deles é dos Estados Unidos, os demais são da Europa, África e Ásia. Eles estudam em universidades da Grã-Bretanha. Têm ideias, muitas vezes, provocativas a respeito dos Estados Unidos, seu papel e sua imagem."[5]

O diálogo começa e os estudantes em Londres atacam imediatamente. "Senador Kennedy", diz um jovem com uma franja curta, "eu gostaria de perguntar o que você acha da afirmação recente de Dean Rusk que o efeito das manifestações nos Estados Unidos contra a Guerra do Vietnã pode prolongar o conflito em vez de encurtá-lo."

Kennedy responde timidamente, com voz suave. Ele planeja concorrer à presidência daqui a um ano e corteja os votos dos estu-

---

[4] Reagan também pode ter sido demitido do *GE Theater* porque estava discursando contra a Autoridade do Vale do Tennessee, sobre a qual a General Electric tinha interesses financeiros. E houve também uma queda nos índices de audiência, por causa da série *Bonanza*, que foi transferida para domingo à noite, competindo com o *GE Theater*. A popular série do Velho Oeste ganhou o primeiro lugar com facilidade.

[5] O único estudante americano no painel é um ex-jogador de basquete de Princeton e medalhista de ouro olímpico, que atualmente frequenta a Universidade de Oxford, tendo conquistado uma bolsa Rhodes. Bill Bradley tem 23 anos e um dia chegará a jogar dez temporadas na NBA, além de exercer três mandatos no Senado dos EUA. Ele foi chamado para falar apenas uma vez durante o debate Kennedy-Reagan e seus comentários foram notáveis pelo tom cortês e pela tentativa fracassada de neutralizar a arrogante hostilidade de muitos dos colegas de painel.

dantes universitários que assistem à transmissão. "Eu não acho que é por isso que a guerra continua", diz ele, dando aprovação implícita aos protestos antiguerra que alguns americanos veem como falta de patriotismo. Kennedy desvia o olhar da câmera enquanto fala, mirando suas anotações.

Quando chega a vez de Reagan falar, ele parece corajoso e confiante: "Eu acho que as manifestações estão prolongando a guerra", diz enfaticamente e, em seguida, lista as razões.

Por começar desse modo, enfático, Reagan assume o comando. Domina o restante do debate, fazendo Kennedy parecer fraco e passivo. Kennedy não ajuda em nada, permitindo que o painel de estudantes o questione como se ele fosse algum professor equivocado. Sentindo a fraqueza, os alunos ficam cada vez mais ousados.

"Responda minha pergunta", exige um estudante, cortando RFK no meio de sua fala. Kennedy dá ao jovem uma resposta longa, e o estudante mais uma vez interrompe, insistindo que Kennedy não respondeu à questão.

Em vez de ficar indignado, Kennedy aceita tranquilamente a repreensão, apesar de estar fervendo de raiva por dentro. "Quem diabos me meteu nessa?", o desvalorizado Kennedy diz a um assessor, assim que o programa termina.

Ronald Reagan repreende delicadamente os alunos quando interrompem ou quando estatísticas deles estão incorretas. Um Reagan cada vez mais ousado defende a liberdade, a democracia e o estilo de vida americano. Kennedy pede desculpas pelos "erros" na política externa americana, Reagan se recusa a fazer o mesmo. Quando ele fala, não há medo em seus olhos. Não há hesitação ou indicação de que vai recuar quando os estudantes incomodam ou atacam. Um repórter da *Newsweek* escreverá sobre esta noite: "A respeito do conflito do Vietnã, Reagan desenrolou com tranquilidade fatos que ninguém suspeitava que ele dominasse."

A transmissão já passa dos trinta primeiros minutos quando Reagan tira o foco do Vietnã e passa a discorrer poeticamente sobre a grandeza dos Estados Unidos. O tom de voz é evangélico. A maioria dos estudantes passou todo tempo pintando os EUA como a raiz do mal existente no mundo e é para eles que Reagan prega fervorosamente.

A aversão ao comunismo não diminuiu nem um pouco desde a época em que ele presidia o Screen Actors Guild. Se algo está diferente, talvez sejam suas convicções, que se tornaram mais intensas: "Eu creio que seria muito admirável se o Muro de Berlim, que foi construído contrariando diretamente um tratado, desaparecesse. Eu acho que esse seria um passo para a paz e em prol da autodeterminação de todas as pessoas."

A transmissão está chegando ao fim e é Reagan quem fica com a última palavra. Entre os estudantes do painel está um jovem da União Soviética, que vive em um Estado totalitário. As palavras de Reagan são destinadas diretamente a ele. "Eu acredito que as mais altas aspirações do homem devem ser a liberdade e o crescimento individuais. Os direitos de cada um são sagrados!"

Com as palavras de Reagan tocando todo mundo, Charles Collingwood termina o programa.

Em Los Angeles, Ronald Reagan remove o fone de ouvido que lhe permitiu ouvir as perguntas dos estudantes de Londres. Ao contrário do discurso "Um tempo para escolher" três anos atrás, não há em sua mente qualquer dúvida: esta noite foi um triunfo. "O recruta Reagan", escreve a revista *Newsweek*, "deixou o veterano de guerra Kennedy a ver navios quando o programa terminou."

No amanhecer de Paris, Bobby Kennedy esbraveja no estúdio. Furioso com seu constrangedor desempenho, ele diz a um assessor: "Nunca mais me coloque num palco com aquele filho da puta."

* * *

Um ano depois, é Bobby Kennedy que está triunfante. Pouco depois da meia-noite, ele atravessa a passos largos a cozinha do Ambassador Hotel, em Los Angeles, para atender a imprensa. Ele acaba de ganhar as primárias presidenciais da Califórnia pelo Partido Democrata. Lyndon Johnson, o democrata que atualmente ocupa o posto de presidente, anunciou há dois meses que não concorrerá a outro mandato. Isso deixa a porta aberta para o popular e charmoso Kennedy. Com 42 anos, apenas cinco meses parecem separá-lo da vitória na campanha presidencial.

Uma multidão de animados apoiadores segue Kennedy pela cozinha. Entre os que estão lá, podem ser vistos o escritor George Plimpton e o jogador da NFL "Rosey" Grier. Kennedy está em êxtase e aperta a mão de um garçom imigrante, sem saber que seu assassino está a poucos passos de distância.

De repente, tiros são ouvidos. Bobby Kennedy é atingido e imediatamente despenca no chão de concreto. Uma única bala atravessou seu cérebro, entrando atrás de sua orelha direita. Duas outras balas perfuraram a parte superior do tronco. Ele é um homem atlético e sempre tomou muito cuidado com a saúde. Por 26 longas horas, Kennedy luta pela vida. Porém, quando o relógio marca 1h44, de 6 de junho de 1968, Robert Francis Kennedy perde a luta.

* * *

Ronald Reagan está na televisão no dia após o assassinato de RFK, falando no *talk show* de Joey Bishop, na ABC. "O inimigo está sentado em Moscou", Reagan diz, por acreditar que agentes da União Soviética mataram Robert Kennedy e também seu irmão John F. Kennedy em 1963. "As ações do inimigo levaram à tragédia da noite passada."

* * *

Quatro meses depois, o perfume da colônia Royal Briar de Ronald Reagan é sentido pela noite. O vento frio fora de época causa calafrios, e ele caminha em direção à piscina, segurando um coquetel de gim e suco de laranja. Assim como na maioria dos fins de semana, Reagan e Nancy viajaram de Sacramento para passar alguns dias na casa de Pacific Palisades, em Los Angeles.

Nesta noite, Nancy não está com o marido no evento político em Studio City, a poucos quilômetros de casa.

Reagan vê uma jovem sentada sozinha na piscina. Parece estar perturbada. Lentamente, ele se aproxima para ver se está tudo bem com ela.

É o próprio Ronald Reagan quem precisa de palavras de conforto. O primeiro ano no gabinete é um desafio. Seus pontos de vista pessoais e políticos não são populares. Sua primeira grande batalha aconteceu quando membros de um grupo radical de afro-americanos, conhecido como Partido dos Panteras Negras, ocuparam o prédio oficial do governo, em Sacramento. A Segunda Emenda da Constituição dos EUA concede aos cidadãos o direito de portar armas, e esse grupo de 24 homens e seis mulheres exibem abertamente pistolas .357 Magnum e espingardas calibre 12. A lei da Califórnia afirma que transportar armas em público é legal, e os Panteras estavam em Sacramento para protestar contra a legislação iminente que iria revogar esse direito. O protesto terminou pacificamente, não antes de republicanos na legislatura estadual forçarem a aprovação de uma lei que tornou o controle de armas na Califórnia uma realidade. E é Reagan, amante das armas, que de bom grado sancionou a lei.

Alguns meses depois, em uma controvérsia que durou quase todo o primeiro ano de mandato, Reagan soube que dois de seus principais assessores estavam envolvidos em relações homossexuais. Ele tenta conter a situação calmamente, permitindo que os homens renunciem. A homossexualidade ainda é ilegal em muitos lugares do país e há pouco apoio público para os direitos dos homossexuais na maior parte da Califórnia. O passado de Reagan em Hollywood incutiu nele uma tolerância para com os homossexuais. Embora publicamente ele condene o comportamento gay, pessoalmente ele não se vê incomodado. Carroll Righter, um astrólogo em quem ele e Nancy confiam, é abertamente gay.

A questão poderia ser contida se a revista *Newsweek* não tivesse publicado um artigo, em 31 de outubro de 1967, que transformou o problema de Reagan em um escândalo nacional. Para deixar as coisas ainda piores, Reagan mentiu, dizendo à imprensa que os assessores homossexuais não foram demitidos por conta de sua conduta privada. Quando o escândalo esfriou, muitas pessoas acreditavam que as esperanças de Reagan em disputar a presidência em 1968 eram nulas.

E elas estavam certas. Em maio de 1967, parecia que a batalha pelo posto de presidente dos Estados Unidos poderia ser uma competição entre Ronald Reagan e Robert Kennedy ou Lyndon Johnson. Depois que Johnson desistiu e Kennedy foi morto, as esperanças presidenciais de Reagan desapareceram. Em uma ironia perfeita, a nomeação republicana vai para Richard Nixon. Em algumas semanas, os americanos elegerão Nixon, em detrimento de Hubert Humphrey.[6]

* * *

Hoje, nesta noite de outubro de 1968, Ronald Reagan faz uma pausa na festa do Studio City para refrescar a cabeça à beira da piscina. Ele está descontraído e solto. Ajuda o fato de que Nancy não está por perto. Por mais que Reagan adore a esposa, ela é extremamente ciumenta.

---

[6] A eleição de 1968 foi uma das mais disputadas da história americana. Nixon derrotou o candidato democrata Hubert Humphrey, ganhando em 32 estados e 301 delegados eleitorais. Os resultados ficaram tão próximos que a vitória não era dada como certa para Nixon após mais de quinze horas depois do fechamento das urnas, no dia da eleição.

Nancy fica indignada quando ele abraça uma mulher desconhecida. E Reagan tenta tomar muito cuidado na presença da esposa.

A jovem sentada diante dele tem apenas 18 anos. Ela olha para Reagan, mas não o reconhece como governador. Talvez sentindo alguma simpatia, Reagan se senta. O nome da moça é Patricia Taylor. Anos mais tarde, ela tentará capitalizar em cima de sua relação com Ronald Reagan, gravando entrevistas em que sugeria intimidade com ele. O comportamento pessoal de Reagan como governador, no entanto, é tão exemplar que poucos questionam seus nítidos valores tradicionais.

9

CASA BRANCA
WASHINGTON, DC
9 DE AGOSTO DE 1974
07h30

Richard Nixon está descalço e veste um pijama azul. Em sua refeição matinal, ele come toranja e cereal com leite. Ele está sozinho no quarto e acabou de subir da cozinha da Casa Branca, onde havia solicitado o café da manhã. O mordomo cubano de 45 anos, Manolo Sanchez, trouxe a refeição, abriu as cortinas, separou a roupa de Nixon para o dia e, em seguida, deixou o presidente sozinho para saborear o café.

Nixon não dormiu com a esposa, Pat.[1] Ele é propenso a falar durante a noite e se levanta a todo momento por causa da insônia. Não é incomum o fato de Pat e Richard Nixon dormirem em quartos separados na Casa Branca. Antes deles, os casais Kennedy e Johnson também não dormiam na mesma cama. Pat Nixon tem um quarto ao lado, separado por uma porta.

---

[1] "Pat" Nixon nasceu Thelma Catherine Ryan em 1912. Ganhou o apelido quando era criança, por conta da herança irlandesa de sua família e porque nasceu na véspera do Dia de São Patrício. Ela é dez meses mais velha que o marido.

O aposento de Nixon tem o teto alto, uma lareira de canto e duas grandes janelas viradas para o sul. Elas dão de frente para o Monumento de Washington. Lá fora, o raiar de mais um dia é quente e nublado. O mesmo quarto já abrigou presidentes como Wilson, Harding, Roosevelt, Truman, Eisenhower, Kennedy e Johnson.[2] Decisões importantíssimas para o mundo foram tomadas dentro destas paredes. Entretanto, nenhum desses homens jamais chegou à chocante conclusão que Nixon chegou na noite anterior. Nenhum dos 35 presidentes fizeram o que Richard Nixon está prestes a fazer.

Nixon tira o pijama, toma banho e veste um terno azul-escuro, uma camisa branca e uma gravata marrom, que Sanchez separou para ele. Daqui a pouco, ele descerá para o Salão Oval e deixará sua assinatura em um documento de apenas uma linha: "Eu renuncio ao cargo de presidente dos Estados Unidos."

* * *

O escândalo que derruba o presidente começou mais de dois anos antes, em 17 de junho de 1972. Richard Nixon busca a reeleição. Os primeiros quatro anos de mandato foram triunfantes, marcados por esforços significativos para acabar com a guerra do Vietnã e pelo momento histórico em que os astronautas americanos Neil Armstrong e Buzz Aldrin caminharam na Lua. Sessenta e dois por cento dos americanos aprovam o trabalho de Nixon. Ele deve ganhar a eleição com folga, não importando quem os democratas escolham para a disputa.

---

[2] Nixon dormia na mesma cama usada por Truman e Eisenhower. Somente no período de Gerald Ford um presidente e uma primeira-dama dormiram no mesmo quarto. O dormitório de Pat Nixon era oficialmente o quarto principal da Casa Branca, e era onde Abraham Lincoln dormia. O lugar que conhecemos como Quarto de Lincoln era um escritório usado por ele. Muitos disseram que o local é palco de aparições de fantasmas. A Casa Branca foi completamente renovada durante a reforma entre 1948 e 1952.

Ronald Reagan

No entanto, o paranoico Nixon não quer dar nenhuma chance ao azar. O comitê de reeleição realiza uma campanha secreta de espionagem política para derrotar os democratas. Esta operação inclui a instalação de aparelhos de espionagem nos escritórios do Comitê Nacional Democrata, no complexo do Watergate Hotel. Em 18 de junho de 1972, o *Washington Post* publica uma nota curiosa ao observar algumas prisões feitas na sede do Comitê Democrata:

> Cinco homens, um dos quais disse ser ex-funcionário da Agência Central de Inteligência, foram presos às 2h30 de ontem no que autoridades descreveram como uma tentativa elaborada de grampear os escritórios do Comitê Nacional Democrata. Três deles eram cubanos nativos e o outro parece ter treinado exilados cubanos para a atividade de guerrilha após a invasão da Baía dos Porcos, em 1961.
>
> Eles foram surpreendidos por três oficiais armados do Departamento de Polícia Metropolitana, que estavam à paisana, em um escritório do sexto andar do Watergate, no número 2.600 da Avenida Virgínia. No local está o Comitê Nacional Democrata, que ocupa todo o andar.
>
> Não havia nenhuma explicação imediata a respeito do motivo pelo qual os cinco suspeitos estavam grampeando os escritórios do Comitê Nacional Democrata, ou se eles estavam trabalhando para quaisquer outros indivíduos ou organizações.

Conforme a mídia mostrará ao longo dos próximos 852 dias, os indivíduos no Watergate estavam trabalhando para uma personalidade muito específica: Richard Milhous Nixon.

* * *

A mais de 5 mil quilômetros de distância, o governador da Califórnia, Ronald Reagan, vai bem no sexto ano de mandato. É extraordinariamente bem-sucedido, apesar de ter sobrevivido a um processo de destituição durante o primeiro mandato.[3] Reagan obteve êxito como líder da Califórnia, reprimindo os violentos protestos estudantis contra a Guerra do Vietnã e aumentando os impostos, a fim de equilibrar o orçamento para, em seguida, emitir um desconto na tributação. Em outubro de 1971, foi à Ásia, em uma de suas quatro visitas como enviado especial de Richard Nixon, para acalmar os chefes de Estado estrangeiros que estavam nervosos com a melhora das relações entre Estados Unidos e China.

Enquanto isso, Nancy Reagan também progrediu como primeira--dama da Califórnia. Ela passou a gozar das regalias do poder, tais como viagens em um jato particular, um assessor para carregar sua bolsa e a amizade inesperada do cantor Frank Sinatra. Antes inimigo, Sinatra tornou-se um grande apoiador do governador Reagan e confidente pessoal de Nancy.[4]

Ainda que o marido tenha declarado que não haverá campanha para um terceiro mandato como governador, Nancy não está disposta a desistir de uma vida de celebridade, repleta de regalias e bajulação. Ela trabalha nos bastidores para planejar uma campanha presidencial. Chegará uma hora, Nancy acredita, em que seu Ronnie estará pronto para esse grande momento.

Os astrólogos concordam.

* * *

---

[3] Um grupo de oposição a Reagan, liderado por trabalhadores organizados e pelo sindicato dos professores da Califórnia, não conseguiu recolher as assinaturas necessárias para revogar o mandato. A única tentativa de recall político bem-sucedida no Estado ocorreu em 2003, quando o governador Gray Davis foi afastado do cargo e substituído pelo ator Arnold Schwarzenegger.

[4] Sinatra se mostrou furioso quando o presidente John Kennedy se recusou a ficar em sua casa de Palm Springs porque, alegadamente, o cantor mantinha contatos com a máfia. Como resultado disso, Sinatra direcionou sua lealdade ao Partido Republicano.

Nenhum vidente pode salvar Richard Nixon. Nove meses após serem presos, os arrombadores do Watergate e os homens que os ajudaram a planejar a invasão da sede do Comitê Democrata foram condenados. Todos eles se declararam culpados e mantêm um código de silêncio a respeito das reais motivações. Insistem que agiram sem ajuda. Até aqui, não há absolutamente nenhuma evidência que ligue Richard Nixon ou a Casa Branca ao ato criminoso.

John Sirica, o juiz-chefe de 69 anos e pavio curto do Distrito de Colúmbia, está convencido de que há mais fatos a serem descobertos nessa história. Ele assombra os réus com penas que variam de 35 a 45 anos de prisão federal por acusações de roubo, conspiração e grampos telefônicos ilegais. As sentenças, no entanto, são provisórias; se os réus quebrarem o silêncio, o tempo de prisão será reduzido para meses, e não anos.

O homem encarregado da segurança do Comitê Republicano Nacional, James McCord, ex-agente da CIA, é o primeiro a ceder. "Eu gostaria de ter a oportunidade de falar com você em particular", ele diz ao juiz Sirica.

* * *

Cinco semanas depois, em 30 de abril de 1973, o presidente Richard Nixon senta-se numa cadeira de couro no segundo andar da Casa Branca, na Sala Lincoln. Apesar de ser abril, as chamas dançam na lareira. Nixon gosta do fogo e pede que seja acendido até mesmo durante os meses quentes de verão, para que ele possa sentar-se sozinho e ouvir seus discos.

Esta noite, no entanto, a Sala Lincoln está silenciosa. Nixon pensa e dá pequenos goles em um copo de uísque Ballantine 20 anos. Desde a confissão de McCord, uma nova investigação sobre o escândalo Watergate, comandada pelo juiz Sirica, revelou provas contundentes que liga a Casa Branca aos crimes praticados. McCord cita nomes. Nixon trabalha freneticamente para se distanciar deles, mesmo que isso signifique demitir pessoas que por muito tempo foram leais a ele. Só hoje, aceitou a renúncia de três membros-chave de sua administração, por conta do papel que eles tiveram no fiasco do Watergate, e dispensou outro.[5]

O telefone toca.

"O governador Reagan está na linha", diz uma telefonista da Casa Branca. "Alô", Nixon responde friamente. Nixon tem, notoriamente, baixa tolerância ao álcool e fica bêbado logo. Esta noite não é exceção. "Sr. presidente?", diz Reagan. "Olá, Ron. Como você está?", Nixon responde com uma voz mais potente. A ligação de Reagan é de um republicano para outro. Os dois homens estão lutando pelo controle do partido. Nixon está ameaçado pela popularidade de Reagan e sua característica de conservadorismo dedicado. Ele se opõe veementemente à ideia de Reagan lhe suceder como presidente e escolheu a dedo o ex-governador do Texas, John Connally, como o homem que vai apoiar para a nomeação presidencial republicana em 1976. Sabendo disso, Connally se prepara para deixar o Partido Democrata.

"Estou bem e você?", responde Reagan. Suas palavras soam vazias, porque os dois sabem os problemas que Nixon enfrenta. No início da noite, Nixon foi à televisão e mentiu para o público americano, dizendo ao país que ele não tinha nada a ver com Watergate. Nixon insistiu que seria implacável em encontrar o responsável.

"Não poderia estar melhor", Richard Nixon diz amargamente e, de imediato, muda de assunto. "Por aí deve ser... — o fuso é tão diferente. Por aí deve ser apenas sete ou oito horas da noite."

---

[5] Nixon aceitou a renúncia dos assessores H. R. Haldeman e John Ehrlichman, bem como a do procurador-geral Richard Kleindienst. Ele demitiu o conselheiro John Dean, por causa de seu papel no encobrimento do Watergate, apesar de a Casa Branca haver pedido para Dean mentir. Isso transforma Dean em um inimigo, que posteriormente fará testemunhos muito contundentes contra Nixon.

"Sim, sim", diz Reagan.

"Que bom que você ligou." A voz de Nixon é inflada de novo com sarcasmo. Em estado de embriaguez, ele tem dificuldade em esconder a aversão a Reagan.

"Quero que você saiba que nós assistimos às declarações na TV", Reagan diz a Nixon. "E que meu coração estava com você. Sei o que você deve ter passado. Só quero que saiba que, uh, aconteça o que acontecer, ainda estou apoiando você. Pode contar conosco. Ainda estamos apoiando você aqui. Você está em nossas orações."

"Que gentil da sua parte dizer isso", responde Nixon. Ele está determinado a mudar de assunto novamente. "Bem, deixe-me dizer isto: pode ser que cada um de nós tenha sua própria religião, mas porra, Ron, temos que construir a paz no mundo e é nisso que eu estou trabalhando. Eu quero que você saiba que agradeço muito sua ligação e dê lembranças minhas à Nancy. Como… Como foi que você se casou com uma garota tão bonita? Meu Deus!"

Nixon está sendo dissimulado. Ele confidenciou a sua equipe que "Nancy Reagan é uma cadela exigente". E que o marido a ouve.

Ronald Reagan não sabe nada disso. "Sou apenas sortudo", diz ele, rindo.

"Você é sortudo. Eu também tive sorte."

"Sim, sim. Você teve."

"Que bom que você ligou. Você... acha que o discurso foi o correto?"

"Sim. Certamente que sim."

"Eu tinha que fazê-lo. Tinha que dizer isso."

" Sei como foi difícil. Sei como deve ter sido para os rapazes fazer o que fizeram. E eles..." Nixon interrompe. "Isso mesmo. Eles tiveram que sair."

"Posso entender..."

Mais uma vez, Nixon interrompe para mudar de assunto. "Certo? Onde você está agora? Em Sacramento?"

"Não. Los Angeles."

"Ha, ha. Que bom que você saiu daquela miserável cidade.

"Sim."

"Certo, Rod", Nixon diz, errando sem querer o nome de Reagan. "Bom pra caramba que você ligou."

"Bom..."

"Ok!"

"Isto também passará", Reagan diz, tentando consolar o presidente.

"Tudo passa. Obrigado."

"Pode apostar. Dê lembranças nossas a Pat", conclui Reagan.

A ligação cai.

* * *

Ao longo de 1973, as evidências de que Richard Nixon financiou atos de espionagem política e se envolveu em seu encobrimento continuam a crescer. Uma nova onda de escândalos cai sobre a Casa Branca, quando é revelado que o vice-presidente Spiro Agnew aceitou subornos durante o mandato.[6] Para escapar da acusação de conspiração, extorsão e suborno, Agnew renuncia em 10 de outubro de 1973.

---

[6] Spiro Agnew foi vice-presidente de 1969 a 1973. Ele era muito controverso, especialmente por seus ataques contra a imprensa. Em uma famosa ocasião, chamou os jornalistas de "nababos fofoqueiros do negativismo". Foi acusado de aceitar subornos e propinas de contratantes, quando era governador de Maryland. Essa prática continuou em sua vice-presidência. Por fim, foi acusado de evasão fiscal, conspiração, suborno e fraude fiscal. No entanto, ele fez um acordo e reduziu as condenações a apenas uma: a de evasão de imposto de renda, que não foi contestada por ele. Os termos do acordo incluíram três anos de condicional e a renúncia ao cargo de vice-presidente dos Estados Unidos. Depois que saiu do cargo, Agnew nunca mais falou com Richard Nixon. Porém, ele estava presente no funeral do ex-presidente, em 1994. Spiro Agnew morreu de leucemia em 1996, aos 77 anos.

Richard Nixon é pressionado a respeito do sucessor. Ele gostaria de nomear John Connally para vice-presidente, mas o democrata trocou de partido político há apenas cinco meses. Ainda há animosidade entre os democratas sobre a deserção, e Nixon acha que eles vão bloquear a nomeação de Connally no Congresso.

A segunda opção é Nelson Rockefeller, o governador republicano liberal de Nova York. Por conta da existência do Tratado da Quinta Avenida, que eles fizeram muito tempo atrás, e que levou a um misto de opiniões políticas e uma estratégia para transformar o Partido Republicano em um movimento moderado, Nixon teme que essa escolha possa alienar os elementos mais conservadores do partido.

O terceiro nome na lista de Nixon é Ronald Reagan. Ele é extremamente popular entre os republicanos, e, apesar das filosofias conservadoras que estão muito à direita de Nixon, Reagan tem poucos inimigos em Washington — deve provocar pouca dor de cabeça se for confirmado.

Reagan fez campanha para Nixon em três eleições. Ele ligou para oferecer condolências em um momento de dificuldade. Reagan e Nixon trocam correspondências há mais de uma década. Devem ser amigos.

Por causa da inveja de Nixon, não são.

A indicação de Richard Nixon para a vice-presidência recai sobre o velho congressista Gerald Rudolph Ford Jr., de Grand Rapids, Michigan. Ele é o líder da minoria na Câmara.

Ronald Reagan não chegará a Washington tão rapidamente.

* * *

Durante as festas de Natal de 1973 e o ano de 1974, Richard Nixon luta para permanecer no cargo. Com o cerco dos promotores se fechando, Nixon nega o acesso às gravações das discussões que teve sobre o caso Watergate. Os promotores são obrigados a levar a questão para a Suprema Corte, que decide em 24 de julho de 1974, por unanimidade, que Nixon deve entregar as gravações de 64 conversas relacionadas a Watergate que ocorreram no Salão Oval.[7] É uma derrota esmagadora para o presidente, que ficou pior três dias depois, quando o Comitê Judiciário da Câmara entra com três pedidos de impeachment contra ele. Existe a possibilidade de Richard Nixon ser tirado do cargo e também enviado para a prisão.

Durante a crise, e todas as noites, o comediante Johnny Carson faz um monólogo de seis minutos com várias piadas curtas no *The Tonight Show*. Carson é "o mais poderoso apresentador da televisão", diz um crítico sobre o *talk show*. Tanto é verdade que muitos do meio midiático seguem as deixas dele.

Carson e outros artistas massacram Richard Nixon, levando mais e mais americanos a acreditar que o presidente é realmente um criminoso. Aqueles que clamam para que Richard Nixon renuncie são implacáveis, e assim também é Johnny Carson. "O monólogo desta noite é dedicado a Richard Nixon. Este meu monólogo simplesmente não renuncia."

* * *

Richard Nixon não é alguém que desiste facilmente, mas em 7 de agosto de 1974 fica claro que ele não tem outra escolha. Ele chama o secretário de Estado Henry Kissinger para explicar sua decisão. Os

---

[7] Gravadores ativados por voz foram instalados no Salão Oval, no Gabinete Executivo Eisenhower, na Sala do Gabinete e no Aspen Lodge, em Camp David. Microfones foram colocados dentro de telefones nesses mesmos locais e também na Sala de Estar Lincoln. Nixon estava gravando as conversas para a posteridade, sabendo que um dia historiadores se interessariam pelas 3.700 horas de conversas que foram gravadas entre a instalação do sistema no início de 1971 e 12 de julho de 1973, quando ele parou de gravar, por conta do escândalo do Watergate. Franklin Roosevelt, John F. Kennedy e Lyndon Johnson também gravavam conversas na Casa Branca.

dois, unidos pela possibilidade de acabar com a Guerra do Vietnã, se encontram na Sala Lincoln, a favorita de Nixon na Casa Branca. A saúde mental de Richard Nixon é uma questão que veio à tona com a crise do Watergate, que já se arrasta por mais de dois anos. Ele chegou a dar pistas de suicídio. Além de beber muito, frequentemente toma pílulas, para permitir-se pelo menos algumas horas de paz e sono. Mas as pílulas nem sempre funcionam: Nixon começou a perambular pelos corredores da Casa Branca durante as madrugadas, chegando a entrar em altos debates verbais com as pinturas dos ex-presidentes que estão penduradas nas paredes.[8]

Nessa noite, Nixon não está no espírito para debates. Ao contrário, está derrotado e bêbado. Kissinger entra na Casa Branca e encontra Nixon caído em sua cadeira de couro favorita. A sala está quase escura. Ainda que Nixon seja tecnicamente o presidente, seus poderes foram profundamente diminuídos. Os militares do Estado-Maior não reconhecem mais sua autoridade e recusam-se a cumprir suas ordens. O secretário de Defesa James Schlesinger foi ao extremo de planejar uma ação, comandada por uma divisão especializada do Exército, para remover Nixon do cargo à força, se isso chegar a ser necessário.

De repente, Nixon começa a chorar. "Reze comigo", ele diz a Kissinger, empurrando para trás o pufe e caindo de joelhos no tapete cinza-claro.

Kissinger se assusta e chega a ficar confuso. Ele é judeu e não compartilha a fé quacre de Nixon. Acima de tudo, Henry Kissinger é um homem cortês e logo se junta a Nixon no chão.

---

[8] Edward Cox, casado com Tricia (a filha de Nixon), foi um ferrenho defensor do sogro em todo o caso Watergate. Mas em 6 de agosto de 1974 percebeu que Nixon não era mais capaz de governar. Quando o senador por Michigan, Robert Griffin, disse a Cox que Nixon aparentava estar completamente racional, Cox respondeu: "O presidente estava andando pelos corredores na noite passada, falando com as fotos dos ex-presidentes — fazendo discursos e conversando com os quadros na parede."

Nixon continua chorando durante as preces quando cai para frente e pressiona o rosto contra o tapete. "O que eu fiz?", lamenta ele, batendo com os punhos no chão. "O que aconteceu?"

* * *

Trinta e seis horas depois, com um gesto vistoso, Nixon assina a carta de renúncia. Não existe precedente para esse ato. Por meio da Lei de Sucessão Presidencial de 1792, Nixon remete sua carta a Henry Kissinger, seu secretário de Estado e conselheiro mais confiável.[9]

Agora não há nada mais a fazer a não ser sair da Casa Branca. Nixon primeiro se despede dos funcionários domésticos da Ala Oeste. Os cozinheiros e as empregadas formam uma única fila e Nixon cumprimenta cada um deles. Então, vai para a Sala Leste, onde uma grande multidão de familiares e apoiadores aguarda para ouvir seu último discurso. A banda da Marinha toca a música tema de "Oklahoma!" no momento em que Nixon entra e se aproxima do púlpito. Logo depois a banda toca "Hail to the Chief". A esposa de Nixon, Pat, está à sua esquerda. Ele pega um par de óculos de armação preta e vai até os três microfones. Suas filhas, Julie e Tricia, também estão no pódio, ao lado dos maridos. As mulheres choram. Nixon fala por vinte minutos, às vezes lutando contra as lágrimas, e conclui sua fala lembrando ao público: "Sempre dê o seu melhor, não desanime, nunca seja mesquinho, e lembre-se sempre de que algumas pessoas podem odiar você, mas aquelas que o odeiam não vencerão, a menos que você as odeie, e então você destruirá a si mesmo."

---

[9] A Lei de Sucessão Presidencial de 1792 (alterada em 1886, 1947 e 1967) estipulou quem seria o próximo na linha à presidência. Sempre foi consenso que um presidente poderia sair do cargo antes do término de seu mandato somente em caso de morte, não de renúncia. No entanto, caso ocorra a improvável possibilidade de renúncia, a Seção 11 da Lei exige que o presidente apresente um instrumento de renúncia, endereçado ao secretário de Estado.

George H. W. Bush, chefe do Comitê Nacional Republicano, está na plateia, maravilhando-se com as palavras de Nixon. Mais tarde, ele escreverá em seu diário: "O discurso foi o clássico de Nixon — um ou dois tapas na imprensa e muita tensão. Não dá para deixar de olhar para a família, e para toda a situação, e não pensar nas realizações dele depois. E pensar na vergonha e no espanto em descobrir que tipo de homem ele realmente é. Sem nenhuma moralidade — batendo nos amigos naquelas gravações —, batendo em todos eles. Um abuso gratuito."

Do outro lado do país, Ronald Reagan assiste à renúncia de Nixon pela televisão. Todas as três grandes redes estão transmitindo o processo ao vivo. "É uma tragédia para a América viver momentos como este, mas isso não significa que a agonia de muitos meses chegou ao fim", Reagan diz em um comunicado à imprensa.

Nixon deixa a Casa Branca e caminha em direção ao helicóptero que irá levá-lo, para sempre, para longe da presidência.[10] Ronald Reagan se pergunta se Gerald Ford irá chamá-lo para ser o novo vice-presidente dos Estados Unidos. Reagan diz aos repórteres que esse chamado seria considerado "um grande dever".

O chamado nunca chega.

---

[10] O helicóptero de Nixon o leva para a Base Aérea de Andrews, onde ele embarca no avião presidencial com sua família. O avião voa para a Base Naval de El Toro, em Orange County (Califórnia), de onde Nixon, em seguida, parte de carro para sua casa de praia, em San Clemente. O avião presidencial está a 20 quilômetros ao sudoeste de Jefferson City, no Missouri, quando Gerald Ford faz o juramento de posse como presidente dos Estados Unidos. Já que o avião presidencial só pode ser chamado de "Air Force One" quando o presidente está a bordo, o piloto Ralph Albertazzie chama o controle de tráfego em solo para solicitar um novo código. Desta forma, a presidência de Richard Nixon chega oficialmente ao fim.

10

DALLAS, TEXAS
9 DE AGOSTO DE 1974
17h

Richard Nixon voa para o autoexílio. O avião passa algumas centenas de quilômetros ao norte da extensa cidade do Texas. Lá embaixo, num apartamento mobiliado, John Hinckley Jr. se distrai dedilhando o violão. O quarto austero é bem-arrumado, pois Hinckley é fanático por limpeza e higiene pessoal. Ele frequentemente lava o rosto com tanto vigor que seu pai teme que "ele possa arrancar a pele fora".

Hinckley tem 19 anos e vive em Dallas, perto de Diane, sua irmã mais velha, durante as férias da faculdade. Ele trabalha em uma pizzaria chamada Gordo's, onde seu serviço é varrer o chão e limpar as mesas. O rapaz que mede 1,77m já ganhou 27 quilos.

O corte de cabelo ao estilo Paul McCartney molda seu rosto. A franja chega a bater em suas sobrancelhas. Quando sorri, os melancólicos olhos azuis de Hinckley ganham vida. No entanto, ele raramente sorri e não tem qualquer vontade de perder peso. Pouco se interessa por práticas esportivas ou por política presidencial — ou qualquer coisa parecida. Enquanto o irmão mais velho, Scott, está sendo preparado para administrar a companhia de petróleo do pai, e sua irmã recém-casada está resolvendo a vida, John se isolou em seu próprio mundo. Sua fala é monótona, seu olhar às vezes não tem qualquer expressão, seu único consolo vem através da música.

A verdade é que John Hinckley está muito desorientado para explicar o que acontece no próprio cérebro. Ele sofre de alguma forma de esquizofrenia, uma doença mental que faz a mente distorcer a realidade. Uma combinação de características hereditárias e fatores ambientais alterou sua composição genética, começando com mudanças sutis na adolescência. Se não for tratada, a doença pode ser potencializada e levar a delírios e comportamentos violentos, que serão perigosos para ele e para todos ao redor.

Os pais estão construindo uma nova casa em Evergreen, no Colorado. É uma pequena cidade montanhosa habitada, em grande parte, por conservadores ricos. Eles se mudaram de Dallas para lá há apenas um ano, quando John estava começando o primeiro ano na Texas Tech University. Sem nenhum amigo em Evergreen, John Hinckley prefere passar o verão no calor escaldante de Dallas para depois voltar aos estudos no outono.

Hinckley não tem amigos em Dallas. Isso não é novidade. No passado, os colegas de escola diziam que ele era "um dos caras mais legais que se podia encontrar". Ele era popular e muito querido como membro do Spanish Club, do Rodeo Club e de uma associação conhecida como "Estudantes no Governo". Porém, em algum momento durante o ensino médio, ele abruptamente parou de praticar esportes ou de participar de qualquer atividade na escola. Sua mãe, Jo Ann, estava desolada pela mudança repentina — e confusa sobre o motivo pelo qual isso aconteceu.

John Hinckley não reconhece mais a felicidade. Faz muito tempo que ele não experimentava essa emoção. Mas, pelo menos em seu quarto, ele tem algum contentamento. Ele ouve os Beatles e toca violão, dia após dia. Hoje é sexta-feira. O presidente dos Estados Unidos acaba de renunciar. O mundo está em choque. Lá fora, o sol brilha em mais uma tarde do ardente verão texano, mas John Hinckley nem se dá conta. Dentro dessas paredes, cada dia é igual a qualquer outro. Sexta-feira poderia muito bem ser segunda-feira. Isso não faz diferença para ele.

Os pais de Hinckley se consideram afortunados por terem um filho que não bebe, não usa drogas e não se envolve em promiscuidade sexual. Eles são evangélicos, muito religiosos, e, ao entender que o filho não está violando nenhum princípio bíblico, têm um pouco de paz. Então, deixam o rapaz sozinho.

Um dia, olharão para trás e perceberão que o isolamento do filho não era normal.

Será tarde demais.

11

GABINETE PARALELO
CÂMARA DOS COMUNS
LONDRES, INGLATERRA
9 DE ABRIL DE 1975
12h

Ronald Reagan senta-se em um pequeno sofá estofado. O joelho esquerdo está a poucos centímetros de uma mulher sentada na cadeira ao lado. É agora um ex-governador e deixou a sede do governo, em Sacramento, há três meses. Ainda charmoso, aos 64 anos, sente instantaneamente uma química entre ele e Margaret Thatcher, que tem 49 anos e é a mais nova líder de oposição da Câmara dos Comuns da Grã-Bretanha.

Thatcher mantém uma aparência rude, mas Reagan a considera "calorosa, feminina, graciosa e inteligente" — tanto que irá fazer algo sem precedentes ao elogiar a líder britânica para Nancy Reagan assim que a reunião terminar. Para Margaret Thatcher, o sentimento é mútuo. "Quando nos conhecemos pessoalmente, fui logo atraída por seu charme, seu senso de humor e sua sinceridade", ela dirá depois.

Thatcher usa o cabelo grisalho desfiado, para deixá-lo mais alto. Seu vestido possui lapelas largas e um zíper na frente — um estilo incomum no mundo sisudo da política britânica. Ela é uma mulher complexa, que ama trabalhar durante a noite e relaxar com um copo de uísque. Tem uma pistola Ruger de fabricação americana para proteção pessoal, e uma lenda crescente dá conta de que ela ajudou a inventar o sorvete *soft-serve* na época em que trabalhava como química.

Thatcher é uma nova espécie no mundo dos políticos e está disposta a tirar o país do dramático bem-estar filosófico que impede o crescimento da economia britânica desde o fim da Segunda Guerra Mundial. Com dedicação à política, ideologia significa mais do que a aparência para Thatcher. Com o tempo, ela vai aprender a equilibrar as duas coisas, melhorando sua imagem ao passar a usar vistosos ternos com um colar de pérolas. Sua cor favorita é azul-turquesa, mas às vezes ela prefere demonstrar um estilo mais poderoso e usar preto, branco, cinza e azul-marinho. Logo começará a tingir o cabelo de louro-avermelhado, e, por sugestão do lendário ator Laurence Olivier, vai contratar um treinador vocal do London's Royal National Theatre para que sua voz seja pronunciada uma oitava abaixo do tom atual.

Com o tempo, Thatcher ganhará o apelido de Dama de Ferro, por conta do hábito de impor sua vontade ao Parlamento e de sua firme oposição à União Soviética e ao socialismo.

Tudo isso ainda está por vir. Por enquanto, Margaret Thatcher está mais focada em falar de política com o homem que acabou de conhecer, e que é, obviamente, sua "alma gêmea política", para usar as palavras de Reagan.

Thatcher presenteia o convidado com um par de abotoaduras. Reagan abre a pequena caixa e as experimenta enquanto o fotógrafo registra o momento para a posteridade. Ele veste um terno escuro, gravata de bolinhas e uma camisa branca. As políticas econômicas bem-sucedidas do ex-governador culminaram em um convite para falar a empresários britânicos sobre os meios de reduzir o tamanho do governo e fazer a economia crescer. Esse tipo de proselitismo político tornou-se a principal ocupação de Reagan desde que ele deixou a casa oficial do governo em Sacramento para voltar a Los Angeles. Ele ganhará quase 200 mil dólares neste ano viajando pelo mundo como palestrante.[1] Além disso, dois assistentes o ajudam a preparar sua coluna semanal, exibida em 226 jornais dos Estados Unidos. E ele, pessoalmente, produz e apresenta um programa de rádio que pode ser ouvido em 286 emissoras conservadoras em todo o país.

Quando Margaret Thatcher solicitou a reunião, ela esperava que Ronald Reagan fosse passar 45 minutos com ela. Mas os dois se dão tão bem que gastam mais que o dobro desse tempo na pequena sala cheia de mesas e cadeiras.

Assim começa uma bonita amizade.

* * *

Poucos dias depois, Ronald Reagan deixa Londres e voa de volta para casa. Nesse momento, as notícias são surpreendentes: a capital do Vietná do Sul, Saigon, cai frente ao Exército do Vietná do Norte. Redes de televisão capturam as vívidas imagens que mostram os militares e agentes de inteligência americanos sendo retirados às pressas por um helicóptero, no alto de um prédio vizinho da embaixada dos EUA. Depois de duas décadas, a Guerra do Vietná, finalmente, termina em derrota.[2]

---

[1] O Bureau de Estatísticas Trabalhistas ajustou esse valor para aproximadamente 872 mil dólares, em moeda de hoje.

[2] O Departamento de Defesa já havia considerado a data de 1º de janeiro de 1961 como o primeiro dia oficial da Guerra do Vietná. No entanto, assessores militares americanos estavam no país muito antes disso. Isso significava que o nome do sargento técnico da Força Aérea Americana, Richard Fitzgibbon Jr., não poderia ser listado no Monumento aos Veteranos do Vietná (em Washington, DC), pois ele morreu em 1956 — antes de a guerra começar oficialmente. Isso foi alterado em 1998, e o início da guerra foi oficializado como sendo em 1º de novembro de 1955. Fitzgibbon e outros oito agora estão listados na parede. O filho de Fitzgibbon foi morto em combate no Vietná, em 7 de setembro de 1965. Esse fato faz dele um dos únicos três pais que morreram com os filhos naquele conflito. Os outros foram Leo Hester e Leo Hester Jr. e Fred e Bert Jenkins.

"Eu escolhi um dia sombrio para enviar meus atrasados agradecimentos", Reagan diz em uma carta remetida a Margaret Thatcher, em 30 de abril de 1975. "Acabam de chegar as notícias da rendição de Saigon e de alguma forma as trevas parecem ter se prolongado."

O ânimo sombrio de Reagan contamina todo o país. O secretário de Estado Henry Kissinger comparou os Estados Unidos à ex-cidade-estado de Atenas, que sofreu um longo declínio rumo ao esquecimento. Kissinger também equipara a União Soviética à Esparta, o Estado militarista grego que estava constantemente preparado para a guerra. O rechonchudo Kissinger é pessimista em relação à posição dos EUA no mundo. E ele não está sozinho. Muitos acreditam que o declínio do país começou com o assassinato de John F. Kennedy, em 1963, continuou com os protestos contra a guerra do final dos anos 1960 e depois acelerou com o caos do Watergate, no início dos anos 1970.

Oito meses antes da queda de Saigon, o novo presidente Gerald R. Ford tentou estancar o sangramento ao dar indulto a Richard Nixon por todos e quaisquer crimes que possa ter cometido no exercício do mandato, acreditando que a nação não se beneficiaria com o espetáculo prolongado de um presidente sendo julgado. "Meus companheiros americanos", Ford prometeu no discurso de posse, "nosso longo pesadelo acabou."

Na verdade, está longe de terminar e a indignação continua a crescer. Os EUA, que foram construídos com base na integridade, honestidade e confiança, têm visto esses princípios sendo levados a um lugar que não sinaliza nenhum modo futuro de grandeza, mas sim de decadência iminente.

E ninguém parece saber como interromper essa queda.

* * *

"Senhoras e senhores", diz uma voz potente vinda de fora do palco, "o presidente dos Estados Unidos."

Um púlpito com o selo presidencial fica no meio da plataforma montada para o discurso. O presidente se aproxima do palco e se enrosca na bandeira americana. Ele deixa cair os papéis com o discurso que carrega. Rapidamente, recolhendo as páginas, chega à tribuna e se recompõe. "Meus companheiros americanos", começa ele, "senhoras e senhores, membros da imprensa e minha família."

Em seguida, as coisas pioram. O presidente tropeça em suas palavras, repetindo-as várias vezes, enquanto segue o atrapalhado discurso. "Eu tenho dois anúncios a fazer", diz ele, antes de cair novamente. "Uau! Uh... Sem problemas. Não tem problema", completa, agarrando a tribuna com as duas mãos para endireitar-se.

A data é 8 de novembro de 1975. O "presidente" é o comediante Chevy Chase, imitando Gerald R. Ford. No início do ano, durante uma visita à Áustria em missão oficial, Ford despencou nas escadas do avião presidencial. Ele não se machucou e colocou a culpa num problema no joelho. No entanto, o resultado desse acontecimento foi imenso. As trapalhadas do ex-astro de futebol americano da Universidade de Michigan tornaram-se uma piada nacional. Uma grande audiência em todo país gargalha com a sátira presidencial de Chase. Um cargo que já foi reverenciado e respeitado pelo fervor patriótico tornou-se material de comédia. Desde que substituiu Richard Nixon, a tarefa mais difícil de Gerald Ford é restaurar a dignidade da presidência, e ele está falhando.

Chevy Chase finalmente leva um tombo e cai para fora do púlpito, tropeça em uma cadeira e se estatela duro no chão. "Direto de Nova York, este é o *Saturday Night Live*", ele grita para a câmera.[3]

* * *

---

[3] O amável Ford leva a brincadeira na esportiva. Ele e Chase se tornarão amigos, e Ford irá até ancorar um encontro cômico em sua biblioteca presidencial, em 1986 — ocasião em que Chase estará presente.

Nancy Reagan não ri com facilidade. E agora ela está descontente com a filha Patti, de 22 anos, que vive com um roqueiro e fuma maconha abertamente. Nancy também está indignada com o filho Ron, de 17 anos, que teve um caso com a esposa do músico Ricky Nelson, de 30 anos, na própria cama do casal Reagan.[4]

"A má notícia é que você veio para casa mais cedo e o surpreendeu", Michael Reagan (o filho mais velho) disse ao pai. "A boa notícia é que você descobriu que ele não é gay."[5]

"Eu não tinha pensado nisso", responde Reagan. "Você está absolutamente certo. Eu acho que é uma bênção. Obrigado, Mike. Agora eu devo contar a Nancy."

O que captura de fato a atenção de Nancy Reagan é a crescente fama da primeira-dama Betty Ford. O país pode não ter sido totalmente conquistado por seu marido como presidente, mas todos amam Betty. Aos 57 anos, ela representa um enorme alívio para a desastrosa Casa Branca de Nixon. Betty Ford fala abertamente sobre sexo antes do casamento, aborto e direitos iguais para as mulheres. Além disso, ela fez uma mastectomia apenas um mês depois que o marido assumiu o cargo, perdendo o seio direito por conta de um câncer. Ela fala com franqueza sobre a cicatriz que a cirurgia produziu e sobre o fato de que gosta de ter relações sexuais com o marido "sempre que possível".

Nancy Reagan deseja essa fama. Betty Ford percebe isso depois de jantar com o casal Reagan, em Palm Springs, durante o feriado de

---

[4] Na faculdade, Patti Reagan ostenta o nome de solteira da mãe, pois seus pontos de vista liberais conflitam com os do pai. Começando em 1974, ela tem um relacionamento de quatro anos com Bernie Leadon, membro fundador dos Eagles. Juntos, eles escrevem a canção "I Wish You Peace", encontrada no álbum *One of These Nights*.

[5] O casamento de Kristin e Rick Nelson é tenso no momento, graças às constantes viagens exigidas por causa da carreira musical — e também por sua infidelidade. Eles irão se reconciliar e se separar várias vezes antes do divórcio, em 1982. Rick Nelson deixou todo seu patrimônio para os quatro filhos, deixando Kristin Nelson sem nada quando ele morreu, vítima de um acidente de avião em De Kalb (Texas), na véspera da virada de 1985. Kristin Nelson é a irmã mais velha da celebridade de TV Mark Harmon.

Páscoa em 1975. "Ela é uma pessoa absolutamente fria", Ford recordou. "Nancy não poderia ter sido mais fria. Ela me beijou e sorriu quando os flashes dispararam. De repente, éramos como velhas amigas. Eu não conseguia entender esse comportamento. Com as câmeras desligadas, havia gelo. Com as câmeras em ação, havia calor."

O motivo do jantar foi para convencer Ronald Reagan a não desafiar Gerald Ford na convenção presidencial republicana de 1976. É uma noite desconfortável. Esta não é a primeira vez que Reagan e Ford se encontraram, mas agora eles se falam como se fossem estranhos. Assessores notam que, durante o jantar, ambos estão "tensos, sem naturalidade, pateticamente educados e com a guarda levantada". "Betty Ford e Nancy Reagan estão ainda piores."[6]

Ford, um republicano de longa data que serviu na Marinha durante a Segunda Guerra Mundial, vê Reagan apenas como um ator de segunda e um ex-democrata. No entanto, ele sabe que Reagan representa o voto conservador, e isso é algo que chama atenção. Em vez de marginalizar seu adversário potencial, Ford resolveu manter Reagan por perto. Por duas vezes, Ford ofereceu ao ex-governador um lugar em seu gabinete, dizendo que ele poderia escolher praticamente qualquer posição para trabalhar. Ele também ofereceu a Reagan a vaga de embaixador dos EUA na Grã-Bretanha. Ao responder ao convite, Reagan disse: "Diabos! Eu não posso me dar ao luxo de ser embaixador."

Ford convidou Reagan para ser parte de uma equipe que investigava supostos abusos da CIA. Tudo isso é um esforço para evitar que Reagan concorra à presidência e divida o Partido Republicano ao meio. Desconfiado, Reagan mantém distância de Ford, aceitando o assento na equipe da CIA como um esforço para ganhar visibilidade,

---

[6] A citação vem de Robert T. Hartmann, conselheiro do presidente, que é mais conhecido por ter escrito o discurso de posse de Ford, em 1974.

mas recusando qualquer posição que o faria parecer subserviente a Ford. Empenhado em ganhar o apoio dos conservadores, Gerald Ford incentiva Nelson Rockefeller a demitir-se do cargo de vice-presidente no fim do mandato.[7] Rockefeller coopera, e o caminho fica aberto para Reagan concorrer à vice-presidência de Ford em 1976.

Isso não acontece. Acreditando ter os recursos necessários para derrotar Ford nas primárias, Reagan deixa claro que não tem interesse em uma posição secundária. Ainda assim, ele deixa Gerald Ford sem saber ao certo se vai ou não concorrer. "Eu tentei me aproximar de Reagan, não consegui", Ford escreve. "Nunca soube o que ele de fato estava pensando por trás daquele sorriso atraente."

Porém, Gerald Ford logo descobre o que Reagan planeja. Em 19 de novembro de 1975, Ford está trabalhando no Salão Oval com o vice-presidente Nelson Rockefeller e o chefe de gabinete Dick Cheney, às 16h28, quando o telefone toca. Reagan está na linha.

Ford não atende a chamada.

Reagan tenta novamente às 16h57. Desta vez, Ford atende. Reagan está ligando da suíte no Madison Hotel, em Washington, onde ele e Nancy acabam de chegar. Reagan diz a Ford que amanhã cedo irá anunciar sua candidatura à presidência no National Press Club.

"Creio que teremos uma boa competição", Reagan diz.

A princípio, Gerald Ford não está chateado com a notícia, pois ele havia antecipado a decisão de Reagan, desde o jantar de Páscoa em Palm Springs. Ele dá uma volta por meia hora, para refletir sobre o assunto, parando primeiro na barbearia da Casa Branca para fazer a barba. Quando retorna ao Salão Oval, Ford está convencido de que irá ganhar com tranquilidade.

---

[7] Naquele mesmo dia, em 4 de novembro de 1975, Ford também nomeia Donald Rumsfeld como secretário de Defesa, Dick Cheney como chefe de gabinete da Casa Branca e George H. W. Bush como diretor da Agência Central de Inteligência. Os três desempenharão papéis centrais na política americana pelos próximos trinta anos.

O jornal *The New York Times* ecoa os sentimentos de Ford dizendo que a candidatura presidencial de Reagan "faz muito barulho, mas não faz muito sentido".

No entanto, uma pesquisa Gallup, feita logo após o anúncio de Reagan, acaba com a ilusão de Gerald Ford.

A pesquisa constata que os eleitores republicanos se inclinam para Ronald Reagan na corrida contra Gerald Ford, por uma margem de 40 a 32%.

Que a batalha comece.

* * *

"Quando você sair do palco, vire à esquerda", um agente do Serviço Secreto sussurra para Ronald Reagan, enquanto ele se prepara para fazer o primeiro discurso da campanha presidencial. O novo candidato está em Miami. Ele e Nancy contam com a segurança do Serviço Secreto, que oferece proteção contra possíveis ataques 24 horas por dia.

A vida conturbada de um candidato presidencial já começou para o casal Reagan. Eles voaram esta manhã em um avião fretado, saindo da capital Washington direto para a Flórida. Após o discurso no salão principal do hotel Ramada Inn, na 22nd Street, eles serão levados de volta ao Aeroporto Internacional de Miami, onde irão, em seguida, para Manchester, no estado de New Hampshire. Amanhã, eles estarão em Charlotte e Chicago e depois na Califórnia. Esta será a vida do casal pelos próximos nove meses, quando acontecerá a Convenção Nacional Republicana, em agosto. Se tiverem sorte, eles vão ficar para continuar a rotina de viagens em novembro, quando a eleição geral é realizada. Embora o ritmo seja frenético, valerá a pena. O objetivo final de Ronald Reagan é se eleger presidente dos Estados Unidos e, com isso, ser reconhecido como o homem mais poderoso do mundo.

Em Miami, Reagan fala por vinte minutos. Às 14h, ele desce da plataforma e ignora o pedido do Serviço Secreto, que solicitou que ele entrasse à esquerda. Em vez disso, Reagan vai para a direita, para cumprimentar um velho amigo que viu do palco.

"Que diabos você pensa que está fazendo?", disse a Reagan o diretor de campanha Tommy Thomas, enquanto ele passa no meio do público.

A multidão se fecha em torno de Reagan. Ele não tem medo e aperta a mão de todos com empolgação, sendo simpático com o público da sala e mostrando a experiência política adquirida. Ao redor do candidato, as pessoas sorriem e tentam atrair a atenção dele. De repente, um homem de 20 anos, de cabelos escuros e camisa xadrez, que está a apenas meio metro, estende o braço direito e aponta uma pistola calibre 45 para o peito de Reagan.

Antes que Reagan esboce qualquer reação, o agente do Serviço Secreto aparece por trás e aborda Michael Lance Carvin. Reagan é empurrado para o chão, para sua segurança, e os agentes o protegem com os próprios corpos.

"Eu estou bem", Reagan disse mais tarde à imprensa.

"Espero que isso não aconteça de novo", disse a assustada Nancy Reagan. "Acho que você sempre tem que se lembrar do que aconteceu."[8]

* * *

---

[8] Michael Lance Carvin é um admirador de Squeaky Fromme (comparsa do assassino em série Charles Manson), que tentou assassinar Gerald Ford. A pistola usada era uma réplica de brinquedo em vez de uma arma real. Carvin, que telefonou duas semanas antes para o escritório do Serviço Secreto de Denver para fazer ameaças de morte a Gerald Ford, Ronald Reagan e Nelson Rockefeller, é preso e mais tarde condenado por oito acusações criminais, em 19 de abril de 1976. Carvin é liberado sob fiança enquanto aguarda a sentença e foge imediatamente. Os agentes federais o capturam em Lake City, Flórida, e Carvin é enviado à prisão. Ele é solto em 4 de janeiro de 1982 e retoma a vida, casando-se e conseguindo um emprego estável. No entanto, em 1998, é acusado de fazer ameaças de morte ao controverso radialista Howard Stern. É, então, condenado a dois anos de prisão federal. O período acabou sendo reduzido para sete meses. Sua localização atual é desconhecida.

Nove meses depois, Ronald e Nancy Reagan estão caminhando pelos labirínticos corredores e túneis da Arena Kemper, em Kansas City. A Convenção Nacional Republicana está nos momentos finais e o casal Reagan se dirige ao palco. Os gritos da multidão ecoam pelos corredores e os delegados eleitorais de todo o país estão no meio da confusão e aguardam o candidato com sua esposa. Esta é a primeira vez que Ronald Reagan aparece na convenção, que já dura quatro dias, e no momento em que ele mostra o rosto, um barulho coletivo sacode a arena.

Reagan está inseguro. "O que eu vou falar?", ele pergunta a Nancy. Ele não preparou nenhum discurso. Não se espera que o candidato perdedor se pronuncie na convenção — e ontem à noite Ronald Reagan perdeu oficialmente a nomeação republicana para a presidência. A pequena margem de Gerald Ford, de 1.187 votos (contra 1.070 de Reagan), assegurou a vitória.[9] Conforme já enfatizado meses antes, Reagan não vai aceitar a vice-presidência se for oferecida a ele. Então, Ford não ofereceu.

Os dois candidatos estavam praticamente empatados no início da convenção. Ford havia ganhado quinze primárias, e Reagan,

---

[9] A inimizade entre Reagan e Ford só cresceu nos meses que antecederam a convenção. Ford inteligentemente contratou Stuart Spencer para dirigir sua campanha, sabendo que Spencer conseguiu duas vitórias para Reagan nas eleições para o governo da Califórnia. As informações privilegiadas sobre a retórica de Reagan ajudaram Ford a vencer a primária de abertura, em New Hampshire, ao pintar Reagan como afiado para arrecadar impostos. Se Ford perdesse em New Hampshire, a eleição poderia ter acabado. No entanto, ele continuou a ganhar em Massachusetts, Flórida e Illinois. Então, justo quando a equipe de Reagan estava sugerindo a seu candidato abandonar a competição, Reagan ganhou a primária na Carolina do Norte. Ele acusou Ford de permitir que os Estados Unidos ficassem atrás da União Soviética na corrida armamentista mundial, o que levou o país a amargurar a derrota na guerra do Vietnã. Ford respondeu com um ataque, sugerindo que Ronald Reagan seria apressado para começar uma guerra nuclear. Ford também semeou descontentamento entre os partidários de Reagan, convidando delegados influentes para a Casa Branca, fazendo campanha para aqueles que buscavam cargos políticos e permitindo que fossem vistos ao seu lado em festas importantes, como na gala do Bicentenário Americano, em Nova York.

doze. Reagan cometeu um grande erro ao anunciar o companheiro de chapa antes de a convenção acontecer. O escolhido foi o senador liberal republicano, Richard Schweiker. Isso acabou afastando de sua campanha alguns eleitores conservadores. Reagan tentou corrigir o erro, sugerindo que as regras da convenção fossem alteradas para forçar Ford a também nomear o companheiro de chapa antes do evento. A questão foi levada ao Comitê de Regras do Partido Republicano, mas rejeitada. Ford ganhou a nomeação na primeira apuração. Esta foi a primeira vez que Reagan teve uma derrota em uma eleição majoritária. Ele permanecerá amargurado pelos próximos anos.

O discurso de aceitação de Gerald Ford é magistral. Ele é interrompido por aplausos 65 vezes. Assistindo a Ford na televisão, o gerente da campanha de Jimmy Carter, Hamilton Jordan, não mede as palavras para descrever a força do discurso de Ford: "O discurso me fez cagar de medo."

Agora, Gerald Ford conclui o discurso de aceitação, chamando Ronald e Nancy Reagan ao palco em uma exibição de unificação do partido. Reagan acredita que isso é um indício de que ele deverá fazer um pequeno discurso.

"Não se preocupe", Nancy diz. "Você pensa em alguma coisa na hora."

O casal chega ao palco e sua aparição inflama o público novamente. "Viva!", gritam os apoiadores texanos de Reagan.

"Olé!", respondem os seguidores da Califórnia, tentando superar os outros.

De novo, eles cantam e repetem os gritos. A convenção não é mais um evento político, é uma enorme festa. Reagan solta a mão de Nancy e chega até o púlpito. O palco está lotado, com o casal Ford, Rockefeller e o novo vice-candidato presidencial Bob Dole e sua esposa, Elizabeth. Todos apertados no pequeno espaço. Reagan ainda pensa no que vai dizer, mesmo em frente ao microfone. Nancy está ao seu lado, pressionando a saia branca contra as próprias pernas, pois ela ficou em cima de uma grade que sopra ar sob a roupa.

Reagan começa elogiando seu partido. "Há cínicos que dizem que o programa do partido é algo que ninguém se interessa em ler e que não é de grande valor. Dessa vez é diferente. Acredito que o Partido Republicano tem uma plataforma que é uma bandeira de cores fortes, inconfundíveis, sem tons monótonos. Acabamos de ouvir um chamado à luta, com base nessa plataforma. E também fomos chamados a comunicar ao povo americano a diferença entre essa plataforma e a do partido adversário, que nada mais é que uma reformulação e uma reedição de um velho programa dos últimos quarenta anos."

A fala de Reagan provoca empolgantes aplausos, seguidos de silêncio. Os delegados aguardam cada uma de suas palavras. Não existe um script para o discurso de Reagan, nem anotações. O discurso de improviso é deslumbrante. Ele evita falar de generalidades e se aprofunda em suas convicções políticas, discursando como se Ford não estivesse ali. Reagan fala da ameaça comunista e do vasto potencial dos EUA. "Vivemos em um mundo em que as grandes potências fabricam e apontam umas para as outras horríveis mísseis — armas nucleares — que podem, em questão de minutos, atingir o país um do outro e destruir praticamente todo mundo civilizado."

Então Reagan articula as ideias sobre a paz e a segurança dos americanos e fala sobre como cada pessoa que testemunha o discurso pode moldar o futuro do país.

"Para que eles mantenham as liberdades que conhecemos até hoje, nós temos que fazer algo aqui. Será que vão olhar para trás agradecidos e dizer: 'Graças a Deus que essas pessoas, em 1976, intercederam pela liberdade?'"

A voz se eleva, e Reagan não é mais um político, e sim um pregador. Ele não está em um pódio, mas em um púlpito, e a Arena

Kemper é sua igreja. "Este é o nosso desafio e é por isso que estamos aqui esta noite."

"Nós temos que sair daqui unidos", conclui. "Não há nada que possa substituir a vitória."[10]

O discurso tem menos de três minutos, e com as interrupções dos aplausos dura oito. Esse é o tempo necessário para que os republicanos percebam a visão, a humanidade e o carisma de Reagan.

Ronald Reagan acena e se despede da multidão e fica bastante claro para muitos, em todo o país, que o Partido Republicano nomeou o homem errado para presidente.

---

[10] Reagan cita o general Douglas MacArthur em seu último discurso no Congresso (19 de abril de 1951), quando completou 52 anos de serviço militar usando as mesmas palavras. MacArthur também proferiu a famosa frase: "Velhos soldados nunca morrem; eles simplesmente desvanecem."

12

PACIFIC PALISADES, CALIFÓRNIA
2 DE NOVEMBRO DE 1976
7h30

Onze semanas depois de o ex-governador Reagan arrebatar o país com o discurso na Convenção Nacional Republicana, o dia da eleição finalmente chega. É uma manhã de clima ameno em Los Angeles e o casal Reagan acorda às 7h30, para tomar na mesa da cozinha o café da manhã, servido com suco fresco de laranja, torradas e café descafeinado.

Ronald Reagan se olha no espelho para fazer a barba e está satisfeito com ele mesmo. Aos 65 anos, ele ainda apresenta uma forma física impressionante. O cabelo é grosso. Os dentes são brancos. O corpo está torneado por uma rotina diária de ginástica. Nos fins de semana, ele corta madeira e limpa o mato do rancho. Daqui a algum tempo, ele vai brincar dizendo que deveria escrever um livro sobre atividades físicas, intitulado "Malhando com a lenha".

Nancy Reagan também está em boa forma, embora seu físico seja resultado mais da dieta do que do exercício. Os Reagan são meticulosos a respeito do quanto comem e bebem, preferindo um café da manhã leve e uma sopa no almoço, de modo que possam se satisfazer

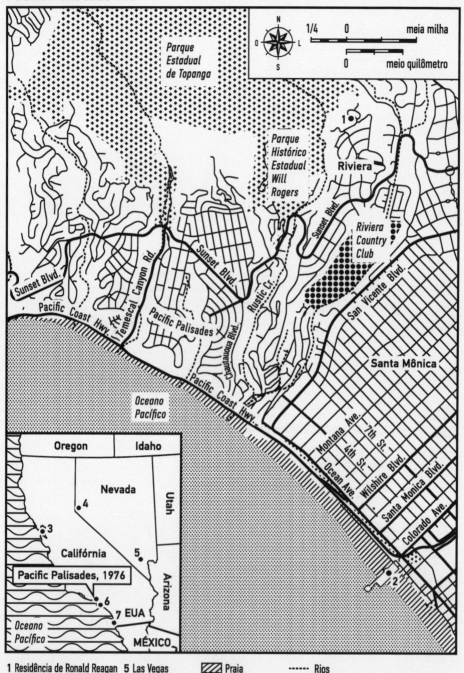

Ronald Reagan

no jantar com os alimentos favoritos, como bolo de carne ou macarrão e queijo. O governador gosta de "cortar algumas calorias" durante o jantar para que possa desfrutar uma sobremesa.

Depois de terminar os rituais matinais, o casal caminha aproximadamente 800 metros até a residência de Robert e Sally Gulick. O ex-piloto da Marinha durante a Segunda Guerra Mundial e sua esposa permitem, há mais de duas décadas, que sua casa seja usada como posto de votação, e é aqui que os Reagan votam.

Em todo o país, os eleitores estão decidindo sobre quem irá liderá-los. A escolha é entre o atual presidente, Gerald R. Ford, e o candidato democrata, James Earl "Jimmy" Carter. É uma decisão entre o homem que perdoou o detestado Richard Nixon, mas que manteve a nação fora do caos, e o governador sulista cristão, que alguns dizem ser mais profano do que parece. Nenhum dos candidatos inspira a nação. O escândalo do Watergate e a Guerra do Vietnã deixaram muitos americanos céticos. As eleições de hoje serão as mais esvaziadas desde 1948.[1]

A casa dos Gulick, em uma rua suburbana arborizada, é o lugar onde muitas outras celebridades votam. Entre elas, o músico Lawrence Welk e o narrador esportivo do Los Angeles Dodgers Vin Scully. Os Reagan são a razão pela qual a imprensa está aguardando na rua. O ex-governador diz um "olá" amigável aos repórteres e entra para votar.

Sally Gulick cumprimenta os Reagan calorosamente. Com 59 anos, a líder comunitária é famosa por três coisas: pela criação de pastores-alemães, pela organização da partida anual de futebol americano do Exército contra a Marinha e pelo ávido interesse por política.

---

[1] O comparecimento às urnas para a eleição Truman-Dewey em 1948 foi de 51,1%. Para a eleição Carter-Ford em 1976, de 53,55%. A menor participação na história moderna é de 49%, com as eleições Clinton-Dole em 1996. Até 1900, o comparecimento de eleitores nos Estados Unidos frequentemente excedia 75%. O maior da história foi registrado em 1876 com 81,8%, quando o republicano Rutherford B. Hayes, de Nova York, perdeu no voto popular, mas ganhou a eleição sobre o democrata Samuel Tilden, também de Nova York, por um voto na Comissão Eleitoral indicada pelo Congresso.

Antecipando a chegada dos Reagan, Sally providenciou um pote de jujubas, caso o governador queira apreciar seu doce favorito. E já que um local de votação precisa ser imparcial, Sally Gulick não colocou à vista nenhum elefante republicano feito de papel machê.

Nesse dia, porém, Ronald Reagan não é um republicano leal. Está contrariado desde a convenção, evitando mostrar qualquer apoio explícito a Gerald Ford. Na tarde de hoje, ele escreverá uma carta a um apoiador de Idaho, afirmando ter feito campanha para Ford em 25 estados e enviado 1 milhão de cartas para apoiar a campanha do presidente.

Mas isso é falso. Ronald Reagan não aceitou a derrota com tanta facilidade. Ele se recusou a aparecer em público com Gerald Ford e não quis nem ser fotografado com o presidente. Muitos discursos de campanha feitos por Reagan eram pró-Partido Republicano, mas focados em políticos que haviam apoiado sua candidatura durante as primárias. Mais que isso, nos dias finais da campanha, num momento em que Ford precisava desesperadamente de Reagan para fazer um giro de última hora pelo sul, para garantir os votos conservadores, o governador recusou categoricamente essa possibilidade.

Agora, Reagan empurra a alavanca para depositar o voto. E, mais uma vez, ele repudia Ford.

Surpreendentemente, Ronald Reagan se recusa a votar para o cargo de presidente. Não consegue se enxergar depositando uma cédula com o nome de Gerald R. Ford. Nancy, cujo desdém para com Betty Ford ficou claro durante toda a convenção republicana, age da mesma forma.[2]

---

[2] Nancy Reagan e Betty Ford eram muito diferentes uma da outra. Betty era amável e divertida, Nancy era firme e contida. A imprensa falou sobre a aparição das duas na Convenção Nacional Republicana em 1976. O momento foi chamado "batalha das rainhas". Muito foi escrito sobre suas escolhas de vestido e penteado. Em um momento durante a convenção, uma ovação para Nancy Reagan foi interrompida quando a banda começou a tocar a música "Tie a yellow ribbon round the old oak tree". Nesse momento, Betty Ford e o cantor Tony Orlando subiram ao palco e dançaram. Nancy Reagan fervia por dentro. A competição não terminou na convenção, e Nancy chegou a escrever críticas sobre Betty Ford em seu livro *Minha vez: as memórias de Nancy Reagan*, de 1989.

"Eu estou em paz com o mundo", Reagan diz à imprensa quando sai do posto de votação com Nancy, para caminhar de volta para casa.

"Você vai concorrer de novo daqui a quatro anos?", um repórter pergunta.

"Eu não afastaria nem descartaria essa ideia", Reagan responde.

* * *

Algumas horas antes, e 3.200 quilômetros ao leste, Gerald Ford come panquecas. Ele lançou sua cédula na urna da Wealthy Elementary School às 7h33, horário de Michigan. Grand Rapids, sua cidade natal, acaba de instalar novas máquinas de votação, e Ford teve que receber instruções sobre como usá-las. Cercado por desenhos em aquarela, feitos por alunos, e uma faixa onde se lê "Bem-vindos, sr. e sra. Ford", Gerald Ford perfurou sua cédula.

Agora, Ford está sentado no restaurante Granny's Kitchen, entregue à sua superstição eleitoral. Estava aqui, comendo panqueca, no dia em que foi eleito pela primeira vez para o Congresso em 1948. Desde então, ele continua voltando ao restaurante.

Gerald Ford está nervoso. Isso é compreensível. Seu destino e futuro estão agora fora do alcance de suas mãos. Em apenas 24 horas, ele saberá se foi reeleito ou expulso da presidência.

Ford é um homem que já enfrentou situações extremas e sabe permanecer tranquilo quando está sob pressão. Quando servia a bordo do porta-aviões USS *Monterey*, durante a Segunda Guerra Mundial, a embarcação foi atingida pelo tufão Cobra, perto das Filipinas.

A tempestade foi tão severa que afundou vários contratorpedeiros, matando quase oitocentos marinheiros americanos. Na manhã de 18 de dezembro, o *Monterey* foi golpeado por fortes rajadas de vento e ondas de 18 metros de altura. O jovem tenente Gerald Ford se aventurou no convés, se expondo ao perigo, em uma tentativa de subir uma escada até a cabine de comando do navio, para permanecer em seu posto. De repente, uma onda mais alta que o próprio *Monterey* quebrou bem ao lado do navio, derrubando Ford da escada. Ele escorregou e não podia fazer nada para interromper a inevitável queda em direção ao mar revolto. No último instante, o ex-astro de futebol americano da Universidade de Michigan estendeu a mão e agarrou uma pequena passarela de metal. Com a vida por um fio, ele conseguiu sair daquela situação e chegar em segurança até a cabine de comando.

Heroico, porém humilde, Ford raramente fala sobre esse terrível momento. Alguns de seus amigos mais próximos nem mesmo sabem do ocorrido.

Agora, 32 anos (e uma vida política) depois do tufão Cobra, Gerald e Betty Ford sentam-se em uma pequena mesa de canto e tomam café enquanto aguardam a comida. Um pianista toca suavemente "One Sweet Kiss". Na parede, um painel de publicidade antigo exibe: "Aqui temos peças usadas e genuínas Ford". Do lado de fora, uma multidão de simpatizantes espia pelas janelas, observando o presidente durante o café da manhã.

Logo, o casal Ford vai subir no avião presidencial, o Air Force One, em direção a Washington. Lá, Ford espera tirar um cochilo antes de jantar com o locutor esportivo Joe Garagiola e sua esposa.

A primeira-dama já fez as pazes com a eleição. Em declarações privadas à imprensa, ela finge estar bem com o resultado, seja ele qual for. "Ou o presidente ganha", diz ela, "ou ele perde e assim teremos mais tempo para passar com ele."

Betty Ford esconde a apreensão. As pesquisas mostram que, ao longo das últimas semanas, seu marido está atrás de Carter por uma pequena margem. Betty é uma mulher realista e sabe que existe uma boa chance de que ela e o marido em breve sejam despejados da Casa Branca.

* * *

O casal Ford voa de volta a Washington, e Nancy Reagan já faz planos para a próxima eleição presidencial. Ronald Reagan passa a manhã no escritório, escrevendo à mão cartas para os apoiadores. Em seguida, os dois vão a Hollywood, onde Nancy escuta o marido gravar a impressionante quantidade de vinte colunas para o rádio.[3] Nos momentos finais da Convenção Nacional Republicana, Ronald Reagan deixou claro que aquela não seria sua última candidatura à presidência. "Nancy e eu", ele disse à equipe de campanha, "não estamos indo sentar em nossas cadeiras de balanço e dizer que isso foi o bastante para nós."

Nancy chorou publicamente enquanto ele falava naquele dia, recusando-se a ficar por perto quando ele disse adeus à equipe de campanha. Ela estava muito emotiva e foi para longe da multidão para que nenhum fotógrafo pudesse capturar suas lágrimas. Perder a nomeação foi difícil para o marido e igualmente árduo para Nancy. Agora, ela passa muitas noites sozinha em Pacific Palisades, enquanto Reagan viaja pelo país para dar palestras. Quando não está em campanha, o marido fica imerso nos estudos. Nancy sabe que Ron está focado na construção de sua base política. Então, com o marido tão ocupado, ela é forçada a fazer todo o resto e assume o comando da família. Nancy lida com o drama da filha liberal, Patti, e sua vida turbulenta, que inclui o uso de drogas e frequentes trocas de namorado.

Nancy também está preocupada com o filho, Ron Reagan Jr., que pode estar tomando o caminho errado. Ele tem os cabelos longos e está desenvolvendo uma paixão pelo balé. Isso não empolga o pai, que se orgulha de ser durão. Para completar, Nancy vê os filhos do

---

[3] Reagan grava normalmente quinze comentários de cada vez. Ele faz isso com o produtor Harry O'Connor. Cada gravação tem três minutos de duração e a maioria é escrita pelo próprio Reagan.

primeiro casamento de Reagan, Maureen e Michael, ficarem cada dia mais distantes, principalmente porque não gostam dela.

A culpa pelos problemas da família nunca parece recair sobre Ronald Reagan.

É Nancy quem aceita as críticas. Ela sabe que seu estilo controlador afastou os filhos e também alguns membros da equipe de campanha do marido.

Ela não se importa nem um pouco.

Para Nancy Reagan, um funcionário problemático é apenas mais uma pessoa que deve ser dispensada. Ela já demitiu vários funcionários. A formalização dos cortes é quase sempre feita por Michael Deaver, um assessor de longa data de Reagan, que se tornou muito próximo de Nancy.

Ela tem agora 55 anos e parece estar no auge da vida. É tão devotada ao marido que Betty Ford disse à revista *Time*: "Quando Nancy encontra Ronnie, é como se sua vida estivesse nas mãos dele."

A obstinação de Nancy com o marido é retribuída: Ronald Reagan tornou-se um homem poderoso. Sua renda é garantida graças aos contratos de rádio e às inúmeras palestras em todo o país. Nancy nunca mais terá que trabalhar.

E assim Ronald e Nancy terminam o dia da eleição em 1976: sozinhos, em sua residência na San Onofre Drive. Desde que Ron Jr. saiu de casa para começar os estudos em Yale, o casal mora sozinho. Na maioria das noites, assistem a um filme antigo para relaxar antes de dormir, às 23 horas. Como as três principais redes de televisão estão transmitindo os resultados da eleição, os Reagan não podem deixar de dar uma espiada.

Para eles, nenhum candidato presidencial tem a ideologia e a paixão necessárias ao país. Se ao menos Reagan tivesse derrotado Ford nas primárias, este teria sido seu dia de eleição e, talvez, sua noite de

Jimmy Carter e Ronald Reagan se cumprimentam antes do debate presidencial de 1980, em Cleveland, Ohio.

Ronald Reagan e a chimpanzé Peggy nas gravações de *Bedtime for Bonzo*, em 1950.

A jovem promessa do cinema em 1939.

Ronald Reagan e Jane Wyman com a pequena Maureen.

Ann Sheridan e Ronald Reagan no filme *Em cada coração um pecado*, cujo papel foi o favorito do ator.

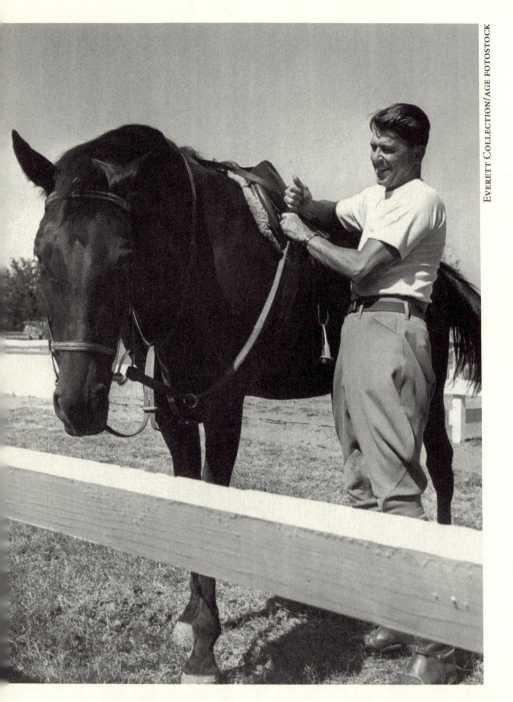

Reagan com a égua Tar Baby.

Reagan testemunha perante o Comitê de Atividades Antiamericanas da Câmara em 1947.

Ronald Reagan e Nancy Davis cortam o bolo de casamento com William Holden e a esposa, Ardis.

Reagan em *Os assassinos*, seu último filme.

Nancy Reagan e Ronald Reagan, depois de ganhar a nomeação republicana para o governo da Califórnia, em 1966.

Ronald Reagan presenteia Margaret Thatcher com um medalhão de dólar em prata em 9 de abril de 1975.

Jodie Foster como Iris, em *Taxi Driver*.

Ronald e Nancy acenam da limusine presidencial no dia da posse em 1981.

Leonid Brejnev: o líder soviético e rival de Reagan, em seu escritório, no Kremlin.

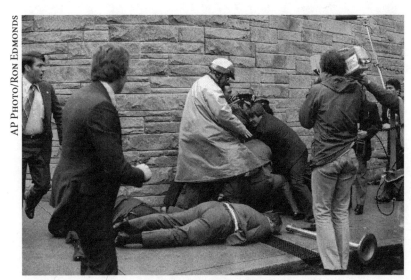

John Hinckley Jr. é detido por agentes do Serviço Secreto e outras testemunhas depois da tentativa de assassinato contra Ronald Reagan em 30 de março de 1981.

Alexander Haig fala à imprensa após a tentativa de assassinato de Ronald Reagan.

John Hinckley Jr. sob custódia da polícia após atirar em Ronald Reagan e em outras três pessoas em 30 de março de 1981.

Ronald e Nancy Reagan no Hospital da Universidade George Washington durante a recuperação do presidente.

O presidente Ronald Reagan e a primeira-ministra britânica Margaret Thatcher em conversa particular.

Ronald Reagan diante do Portão de Brandemburgo e do Muro de Berlim em 12 de junho de 1987. Com ele estão o chanceler Helmut Kohl (à direita) e Philipp Jenninger, presidente do Bundestag (à esquerda).

Ronald e Nancy Reagan no funeral do presidente Richard Nixon.

Nancy Reagan beija o caixão do marido.

THE WHITE HOUSE

WASHINGTON

May 16, 1988

Dear John:

Thank you very much for your May 10 letter.
You were more than kind, and Nancy and I
thank you from the bottom of our hearts.
You know, John, one of the hardest things to
bear in all of this are the outright falsehoods.
Nancy never opened her mouth about Casey,
Donovan or Heckler, and she certainly didn't
fire Don. Truth is, he'd told me several months
earlier he wanted to get back to private life,
and I left it to him to name the day. And,
of course, we haven't been charting our course
by the stars.

Nancy sends her thanks, and from both of us to
Dorothy; and again we deeply appreciate your
words and your prayers.

Sincerely,

Ronald Reagan

Mr. John O. Koehler
One Strawberry Hill Avenue
Stamford, Connecticut 06902

Carta de Reagan enviada ao amigo e conselheiro John Koehler.

triunfo. Em vez disso, o casal está sentado sozinho em casa, olhando para as luzes de Los Angeles e se perguntando: "E se...?"

Amanhã, porém, é um novo dia.

Como sempre, Ronald Reagan vai passar algumas horas no escritório, escrevendo cartas e discursos e lançando as bases ideológicas para expandir o eleitorado conservador.

A história é diferente para Nancy Reagan. Ela não tem muito a fazer. Sair às compras e conviver com amigos ricos se tornam atividades maçantes depois de um tempo. Então, Nancy vislumbra o dia em que o marido, Ronald Wilson Reagan, será eleito presidente dos Estados Unidos em 1980.

Ela verá esse dia chegar.

* * *

São 3h18 em Washington, DC, e o exausto Gerald Ford finalmente vai para a cama. Ele assistiu aos resultados da eleição por horas e ainda não está claro quem será o vencedor. Trinta e seis convidados passaram as últimas três horas na Casa Branca assistindo à apuração junto com Ford. A reunião em família é praticamente reservada em comparação ao eufórico cenário exibido pela ABC, em que os jornalistas Howard K. Smith e Barbara Walters discorrem sobre as imagens da festiva comemoração de Jimmy Carter, comandada por sua velha mãe, Lillian. A matriarca fala como quem prevê a vitória.

Ainda assim, Ford acredita que vai ganhar. Cansado demais para ficar acordado por mais tempo, ele pretende dormir um pouco para, em seguida, levantar-se com a notícia de que foi reeleito. Ele sai em direção ao corredor com o chefe de gabinete Dick Cheney, dá algumas ordens, e, depois, caminha para o quarto. O presidente se enfia entre os lençóis, com Betty Ford ao seu lado. Seja com boas ou más notícias, amanhã cedo tudo terá terminado.

146 Bill O'Reilly e Martin Dugard

O fato de a eleição estar tão perto de terminar é uma prova da obstinação de Gerald Ford. No verão de 1976, Ronald Reagan dividiu o Partido Republicano com sua campanha e seus ataques contra Ford. Já Jimmy Carter tinha uma vantagem de 33 pontos nas pesquisas. Os EUA queriam acreditar que o sorriso de um plantador de amendoim vindo do interior iria curar os males do país.

Mas Carter quase se autodestruiu. Contra a recomendação de seus conselheiros, deu uma entrevista à revista *Playboy* na esperança de atrair os eleitores que poderiam ter se desencantado por causa de suas opiniões conservadoras provenientes da religião cristã. Nessa entrevista, ele admitiu: "Cometi, muitas vezes, adultério em meu coração."[4]

Manchetes se seguiram em todo país com Carter sendo pintado como alguém um tanto lúgubre.

A entrevista foi um grande erro. Na tentativa de ser completamente honesto, o governador perdeu o apoio de muitas mulheres e de cristãos evangélicos que acharam a confissão indecorosa.

A diferença entre Carter e Ford diminuiu ainda mais quando o presidente venceu o primeiro debate televisivo, no final de setembro. Com uma aparência física mais robusta e conhecedor profundo dos fatos citados, Ford deixou claro qual candidato era o presidente e qual não era.

---

[4] Assim como com o tropeço de Ford, o *Saturday Night Live* foi rápido ao brincar com a gafe de Carter. Em um esquete que foi ao ar na noite de 16 de outubro de 1976, Dan Aykroyd fez o papel de Carter em uma entrevista simulada com uma jornalista, Liz Montgomery, do *New York Post*, interpretada por Jane Curtin. MONTGOMERY — Governador Carter, você disse que a entrevista à *Playboy* pode ter sido um erro. Você acha que está sendo honesto demais com o povo americano? Você ainda cobiça mulheres?

GOVERNADOR CARTER — Bem... Não acho que exista essa coisa de ser "honesto demais", srta. Montgomery, e para provar que estou respondendo honestamente como me sinto agora... Quero dizer que você é uma mulher muito atraente e seu cabelo parece sedoso e macio e, uh, neste momento, no meu coração, estou vestindo uma máscara de couro e respirando em seu ouvido.

Gerald Ford apaga a luz às 3h20. Faz isso acreditando que está prestes a alcançar algo que nenhum outro candidato presidencial foi capaz: tirar uma diferença de vinte pontos nas pesquisas em apenas onze semanas.

O quarto principal da Casa Branca fica no escuro.

Gerald Ford dorme durante cinco horas.

Pela manhã, ele abre os olhos esperando por boas notícias.

Não tem nenhuma.[5]

---

[5] Carter ganha de Ford por pouco na votação popular: 50% contra 48%. No entanto, recebeu 297 votos eleitorais contra 240 de Ford, selando, assim, sua vitória.

13

EGYPTIAN THEATRE
HOLLYWOOD, CALIFÓRNIA
VERÃO DE 1976
À TARDE

A apenas 24 quilômetros da casa de Ronald e Nancy Reagan, John Hinckley Jr. está sentado sozinho nessa antiga sala de cinema assistindo a um novo filme chamado *Taxi Driver*. É um filme que Hinckley acabará assistindo por outras quinze vezes. O andarilho de 21 anos de idade, que continua engordando, usa uma jaqueta do Exército e botas de combate, assim como o personagem principal do filme, Travis Bickle. O cabelo de Hinckley agora bate nos ombros e o hálito cheira a licor de pêssego, outra característica que copiou de Bickle, que é interpretado com uma intensidade assustadora pelo ator Robert De Niro.

O roteirista Paul Schrader baseou o personagem de Bickle em Arthur Bremer, que em 1972 atentou contra a vida do candidato presidencial George Wallace. Bremer atirou contra Wallace para se tornar famoso e impressionar a namorada que havia dado o fora nele.

Sua intenção era matar o presidente Richard Nixon, mas as várias tentativas que fez foram frustradas.[1]

Não é De Niro quem mais mexe com as emoções de John Hinckley. É Íris, a prostituta que o traz de volta ao Egyptian Theatre repetidas vezes. Interpretada por Jodie Foster, com 12 anos, Íris se comporta como uma criança inocente durante o dia, enquanto se prostitui com homens à noite. Durante as filmagens de *Taxi Driver*, Foster era tão jovem que precisou passar por uma avaliação psicológica para que houvesse certeza de que ela poderia lidar com um assunto tão preocupante. Sua irmã Connie, de 19 anos, foi trazida para ser sua dublê de corpo em cenas explícitas.[2]

Hinckley não sabe de nada disso. E tampouco se preocupa. Está completamente apaixonado por Jodie Foster, não importa a idade que tenha.

Fora do Egyptian, as outrora glamorosas ruas de Hollywood que Ronald Reagan conheceu quando era um astro de cinema, trinta anos atrás, não existem mais. Prostitutas, vigaristas, cafetões e viciados em drogas vagueiam pelas calçadas. Há um ar ameaçador nos homens solitários que entram nas baratas salas de cinema pornô. Criminosos e viciados se misturam aos turistas que compram lembranças de qualidade duvidosa e examinam as marcas das mãos no cimento da calçada das estrelas, no Grauman's Chinese Theatre.

---

[1] Com 21 anos, Bremer atacou Wallace durante um comício de campanha em Laurel, Maryland, disparando quatro tiros a curta distância contra o político. Uma bala ficou alojada na espinha de Wallace, deixando-o paraplégico. Três outras balas feriram policiais e voluntários de campanha que estavam por perto. Bremer foi condenado a 53 anos de prisão, mas foi libertado depois de 35. Ele é agora um homem livre.

[2] Segundo é relatado, Foster ganhou o papel sobre outras 250 atrizes, incluindo Kim Basinger, Mariel Hemingway, Carrie Fisher, Bo Derek, Jennifer Jason Leigh, Debra Winger e Eve Plumb, mais conhecida por interpretar Jan Brady na popular série televisiva *The Brady Bunch*. Apesar da extensa busca pela atriz para o papel, Scorcese disse a Brandy Foster, mãe de Jodie, que ele não havia considerado qualquer outra atriz para Iris.

John Hinckley chegou a Hollywood para se transformar numa estrela como resultado do próprio esforço. Ele esperava usar suas habilidades com o violão para fazer fortuna, porém isso não aconteceu. O miserável alojamento longe de Sunset Boulevard tornou-se uma prisão. "Eu ficava sozinho no meu apartamento", ele escreverá a respeito dos meses no sul da Califórnia, "e sonhava com uma glória futura em alguma área qualquer, talvez na música ou na política."

O solitário Hinckley não se abre com ninguém, vive de fast food e, lentamente, se vê convencido de que os judeus e os negros são inimigos de homens brancos como ele. Quanto mais tempo passa em Hollywood, mais expande o círculo de ódio. Ele agora vê a cidade de Los Angeles como "falsa" e "impessoal".

Isolado, Hinckley nem sequer mantém contato com os pais, a não ser que precise de dinheiro. É um desocupado, sem vontade de terminar os estudos na Texas Tech ou de conseguir um emprego. Seria um sem-teto sem o apoio dos pais. John e Jo Ann Hinckley estão cada vez mais preocupados com o comportamento do filho, mas o apoiam financeiramente, esperando que um dia mude de vida e volte para o Colorado. Hinckley dá a eles esperança ao escrever que está em um relacionamento com uma mulher chamada Lynn. Mas "Lynn Collins" não é real. É um mito com base em Betsy, a personagem de Cybill Shepherd em *Taxi Driver* — algo que os Hinckleys não vão saber por pelo menos mais cinco anos.

Há outras mentiras, como uma *demo* de uma música de rock que ele alega ter gravado. A única coisa boa na vida de John Hinckley Jr. está na tela do Egyptian. *Taxi Driver* dá esperança e um senso de propósito a ele. A névoa de depressão que paira sobre ele é dissipada. Adotar as mesmas roupas e o comportamento do personagem de Robert De Niro é algo impactante para Hinckley. Em *Taxi Driver*, ele vê uma série de pistas que o levarão a uma vida melhor.

"Você está falando comigo?" Travis Bickle diz, sozinho em um apartamento nojento, não muito diferente do que Hinckley mora. Bickle olha para o reflexo no espelho, provocando um antagonista imaginário. "Você falando comigo? Bem, eu sou o único que está aqui. Com quem diabos você pensa que está falando?"[3]

Hinckley fica encantado com a mudança de cena na tela que então exibe uma tentativa de assassinato político. A imagem mostra Bickle com a intenção de matar um candidato presidencial para ganhar o amor de uma mulher. Mas a presença do Serviço Secreto frustra o esforço de Bickle, e ele foge sem disparar um tiro.

John Hinckley conhece bem a próxima cena. É a batalha final com a arma. Travis Bickle sai para resgatar a personagem de Jodie Foster do cafetão, que a vendeu para um velho mafioso. Jodie está linda, com os lábios pintados de vermelho-vivo e o cabelo loiro que cai em cachos na altura dos ombros. Como um justiceiro, Bickle força violentamente o caminho por um corredor sombrio até chegar onde Íris estava sendo explorada. Sangue respinga nas paredes, e a contagem de cadáveres aumenta. A câmera chega mais perto para mostrar o olhar surpreso de Íris quando os tiros já estavam bem próximos dela. É seu amigo, Travis Bickle, quem veio salvá-la. Ela não tem medo. Ao contrário, chora quando parece que Travis vai morrer.

O filme termina e os créditos sobem. Travis Bickle é um herói aos olhos da personagem de Jodie Foster — e também aos de John Hinckley Jr.

E se Bickle pode ser um herói, Hinckley também pode ser um.

Há inúmeras razões para John Hinckley ter se apaixonado por essa bonita jovem mostrada na tela. Ela é a única pessoa com quem o solitário Travis Bickle se preocupa o suficiente, a ponto de colocar a

---

[3] Robert De Niro, supostamente, roubou essa fala de Bruce Springsteen, que a proferiu no palco em resposta a fãs que gritavam seu nome.

Ronald Reagan

própria vida em risco — e na vida real seu nome é Jodie, apelido pelo qual a mãe de Hinckley atende. Uma ilusão começa a tomar forma no cérebro perturbado de Hinckley: que Jodie Foster pode realmente se apaixonar por ele.[4]

A tela escurece. John Hinckley sai para o sol quente da Califórnia. Ele anda pelas ruas, assim como Ronald Reagan fez um dia. Foi aqui, na Hollywood Boulevard, perto da esquina da Cahuenga, que Reagan ganhou a estrela na calçada da fama, em 1960. Hinckley passa por ela sem sequer perceber.

Além de botas, jaqueta e uma recém-descoberta sede por licor de pêssego, John Hinckley mantém um diário, assim como Travis Bickle. A única característica que ele não pegou emprestado do motorista de táxi foi a paixão por armas.

Isso vai mudar em breve.

---

[4] Essa condição é conhecida como "erotomania": quando um indivíduo acredita que alguém que ele admira nutre os mesmos sentimentos em relação a ele. O problema é frequentemente associado a doenças mentais.

14

CASA BRANCA
25 DE ABRIL DE 1980
5h43

O presidente Jimmy Carter está deprimido. O serviço de despertar acionado por uma operadora da Casa Branca não fez o pesadelo da vida real desaparecer. Está até ficando pior. Como se já não bastasse a horrível notícia vazada na calada da noite pelo secretário de imprensa aos meios de comunicação — foi suficientemente ruim —, agora a atitude que o presidente deve tomar é tão grave que ele sente como se tivesse uma pedra pesada sobre o peito.

Carter é um homem que gosta de controlar cada detalhe das coisas. Ele se veste rapidamente, coloca um terno escuro, uma camisa azul-clara e uma gravata amarela e azul. Em seguida, pega o telefone do quarto para chamar o secretário de imprensa, Jody Powell. Ao longo dos últimos quatro anos, Powell está muito ocupado, pois a presidência de Carter tem sofrido um revés atrás do outro. A inflação catastrófica enfraqueceu o dólar. A alta nos preços do petróleo e as longas filas para comprar gasolina estão escandalizando e irritando o público.[1] E agora há uma humilhação no exterior.

Jimmy Carter e Jody Powell falam sobre a declaração que o presidente dará na televisão daqui a uma hora. Um funcionário anônimo mantém o registro das ligações do presidente, inserindo um "P" ao lado da chamada na planilha diária do presidente, indicando que foi Carter quem ligou para Powell. (Um "R" é utilizado quando o presidente recebe uma ligação.)

Os dois conversam por cinco minutos. Nenhum deles tem qualquer interesse em café da manhã. Estão acostumados a trabalhar sob pressão. Embora o dia esteja apenas começando, eles já estão exauridos. O discurso na televisão deveria ser uma celebração, na qual o presidente dos Estados Unidos proclama uma grande notícia para o mundo: uma tentativa de resgate ousada libertou 52 reféns americanos. Os reféns foram mantidos no Irã por militantes muçulmanos durante seis angustiantes meses, por causa do apoio dos EUA ao xá do Irã, que foi recebido naquele país para se tratar de um câncer pouco depois de ir para o exílio. Os radicais que mantinham os reféns americanos insistiam para que o xá fosse deportado para o Irã, para ser levado a julgamento por crimes cometidos durante seu reinado de 38 anos.

Porém, no lugar da celebração, há um desastre: oito soldados e pilotos americanos foram mortos nas areias quentes do deserto iraniano, na sequência de uma tentativa de resgate que havia sido abortada. Como seus corpos foram queimados, o reconhecimento se tornou impossível. Na pressa em fugir sem serem capturados, os

---

[1] A escassez de gasolina nos Estados Unidos foi causada pela derrubada do xá do Irã, em janeiro de 1979. O governante iraniano, o aiatolá Khomeini, interrompeu a produção de petróleo no país, reduzindo drasticamente o envio de carregamentos de petróleo bruto para os Estados Unidos. O aumento no preço da gasolina levou a economia americana à recessão e as taxas de juros foram às alturas, chegando a 20%.

Ronald Reagan 157

soldados deixaram os companheiros mortos para trás. É, talvez, uma das maiores humilhações militares da história americana.[2]

O pesadelo de Jimmy Carter não terminará com a explicação pública do porquê de ele ter autorizado a tentativa de resgate, do porquê de ele, de repente, ter pedido que a operação fosse abortada e do porquê de oito soldados americanos estarem agora mortos.

Os militantes iranianos desde o começo ameaçaram matar os reféns se fosse lançada qualquer tentativa de resgate. Carter achava que isso era um blefe — e falhou miseravelmente. Agora ele tem que explicar a tragédia ao povo americano.

Jimmy Carter desce as escadas de sua residência no segundo andar. Sua esposa, Rosalynn, uma mulher conhecida por ter uma conduta fria, ruma de volta para casa ao sair de Austin, no Texas, onde deveria passar o dia fazendo campanha em nome do marido. Pouco depois da meia-noite, Jimmy Carter pediu à esposa que voltasse a Washington. Esse não seria um bom dia para fazer campanha.

Melancólico, o presidente entra no Salão Oval às 6h08. Senta-se em sua mesa na enorme sala e telefona para a primeira-dama e para o secretário de Defesa Harold Brown. Uma câmera e um microfone são trazidos para a sala. O presidente endireita a gravata. O discurso é colocado à sua frente, na famosa mesa presidencial.[3]

---

[2] A Operação Eagle Claw foi abortada sob ordens de seus comandantes, logo após os possíveis libertadores chegarem ao Deserto Um, a área de atuação inicial no deserto iraniano de Dasht-e Kavir. O cancelamento foi devido a problemas mecânicos com helicópteros da missão. Carter aprovou a solicitação dos comandantes. No entanto, quando as unidades das Forças Especiais começaram a evacuar, um helicóptero colidiu com uma aeronave C-130. A explosão subsequente resultou na morte de cinco tripulantes a bordo do avião C-130 e mais três que estavam no helicóptero RH-53D. A imprensa foi informada do desastre às 13h.

[3] Presente da rainha Vitória aos Estados Unidos em 1880, a mesa foi feita usando madeiras do navio de exploração do ártico HMS *Resolute*, que acabou ficando congelado, mas que foi posteriormente recuperado por navios baleeiros americanos antes de ser devolvido à Grã-Bretanha. A mesa foi usada no Salão Oval pelos presidentes Kennedy, Carter, Reagan, Clinton, Bush II e Obama. George H. W. Bush usou a mesa nos primeiros cinco meses de sua presidência e, em seguida, a transferiu para seu escritório particular.

Finalmente, às sete da manhã, Carter olha para a câmera. Ele quer aparentar estar no comando, mas seus olhos o traem, mostrando exaustão. O presidente falará durante oito minutos. Depois disso, ele receberá o apoio do ex-secretário de Estado Henry Kissinger, que se oferecerá para explicar nas principais redes de televisão, em nome de Carter, o propósito por trás da missão de resgate que terminou malsucedida.

Jimmy Carter nunca imaginou um momento como esse quando era governador da Geórgia. Naquela época, ele era um homem solitário com grandes ambições, lançando, em 1974, uma difícil campanha para, eventualmente, tornar-se presidente dos Estados Unidos. Carter já percorreu um longo caminho desde sua pequena cidade natal, Plains, na Geórgia, mas agora tudo está ruindo.

Carter fala como um oficial da Marinha e não como um político. Sem qualquer emoção, ele explica suas táticas para a nação, esperando que suas palavras possam salvar a campanha de reeleição.

"Eu cancelei uma operação cuidadosamente planejada, que estava em andamento no Irã, a fim de posicionar nossa equipe de salvamento para a retirada posterior dos reféns americanos, que eram mantidos em cativeiro naquele país desde 4 de novembro", ele diz.

"Nossa equipe de resgate sabia, eu sabia, que a operação era absolutamente difícil e bastante perigosa. Estávamos todos convencidos de que, se e quando a operação de resgate começasse, haveria uma excelente chance de sucesso. Eles eram todos voluntários, todos foram altamente treinados. Encontrei-me com os comandantes antes de todos irem para essa operação. Eles sabiam das esperanças que eu e o povo americano depositávamos neles", explica Carter.

"A decisão de tentar a operação de resgate foi minha. Foi minha a decisão de cancelar a manobra quando surgiram problemas no posicionamento de nossa equipe, que comprometiam outra futura operação de resgate."

"A responsabilidade é totalmente minha."

Carter suspira. Foi uma manhã brutal. E ele teme que o pior ainda esteja por vir.

Por conta dos 52 reféns, Carter quase não fez campanha para a reeleição. Ele acredita que a "estratégia de Rose Garden", de permanecer na Casa Branca para lidar com a crise, o faz parecer mais presidencial — e que ele acabará ganhando mais um mandato.

Essa estratégia está fadada ao fracasso, junto com a presidência de Jimmy Carter.

Depois do discurso em rede nacional sobre o desastre do resgate aos reféns, o índice de aprovação de Carter despenca para 28%.

Ronald Reagan sabe disso.

* * *

Dez meses antes da fracassada tentativa de resgate, Jimmy Carter reage à notícia de que o senador Ted Kennedy planeja disputar a nomeação do partido contra ele para a presidência. "Eu vou chutar a bunda dele", Jimmy Carter diz a um grupo de congressistas democratas.

Os dois são inimigos mortais e assim permanecerão pelo resto de suas vidas. Ted Kennedy, de sangue azul e irmão mais novo dos assassinados John e Robert Kennedy, é um senador de 47 anos pelo estado de Massachusetts. É um homem de muitos prazeres, com bebida e mulheres entre os principais. Kennedy é o favorito sentimental entre muitos democratas que concederam a aura de santidade aos seus irmãos mortos.

Teddy Kennedy não é nenhum santo, como mostram os acontecimentos de uma fatídica noite de verão, uma década antes.

Eram 23h15 de 18 de julho de 1969. O senador estava participando de uma festa na ilha de Chappaquiddick, depois de uma curta viagem de balsa saindo da vila principal de Martha's Vineyard, em Edgartown, no nordeste dos Estados Unidos. Kennedy estava inquieto e decidiu deixar a festa acompanhado de uma ex-funcionária da campanha de Robert Kennedy, Mary Jo Kopechne, que tinha 28 anos. Mary

160 Bill O'Reilly e Martin Dugard

Jo, de aparência jovem, era apaixonada por Kennedy, e ele sabia disso quando a conduziu para um Oldsmobile 88, modelo 1967. Kennedy havia bebido e, ainda assim, conduziu o veículo com Mary Jo ao seu lado, no banco do passageiro. Estranhamente, ela tinha deixado para trás a bolsa e a chave do hotel, como se esperasse voltar para a festa mais tarde.

Kennedy e Mary Jo dirigiam no escuro. Poucas pessoas vivem na ilha de Chappaquiddick. Primeiro, os dois pararam na estrada Cemetery Road, num lugar bastante ermo. De repente, uma viatura da polícia se aproximou, e então Kennedy ligou o carro novamente.

Depois, Ted Kennedy dirá aos investigadores que estava levando Mary Jo Kopechne para a balsa, para que pudesse fazer a travessia a Edgartown. Era uma mentira; eles estavam dirigindo na direção oposta à da balsa. Kennedy entrou em uma estrada de terra e passou por uma pequena ponte de madeira, sobre um canal. Não havia guardrails, e o carro estava a uma velocidade de 30 quilômetos por hora quando, subitamente, derrapou para fora da ponte e caiu na água. O Oldsmobile ficou virado de cabeça para baixo na escuridão da correnteza, o que desorientou Kennedy e Mary Jo. O senador conseguiu sair rapidamente do veículo e, em seguida, subiu à superfície. No escuro, ele não pôde ver nem ouvir Mary Jo Kopechne.

Kennedy entrou em pânico. Havia conduzido o carro para fora da ponte no meio da noite, na companhia de uma mulher que não era sua esposa, e essa mulher poderia ter se afogado.

Encharcado, Kennedy caminhou pela estrada até chegar ao pequeno trecho de mar que separa Chappaquiddick da parte principal da ilha de Martha's Vineyard. Pulou na água e nadou 150 metros até Edgartown. Inacreditavelmente, depois de chegar lá, Kennedy retornou ao quarto de hotel, trocou de roupa e foi para a cama. Levou mais de nove horas para informar a polícia a respeito do acidente. Quando finalmente falou com as autoridades, disse que havia gritado pelo nome de Mary Jo Kopechne muitas vezes e esforçado para mergulhar,

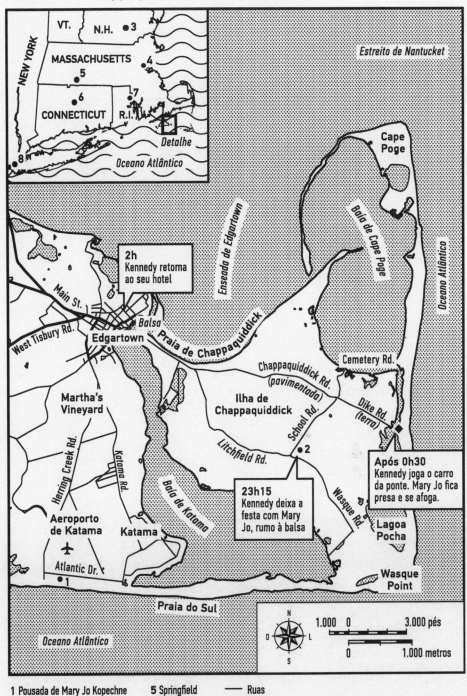

tentando encontrá-la no veículo submerso. Poucos acreditaram em sua história.[4]

Logo, pescadores avistaram o carro acidentado e mergulhadores resgataram o corpo de Mary Jo Kopechne. Os investigadores deduziram que inicialmente ela havia sobrevivido ao acidente, encontrando um bolsão de ar no interior do veículo. A julgar pela posição do corpo, a polícia entendeu que ela permaneceu viva por algum tempo. O mergulhador John Farrar, da equipe de resgate de Edgartown, foi quem retirou o corpo de Mary Jo do veículo. Ele disse a amigos que a jovem não tinha se afogado, e sim sufocado. As portas do carro estavam trancadas, as janelas foram abertas ou quebradas, fazendo os investigadores se perguntarem como foi que Kennedy, que media mais de 1,80m, conseguiu escapar enquanto Mary Jo, que tinha menos de 1,60cm, ficou presa no veículo.

Outro dado inconcebível é que não foi feita autópsia, em parte porque a família Kopechne se opôs a ela. Quase imediatamente, a jovem, cuja família vivia nos arredores de Scranton, Pensilvânia, tornou-se alvo de rumores e insinuações.[5]

Uma semana após a morte de Mary Jo Kopechne, Ted Kennedy já sabia que iria se livrar do caso com tranquilidade. Um juiz simpatizante do senador, James Boyle, rapidamente encerrou o caso. Kennedy se declarou culpado por abandonar o local do acidente, e Boyle aplicou a ele uma sentença condicional, dizendo: "Você continuará sendo punido de forma muito mais grave que este tribunal pode impor."

---

[4] Foram feitos todos os esforços possíveis para manter o nome de Ted Kennedy fora da mídia, por causa do acidente. Porém, pouco depois do meio-dia de 19 de julho de 1969, a emissora de rádio WBZ, de Boston, noticiou que Kennedy era o motorista. A manchete sensacionalista no *New York Daily News* do outro dia dizia: "Teddy escapa, loira se afoga." O escândalo foi abafado das manchetes mais tarde, naquele mesmo dia, quando Neil Armstrong e Buzz Aldrin se tornaram os primeiros homens a pisar na Lua. No entanto, a história foi rapidamente ressuscitada e perseguiu Kennedy pelo resto de sua vida.

[5] O corpo de Mary Jo foi enterrado na Pensilvânia, onde em dezembro de 1969 um juiz local negou um pedido do estado de Massachusetts de exumação do corpo para um inquérito adicional sobre a causa de sua morte.

Agora, mais de dez anos depois, as palavras de Boyle soam como uma sentença. "Chappaquiddick", como o incidente se tornou conhecido, persegue Edward Kennedy quando ele desafia Jimmy Carter à presidência. Dois meses após o anúncio da candidatura, Kennedy ouve o entrevistador Roger Mudd, da CBS News, trazer aquela infame noite à tona, durante uma entrevista para a televisão. Mudd também pergunta como vai o casamento de Kennedy.

Pouco à vontade, o senador se atrapalha com as palavras. Em certo momento, Mudd parece acusá-lo de mentir. Kennedy, mais tarde, afirma que caiu na armadilha de Mudd ao falar sobre assuntos para os quais não estava preparado.

Para tornar a situação ainda pior, a entrevista vai ao ar em 4 de novembro de 1979, no mesmo dia em que os 52 americanos foram feitos reféns no Irã. Imediatamente, a nação abraça o presidente em detrimento do inexperiente Kennedy. Durante as primárias dos primeiros meses de 1980, Jimmy Carter é fiel à sua palavra, chutando o traseiro de Kennedy de novo, e de novo e, ao fim do processo, vence em 37 estados contra onze de Kennedy.[6]

Para Ted Kennedy, Jimmy Carter é um homem hipócrita e fraco. "Ele gostava de se passar por receptivo", Kennedy escreve sobre as visitas como senador à Casa Branca de Carter. "Você chegava lá pelas seis, ou seis e meia, e a primeira coisa que alguém o lembrava, caso você precisasse ser lembrado, é que ele e Rosalynn retiraram todos os licores da Casa Branca. Nenhum licor jamais foi servido durante o mandato de Jimmy Carter. Ele não queria luxos nem qualquer traço da vida mundana."

Kennedy também se enfurece com o que acredita ser conservadorismo crescente de Carter, apontando isso como uma afronta aos

---

[6] Apesar do desequilíbrio, as vitórias de Kennedy nas importantes primárias da Califórnia e de Nova York o mantiveram na disputa.

ideais democráticos pelos quais seus irmãos tanto lutaram. "Jimmy Carter", Kennedy escreve, "tem uma visão totalmente diferente da minha a respeito dos Estados Unidos."

Por isso, apesar da persistente mancha de Chappaquiddick e das sucessivas derrotas nas primárias, Ted Kennedy promete manter a luta contra Jimmy Carter até a Convenção Nacional Democrata, no Madison Square Garden, em Nova York, em 11 de agosto. Lançando mão da mesma estratégia usada há quatro anos por Ronald Reagan para derrubar o presidente Gerald Ford, com uma cartada de última hora, Ted Kennedy e sua equipe agora criam um plano para derrubar Carter.

As pesquisas sustentam o plano. Quando questionados, os eleitores democratas dizem preferir Ronald Reagan em caso de disputa contra Jimmy Carter à presidência. Essas mesmas pesquisas, no entanto, mostram que Ted Kennedy derrotará Ronald Reagan.

Em 5 de junho de 1980, seis semanas após o discurso sobre o resgate fracassado no Irã, Carter e Ted Kennedy se encontram na Casa Branca. Kennedy dá a Carter uma última chance de evitar uma batalha na convenção, como a que nomeou Ford e depois causou sua derrota na eleição geral. Tudo que Kennedy pede é uma oportunidade de debater com Jimmy Carter em rede nacional, permitindo que os eleitores decidam quem deve liderar o país. A campanha tem sido cansativa para Kennedy, que viajou por quarenta estados nos últimos nove meses. Ele estima que tenha voado 160 mil quilômetros durante esse período. E ainda não está pronto para ceder, especialmente para um adversário que ele tanto despreza.

"Não saímos vitoriosos", Kennedy escreve sobre a reunião, "nem fomos derrotados."

Kennedy e Carter se encontram no Salão Oval às 16h35. O senador lembrará que a reunião durou quinze minutos, mas na realidade eles falaram por quarenta. O presidente está confiante, pois conta com mais delegados do que é necessário para ganhar a nomeação. Kennedy sabe disso, e planeja um esquema audacioso para tomar esses delegados para ele. O plano de Kennedy consiste em forçar uma mudança nas regras da Convenção, o que daria aos delegados a liberdade de votar em quem quisessem. Assim, não seriam obrigados a votar no candidato que ficou atrelado aos resultados das primárias estaduais.

Quando a reunião termina, Carter deixa claro: não haverá debate.

* * *

Dois meses depois, Ted Kennedy se vê finalmente sem saída. O plano não funcionou. Sua equipe de campanha trabalha alvoroçada no centro de convenções, tentando encontrar uma solução de última hora para evitar a derrota. Mas nada acontece. Kennedy perdeu a nomeação à presidência.

Sem demonstrar abatimento, Kennedy faz um discurso de concessão que soa mais como um chamado à luta. "A causa que eu persigo não é composta de ideias antiquadas, mas sim de valores antigos que nunca serão obsoletos. Alguns programas podem, por vezes, tornar-se defasados, mas a ideia de justiça sempre perdura", Kennedy diz ao público. "Digo para todos aqueles cuja proteção tem sido a nossa preocupação: o trabalho continua, a causa persiste, a esperança ainda vive e o sonho nunca morrerá."

Kennedy é lúcido e focado. Muitos dirão que esse é o melhor discurso que já fez.

* * *

Duas noites depois, no encerramento da convenção, Ted Kennedy cheira a uísque e Jimmy Carter o convida ao palanque para uma demonstração de união partidária. Rosalynn Carter está ao lado do marido, fazendo jus ao futuro apelido "Magnólia de Aço". Ela terá grande influência na Casa Branca. O presidente da Câmara, Tip O'Neill, também está no palco lotado, assim como uma série de personalidades do Partido Democrata.

Mas é a linguagem corporal de Ted Kennedy e Jimmy Carter que a multidão observa atentamente. Kennedy usa um terno listrado e tem um semblante que sua equipe chama de "sorriso afetado". O senador caminha a passos largos até o palco, não fazendo questão de disfarçar as feridas remanescentes da campanha. Ele aperta a mão de Carter da forma mais superficial possível e, logo depois, caminha para a lateral do palco, onde é possível observar a delegação de Massachusetts. Eles urram em seu favor, e Kennedy levanta o punho triunfante.

Sem que Kennedy perceba, Jimmy Carter o seguiu. Ele também levanta o punho triunfante para o pessoal de Massachusetts, esperando obter uma imagem ao lado do oponente, para demonstrar parceria. Quando Carter levanta o punho, Kennedy abaixa o dele.

Não haverá qualquer parceria nessa campanha.[7]

* * *

Para Ronald Reagan, derrotar Jimmy Carter e ganhar a presidência é apenas uma questão de tempo.

---

[7] Embora apontado muitas vezes como candidato, Edward Moore "Ted" Kennedy nunca mais procurou a presidência após sua derrota contra Carter, em 1980. Ele serviu como senador por 47 anos, possuindo a quarta mais longa carreira neste posto da história dos EUA. Apesar de muitas realizações legislativas, sua carreira foi manchada por sua propensão para a bebida e mulheres. Ele se divorciou de sua esposa, Joan, em 1982, e casou-se pela segunda vez, com Victoria Reggie, em 1992. Depois que seu sobrinho John F. Kennedy Jr. foi morto em um acidente aéreo em 1999, Ted Kennedy aparentemente se acalmou, adotando o papel de patriarca da família. Ele morreu em 25 de agosto de 2009, vítima de um câncer no cérebro. Tinha 77 anos.

Ronald Reagan

Depois de acolher o maior rival republicano, George H. W. Bush, como vice-presidente durante a convenção nacional republicana de Nova York, Reagan manteve à sua disposição um grupo bastante unido. No entanto, teve uma campanha dura, cruzando todo o país e denegrindo a presidência de Carter, criticando suas políticas domésticas e também as externas. E tinha muita munição: inflação alta, elevada taxa de desemprego, altos preços dos combustíveis e indignação do eleitor acerca do desastre no Irã.

Em 4 de novembro de 1980, o massacre eleitoral é tão grande que Jimmy Carter admitiu a derrota antes mesmo de a apuração terminar na Califórnia. Ele liga para a casa de seu oponente republicano para dar a notícia.[8]

É Nancy Reagan quem atende o telefone. O astrólogo previu que ela e o marido ficarão acordados noite afora para esperar os resultados. O astrólogo está enganado. Uma chamada às 5h35 pega Ronald Reagan de surpresa. Ele está no banho. Nancy o chama. Ele sai seminu e pega o telefone.

"Em pé, no banheiro, enrolado em uma toalha e com o cabelo pingando", Reagan recorda, "eu recebi a notícia de que havia me tornado o quadragésimo presidente dos Estados Unidos."

---

[8] Reagan ganhou o voto de 50,8% da população, contra 41%, com o terceiro candidato John Anderson, senador por Illinois, ficando com 6% dos votos. Os resultados foram ainda mais devastadores nos colégios eleitorais — Reagan venceu por 489 a 49. Apesar dos números, Carter mais tarde justificou sua derrota por causa da participação de John Anderson na disputa.

15

NASHVILLE, TENNESSEE
9 DE OUTUBRO DE 1980
12h02

Perder a eleição pode ter salvado a vida de Jimmy Carter.

Faltam três semanas para o dia da eleição, e John Hinckley, que tem a mente bastante confusa, toma uma decisão final. Ele vai assassinar o presidente Carter, com o intuito de impressionar a atriz Jodie Foster, por quem está profundamente apaixonado. O plano de Hinckley saiu do filme *Taxi Driver*.

Hoje, o frenético Hinckley está relutante e, por isso, decidiu adiar o atentado. Ele sai correndo para o aeroporto de Nashville, pois está atrasado para o voo. Durante todo o mês passado, Hinckley perseguiu Carter em suas aparições em Dayton e Columbus, Ohio, Washington, DC e agora em Nashville. Em Dayton, chegou a ficar a menos de 2 metros de Carter, mas não atirou porque não estava no "estado de espírito para executar o ato".[1]

---

[1] Hinckley fez este comentário aos psiquiatras do tribunal, quando ele foi a julgamento por atirar contra o presidente.

Não foi o caso em Nashville. O presidente Carter chegou à cidade menos de uma hora atrás. Está no palco da casa de shows Grand Ole Opry, falando para 4.400 moradores locais. Daqui a duas horas, Carter vai embarcar no avião presidencial para a próxima parada em Winston-Salem, na Carolina do Norte. Hoje, o estado de espírito de Hinckley não o impede de assassinar Jimmy Carter. Hinckley apenas não conseguiu se aproximar do presidente para tentar acertar um tiro. A segurança estava muito forte, e o pretenso assassino decidiu sair da cidade.

Hinckley segura com firmeza a alça da enorme mala cinza enquanto passa pelo posto de segurança. Ele comprou sua primeira arma há um ano e agora já tem três. São duas pistolas calibre 22 e uma calibre 38. Todas estão em sua bagagem. Hinckley está nervoso. O coração acelera e ele sente falta de ar ao se aproximar da máquina de raios X.[2]

"Estou atrasado", ele grita, fazendo o melhor para disfarçar e passar sem ter a bagagem conferida.

Laura Farmer e Evelyn Braun, da equipe de segurança, não se afetam. A sargento Braun acredita que o jovem gorducho é suspeito. Em vez de passá-lo sem a devida checagem, ela solicita que Farmer faça uma cuidadosa verificação quando a mala de Hinckley passar pela máquina de raios X.

Relutantemente, John Hinckley coloca a mala na esteira rolante. Os agentes de segurança notam que suas mãos estão tremendo.

Laura Farmer encara o monitor que revela o conteúdo da mala.

---

[2] Hinckley normalmente despachava sua bagagem, sabendo que suas armas não seriam radiografadas. A prática de radiografar a bagagem de mão começou em 1973, em um esforço para conter a taxa extremamente alta de sequestros de avião (quarenta, apenas em 1969). Na época, a maioria das companhias aéreas se opôs à verificação individual de passageiros, e não era nem mesmo necessário apresentar identificação no check-in antes de um voo. A Lei de Segurança do Transporte Aéreo, de 1974, tornou obrigatória a verificação da bagagem de mão. A bagagem despachada passou a ser verificada em 1988, como resposta à explosão que derrubou o voo Pan Am 103, em Lockerbie, Escócia.

Ela sinaliza para o policial John A. Lynch, do aeroporto de Nashville, que se aproxima e abre a mala de Hinckley. Ele encontra as três armas e também cinquenta balas calibre 22 e um conjunto de algemas.

Hinckley começa a discutir, alegando que vai vender as armas, e insiste que está atrasado para o voo.

O agente de polícia Lynch o ignora. "Você tem o direito de permanecer em silêncio", informa a Hinckley, que é oficialmente preso.

* * *

Os quatro anos que se seguiram ao primeiro verão em Los Angeles foram, em grande parte, confusos para John Hinckley. Ele continuou a vagar, viajando de um estado para outro, na tentativa de saber o que queria de fato. Ele foi com frequência à Texas Tech University, em Lubbock, para fazer alguns cursos. Suas notas eram B e C, e ele não demonstra nenhuma pressa em se formar. Na escola, ele acorda todas as manhãs e vai até uma lanchonete para comer um hambúrguer de 200 gramas. Uma vez meticuloso com a higiene, agora Hinckley é descuidado. Ele não tem nenhuma comida no despretensioso apartamento. Na mesa de jantar, é possível notar uma fina camada de poeira, vinda das tempestades de areia, e uma pilha de sacos de hambúrguer.

Em Lubbock, Hinckley foi várias vezes até o Acco Rentals para conversar sobre futebol com o proprietário, Don Barrett. Em outros dias, ele se sentava sozinho, em silêncio, à beira da piscina do Westernaire Apartments.

Ultimamente, John Hinckley desenvolveu uma nova paixão. Ele tornou-se aficionado por Adolf Hitler e comprou em uma livraria de Lubbock, por 30 dólares, um conjunto de dois volumes da obra ideológica do ditador alemão, *Mein Kampf.* Hinckley até aderiu ao Partido Nazista Americano por um ano. Ele usava com orgulho um uniforme marrom oficial, munido de uma braçadeira com a suástica e botas altas. Mas Hinckley foi convidado a se retirar do grupo fascista, porque defendia a violência.

"Reuniões e manifestações não eram o bastante para ele" explicou o líder neonazista Michael Allen. "Ele disse acreditar que a violência e o derramamento de sangue eram a resposta. Defendeu atos ilegais, e nós acreditamos na legalidade. Não queremos pessoas como ele em nossa organização."

Outro neonazista foi mais direto, dizendo que Hinckley era "violento, irracional e defensor do terrorismo".

Esse não é, porém, o comportamento que John Hinckley quer demonstrar para Jodie Foster. Há apenas um mês, em 17 de setembro, Hinckley viajou a New Haven, Connecticut, onde a atriz começou a frequentar a Universidade de Yale. A imagem de sua bela inocência exibida em *Taxi Driver* continua a obcecar Hinckley, que ainda assiste ao filme regularmente. Ele está determinado a conquistar o amor de Jodie, embora a viagem para Yale tenha provado ser um contratempo. Ele enviou à atriz cartas e poemas. Até conseguiu falar com ela por telefone. Em vez de achar tudo isso romântico, Foster ficou perturbada. Chamou Hinckley de indelicado e perigoso, e pediu que ele nunca mais voltasse a ligar.

A princípio, Hinckley ficou desolado. Tentou o suicídio ao ingerir antidepressivos, mas a tentativa fracassou. Em vez de tentar outra vez, Hinckley jurou continuar sua busca por Foster, imitando a estratégia de Travis Bickle para namorar mulheres: assassinando políticos.

Para isso, John Hinckley gastou o pouco dinheiro que tinha comprando armas e passagens aéreas e passou a seguir o presidente dos Estados Unidos por todo o país, na esperança de colocar uma bala em sua cabeça.

* * *

Uma hora depois de ser preso, em Nashville, John Hinckley está diante do juiz William E. Higgins. Ele não está em um tribunal, mas em um pequeno escritório que serve como sede da polícia. É acusado de porte ilegal de armas.

Um apavorado Hinckley só pode imaginar o que vai acontecer em seguida. Nunca havia sido preso antes. O presidente Carter está a alguns quilômetros dali, e é óbvio que o juiz Higgins ou o FBI irão questionar Hinckley sobre quais eram suas reais intenções. Mesmo que possa parecer coincidência, a presença do presidente em Nashville exige que perguntas assim sejam feitas.

Hoje John Hinckley está com sorte. O FBI está tão sobrecarregado por causa da visita de Jimmy Carter que todos os agentes foram encaminhados para garantir sua segurança. Sendo assim, não há efetivamente nenhum interrogatório de Hinckley.

O veredito do juiz Higgins é rápido: John Hinckley será punido com o rigor máximo da lei. Ele é condenado a pagar 50 dólares de fiança, mais 12,50 dólares de custas processuais. E perde as armas.[3]

John Hinckley sai livre da sala do juiz Higgins. Retorna imediatamente ao aeroporto, onde pega o próximo voo para Dallas.

* * *

Em 1980, o Serviço Secreto tem em mãos um arquivo de computador listando as quatrocentas pessoas mais propensas a atentar contra a vida do presidente. Há também uma lista secundária, com mais de 25 mil indivíduos que talvez sejam capazes de realizar tal façanha.

Apesar dos problemas em Nashville, John Hinckley não faz parte de nenhuma das listas.

---

[3] Hinckley foi acusado de posse e ocultação de armas. Carregar uma arma sem licença ainda não era contra a lei em Tennessee.

Quatro dias depois de ser preso, Hinckley entra em uma loja de penhores de Elm Street, Dallas. Lá, em uma galeria comercial que inclui pubs e agiotas, ele compra duas pistolas do mesmo modelo. O nome oficial é o RG-14 calibre 22. No jargão da polícia, a arma é conhecida como "Saturday Night Special".

A obsessão de John Hinckley por Jodie Foster se intensifica. Uma compulsão tomou conta dele.

16

MUSEU DE HISTÓRIA NATURAL SMITHSONIAN
WASHINGTON, DC
20 DE JANEIRO DE 1981
23h47

Ronald Reagan olha para um elefante. Ele tem quase 4 metros de altura e 8 de comprimento. Foram necessárias treze balas de 4 polegadas para matá-lo. O elefante Fénykövi, como o animal real é conhecido, está em posição de ataque no centro da festiva sala. Está coberto com as patrióticas cores vermelho, branco e azul, o que faz dele o símbolo do Partido Republicano.[1]

O outro símbolo do partido está atrás de um púlpito que ostenta o selo oficial do presidente dos Estados Unidos da América. Ronald Wilson Reagan observa centenas de partidários que vieram para celebrar sua posse. Todos estão formalmente vestidos. Ele usa fraque. Nancy Reagan, à sua direita, usa um vestido de cetim branco que levou quatro semanas para ser bordado por uma equipe de costureiras. O

---

[1] Na época da caça, em 12 de novembro de 1955, aquele havia sido o maior elefante africano da história. Ele foi abatido pelo grande caçador húngaro Joseph Fénykövi. Em 6 de março de 1959, Fénykövi doou a pele preservada do elefante para o Smithsonian, onde uma equipe de taxidermistas trabalhou durante dezesseis meses para prepará-la para exibição.

longo sobretudo de mink da Maximilian e a bolsa de couro de jacaré estão nos bastidores, vigiados de perto pelo serviço secreto. Sem que o público saiba, a roupa de Nancy para esta noite custa perto de 25 mil dólares.[2]

É o nono compromisso social da posse de Reagan. Com o relógio quase marcando meia-noite, eles ainda têm mais um evento para comparecer. As festividades começaram na noite anterior, na festa de gala organizada por Frank Sinatra. Johnny Carson foi o mestre de cerimônias, introduzindo as apresentações de Sinatra e do comediante Bob Hope, que fez piada com os dias de Reagan em Hollywood, dizendo que o novo presidente "não sabe mentir, exagerar ou trapacear — ele sempre teve um agente para fazer isso em seu lugar".

Hoje, a noite é ainda mais glamorosa. Mesmo com os ingressos sendo vendidos a 500 dólares, o ambiente está tão cheio que a imprensa vai comparar os homens e mulheres formalmente vestidos com "torcedores bêbados de futebol", por conta da briga para conseguir um lugar à mesa, onde peixes e carnes finas são regados com vinho da Califórnia e bourbon do Kentucky. Centenas de titãs do empresariado vieram de todo o país — a presença deles foi tal que seus jatos particulares congestionaram o tráfego aéreo do aeroporto nacional de Washington esta manhã. As limusines entopem as ruas da cidade. A socialite californiana e confidente de longa data de Nancy, Betsy Bloomingdale, chega a sair de sua limusine, que está presa num engarrafamento da Dupont Circle. Com uma estola de mink, a mulher de 58 anos não tem tempo para congestionamentos.

Aliás, tantas mulheres estão usando peles caras nesse baile que a imprensa irá comparar as vestimentas a "animais peludos gigantes". A Ridgewells, empresa de eventos de Washington, servirá 400 mil canapés para as várias festas desta noite. O consumo de bebidas,

---

[2] Mais de 68 mil dólares nos dias de hoje.

Ronald Reagan

como Lavish, é livre, algo que Jimmy e Rosalynn Carter nunca teriam permitido.

Ao longo da noite, Ronald Reagan permanece inalterável. "Quero agradecer a todos vocês", ele diz à multidão do museu. Sua voz está rouca depois de horas de discursos, mas o novo presidente não mostra sinais de cansaço, muito embora daqui a algumas semanas ele completará setenta anos. "Sem vocês esta festa inaugural não seria bem-sucedida."

Quatro anos atrás, Jimmy Carter não se sentia disposto para comemorar a posse em nenhuma festa formal, muito menos em dez. Nada de festas para o homem vindo de Plains. Em vez de celebração, o discurso de posse de Carter em 1977 foi melancólico, apontando as limitações dos Estados Unidos como nação. O tom de pessimismo e derrota que marcou o primeiro dia de Carter na presidência definiu seu mandato.

Se o primeiro dia de Ronald Reagan no comando for um indicativo do que está por vir, os Estados Unidos da América estão em uma presidência muito mais otimista. Ele e Nancy passaram a última noite na Blair House, a residência oficial onde os presidentes eleitos dormem na noite anterior à posse.[3] O primeiro casal está descansado e pronto para aproveitar as festas ao máximo.

Os Reagan estão em Washington há uma semana, se adaptando à rotina da capital. Eles passaram mais de um ano viajando para fazer campanha para a eleição. Com a nova vida, veio uma intensa curiosidade do público. Uma enxurrada de fatos pessoais está chegando

---

[3] A Blair House tem um total de 120 quartos. Com quase 20 mil metros quadrados, a mansão fica do outro lado da rua da Casa Branca. Construída em 1824, ela era originalmente a casa do cirurgião geral do Exército dos Estados Unidos Joseph Lovell. Francis Preston Blair, conselheiro de vários presidentes, incluindo Abraham Lincoln, comprou a casa em 1836. Os Estados Unidos compraram a propriedade em 1942, para evitar que os hóspedes do presidente dormissem em hotéis.

à mídia. Por conta da idade, muitos especulam sobre a saúde de Reagan. O histórico médico registra um fêmur quebrado, resultado de um acidente em um jogo de beisebol entre celebridades ocorrido há trinta anos. Atualmente, seus piores males são uma leve artrite no polegar direito e uma alergia crônica a pólen. Ele continua fazendo ginástica todas as noites, usando um pequeno circuito de exercício antes de tomar o banho noturno. Alguns médicos acreditam que, para um homem prestes a entrar na oitava década, Reagan tem um físico surpreendente.

Na prática, o maior problema físico de Reagan no momento pode ser a cor do cabelo. Esse assunto se tornou um mistério nacional. O presidente diz que não tinge o cabelo escuro, muitos são céticos em relação a esse assunto.[4]

Não há dúvida de que Ronald Reagan é um homem vaidoso. É quase surdo do ouvido direito, pois ficava muito perto de disparos de armas durante as filmagens de uma série de filmes sobre o Serviço Secreto. As filmagens ocorreram no fim da década de 1940. Mas Reagan se recusa a usar aparelho auditivo. Além disso, às vezes ele fica irritado. Alguns dos funcionários de campanha fofocam sobre seu temperamento irlandês. Uma vez, Reagan ficou tão irritado com os roteiristas que tirou os óculos e os jogou contra a parede. Tais explosões são raras, mas pessoas mais próximas sabem que quando Reagan aperta a mandíbula, é hora de recuar.

Os Reagan são modestos nos gostos pessoais. A canção de Natal favorita de Reagan é "Noite Feliz" e a música favorita é o "Hino de Batalha da República". Ele gosta de lasanha e hambúrguer para o

---

[4] Gerald Ford observou certa vez que o cabelo de Reagan estava "prematuramente laranja". Este efeito secundário ocasional é muitas vezes visto como prova do uso da tintura de cabelo Clairol. Em 2009, um ex-executivo da Clairol declarou ao *New York Times* que o casal Reagan contratou um profissional do quadro da empresa e o levou para a Casa Branca. No entanto, isso nunca foi confirmado.

jantar, seguido de brownies ou bolo de cenoura. Quando estão vendo televisão, os Reagan preferem assistir *Os Waltons* e *Little House on the Prairie* [no Brasil, conhecido como *Os Pioneiros*], programas feitos com base em valores íntegros.

O herói político de Ronald Reagan não é mais Franklin Delano Roosevelt. Ele foi substituído pelo ex-presidente republicano Calvin Coolidge. "Ele [Coolidge] não era um homem com aparência ou estilo extravagante, mas fazia as coisas de um modo tranquilo", Reagan escreve sobre o homem cuja imagem vai pendurar na sala do Gabinete da Casa Branca. "Ele assumiu o cargo após a Primeira Guerra Mundial, enfrentando uma montanha de dívidas de guerra, mas, em vez de aumentar os impostos, reduziu a tabela de tributos e as receitas do governo, e isso lhe permitiu eliminar as dívidas de guerra."

Esse tipo de análise surpreende os observadores em Washington, muitos dos quais não pensam que Ronald Reagan tem um intelecto excelente. Por muito tempo, ele tem estudado as nuances da política interna e externa, e possui uma impressionante capacidade de lembrar os fatos mais minuciosos para usar em discursos ou debates. Mas Reagan muitas vezes esconde a erudição, a fim de se apresentar como um homem simples de opiniões humildes — acredita que essa imagem o torna mais atraente para os eleitores habituais.

Ainda assim, Reagan não apela. Enquanto muitos políticos usam a religião como tema de campanha, os Reagan raramente vão à igreja, e o novo presidente não transforma sua crença em Deus em matéria pública. No entanto, sua espiritualidade vai influenciá-lo. Em 11 de outubro de 1979, ele envia uma carta a um escritor de uma revista católica pró-vida, em resposta a um artigo sobre a posição de Reagan acerca do aborto. "Para responder às suas perguntas, eu tenho uma crença muito profunda que interromper a gravidez significa tirar uma vida humana. Em nossa tradição judaico-cristã, isso só pode ser justificado em casos de legítima defesa."

Expressões como essas são raras para Ronald Reagan. Sua experiência no estado secular da Califórnia impregnou nele uma prática estratégia política, e ele evita tratar do controverso assunto da religião.

Nancy Reagan já não se segura tanto. É conhecida por deixar escapar as reflexões pessoais. Quando o filho, Ron, ataca Jimmy Carter dizendo que o presidente tem "a moral de uma cobra", Nancy defende publicamente seu garoto.[5] Em dezembro, um mês depois da eleição, ela se declara contra o controle de armas, e admite ter uma "arma bem pequena". Feito logo após o assassinato do cantor John Lennon, o comentário é considerado insensível por muitas pessoas, e há indignação pública sobre o incidente nos círculos liberais. Reagindo às críticas, Nancy demite o recém-nomeado secretário de Imprensa, por ele não a ter "protegido" da repercussão da mídia.

Ao detectar a intempestividade da primeira-dama, a imprensa começa a atacar Nancy Reagan. Logo, ela será descrita como banal e narcisista. O apresentador do *Tonight Show*, Johnny Carson, se refere a ela como a "Evita de Bel-Air", comparando-a a Eva, a soberba esposa do ditador argentino Juan Perón, que cobiçava o poder ilimitado.

Nancy Reagan está, de fato, muito mais interessada na alta-costura e copia as roupas e o estilo de dois ícones: Jackie Kennedy e a duquesa de Windsor, da Inglaterra. Para cobrir o custo de tal extravagância, a nova primeira-dama espera que estilistas lhe deem roupas e bolsas gratuitamente — sob o pretexto de que estão sendo apenas "emprestadas".

* * *

---

[5] Ron Reagan Jr. fez esses comentários em uma entrevista à revista *New York*, em dezembro de 1980.

Nancy Reagan usa agora uma dessas roupas, um vestido de 3 mil dólares, um casaco e um chapéu feitos pelo estilista de origem cubana Adolfo. Ela e Ronald Reagan são levados da Blair House para a Casa Branca, pouco antes do meio-dia, no dia da posse. Lá, são recebidos por um Jimmy Carter abatido, que está com a esposa. Por tradição, os dois andam juntos em uma limusine em uma curta viagem de 3 quilômetros, até o edifício do Capitólio, no local onde se dará a posse de Reagan. Eles se sentam lado a lado no banco de trás, mas não conversam. Olham para fora, acenando para a multidão que se forma nas laterais da limusine. "Ele foi educado", Reagan escreve sobre esse desanimado passeio. "Ele não disse quase nada enquanto íamos lentamente em direção ao Capitólio, e acho que hesitou em me encarar."

Nancy Reagan e Rosalynn Carter são conduzidas em outra limusine, que segue logo atrás da dos maridos. Rosalynn veste uma saia marrom e um casaco, combinando com um lenço amarrado no pescoço, fazendo-a parecer um tanto deselegante ao lado de Nancy, que usa um vestido vermelho-fogo. Este dia marca o fim de um sonho para Rosalynn, que cresceu pobre, com mãe viúva que assumiu a família trabalhando como costureira para pagar todas as contas. As diferenças entre ela e Nancy, com um passado de debutante e padrasto rico, são muitas. Rosalynn tentou ser gentil com Nancy durante a transição, assim como seu marido tem sido com Ronald Reagan, pois os Carter bem se lembram das cortesias concedidas a eles pela família Ford, que estava de saída da Casa Branca quatro anos atrás.

No entanto, Nancy Reagan conseguiu irritar Rosalynn. Ela visitou a Casa Branca várias vezes, com a especial intenção de medir o espaço dos armários, para conseguir acomodar um enorme guarda-roupa. Rosalynn tolerou Nancy enquanto ela bisbilhotava tudo, embora a Casa Branca ainda fosse a residência do casal Carter. Quando Nancy pediu que a família Carter se mudasse uma semana antes da posse, Rosalynn chegou ao limite. Sua resposta foi um sonoro "não". Os

Carter permaneceram como residentes oficiais da Casa Branca até poucos minutos antes do meio-dia da data da posse.

Apesar de tudo isso, a transição da presidência caminha bem. Os gravadores que registram cada momento do dia do presidente pararam de gravar atividades de Carter há uma semana. Os móveis dos Carter são removidos da Casa Branca e substituídos pelos da família Reagan. Deixar o cargo é difícil para Jimmy Carter, pois ele está exausto depois de ficar a noite toda em uma tentativa de última hora para libertar os reféns no Irã. É um ato para o qual ele vai receber pouco crédito. Os militantes iranianos não vão liberar os reféns até Reagan ser empossado. Tudo por causa do apoio que Carter concedeu ao xá do Irã.[6]

Os Reagan trouxeram o clima da Califórnia com eles. Dezenas de milhares de pessoas estão usando apenas camisas e jaquetas leves neste dia nublado de treze graus. O público se espalha desde o edifício do Capitólio até o Memorial de Lincoln. Bandeiras americanas estão por toda parte, dando a este dia uma eufórica sensação de patriotismo. Mais tarde, quando a notícia da liberação dos reféns americanos se espalha, faixas amarelas serão amarradas em torno de cada árvore, o que apenas aumenta a atmosfera festiva.[7]

Nem todo mundo está feliz, porém. Muitos na imprensa desprezam Ronald Reagan. Termos como "mediano", "ator de filme B", e até mesmo "perigoso" são usados às vezes para denegri-lo, tanto nos bastidores como publicamente. Desde o fracasso da administração Nixon, tornou-se comum nos meios de comunicação desrespeitar políticos republicanos.

---

[6] Em 19 de janeiro de 1981, o Acordo de Argel resultou na libertação de 7,9 bilhões de dólares em ativos iranianos que haviam sido congelados pelos Estados Unidos quando a crise dos reféns começou. Isso abriu o caminho para a libertação dos reféns.

[7] A tradição americana de fazer acolhedoras recepções aos prisioneiros de guerra e soldados foi resgatada pela canção de 1973 "Tie a Yellow Ribbon Round the Ole Oak Tree", de Tony Orlando e Dawn. A prática de amarrar fitas amarelas remonta ao século XIX, quando as mulheres americanas usavam uma fita amarela para mostrar sua fidelidade ao marido ou namorado que estava servindo na Cavalaria americana.

Ronald Reagan 183

Apesar de muitas noções preconcebidas e da personalidade televisiva, Ronald Reagan não é conhecido em profundidade pela imprensa e pela maior parte do povo americano. Ele se abre para pouquíssimas pessoas. É cauteloso com a mídia e facilmente conduzido pela forte personalidade de Nancy, que tem sobre ele mais influência que qualquer um de seus conselheiros — embora até mesmo ela, muitas vezes, se sinta frustrada pela relutância do marido em compartilhar os sentimentos. Ronald Reagan é, de muitas maneiras, passivo. Ele pode ser teimoso quando decide fazer alguma coisa, embora permita que outras pessoas tomem decisões em seu lugar. Anseia por aprovação e aplausos, reconhecimento por ter crescido com um pai alcoólatra que não lhe deu tanta atenção. Com frequência ele parece desligado do mundo, preferindo a companhia dos próprios pensamentos em detrimento do tempo com a família e os amigos. É um homem leal, mas se esforçou pouco como pai, ignorando os filhos quando mais precisaram dele. O mundo de Reagan gira em torno de seus ideais conservadores e de Nancy, com quem ele já pôde ter ficado bravo, mas raramente com raiva.

Esse é o real Ronald Reagan. O homem público é uma história muito diferente. Para os milhões de partidários, o novo presidente é uma figura paterna bondosa, um homem que os torna orgulhosos de ser americanos. E o próprio Reagan se orgulha dessa imagem.

* * *

O vice-presidente George H. W. Bush faz o juramento primeiro. A escolha do companheiro de chapa foi um habilidoso movimento por parte de Reagan, pois Bush provou ser o adversário mais difícil durante as primárias presidenciais republicanas de 1980. Importante e antigo membro republicano, o piloto de bombardeiro da Segunda Guerra Mundial também serviu como congressista do Texas, enviado especial na China, diretor da Central de Inteligência e presidente do Comitê Nacional Republicano. Com quase 1,90m, ele é um pouco mais alto que Reagan e compartilha um tipo atlético similar. Os olhos são azuis, e o cabelo castanho-acinzentado é mantido no lugar com um creme. "Poppy", como foi apelidado na juventude, é conhecido por ser um homem gentil, porém firme.

Bush assume o ingrato papel de vice-presidente com a mesma desenvoltura que conduziu cada um dos trabalhos anteriores. Reagan tem planos para fazer bom uso de George Bush e de suas muitas habilidades, de maneira incomum entre um presidente e um vice. Ao contrário de Reagan, pessoalmente acanhado, Bush faz amigos com facilidade. Ele ainda mantém contato com os colegas de escola e amigos da Marinha, que conheceu décadas atrás. O mesmo acontece em Washington, onde Bush está inserido no establishment. O lado prático de Reagan não vai permitir que ele desperdice essas valiosas qualidades.

À badalada do meio-dia, o novo vice-presidente se afasta do púlpito. Agora é a vez de Ronald Wilson Reagan fazer o juramento de posse. Ele veste um colete cinza e uma gravata sob o terno preto no momento em que coloca a mão sobre a Bíblia que pertenceu a sua mãe. Nancy Reagan está ao seu lado, imóvel e resplandecente em um vestido, casaco e chapéu vermelhos. Algo inédito na vida política de Reagan, todos os quatro filhos estão presentes na posse e em pé junto com outros convidados, bem atrás dele. Se for um prenúncio do que está por vir, nenhum dos filhos dá um sorriso sequer.

O sol começa a bater no rosto de Reagan quando o chefe de Justiça dos Estados Unidos Warren Burger recita para ele o juramento. "Eu, Ronald Wilson Reagan, juro solenemente..."

O juramento leva apenas quarenta segundos. Reagan saboreia cada frase, repetindo as palavras de forma impactante e fazendo algumas pausas para dar ênfase a elas.

Ronald Reagan

"Eu o parabenizo, senhor", disse Burger, estendendo a mão para cumprimentar Reagan. Uma salva de 21 tiros ecoa por toda Washington, e Reagan beija a esposa no rosto. Eles se viram e olham para os milhares de americanos que viajaram a Washington para estar ali enquanto testemunham esse momento histórico. Hoje à noite haverá fogos de artifício na capital do país. Em Nova York, holofotes iluminarão a Estátua da Liberdade. Nas próximas doze horas, Ronald e Nancy Reagan vão comemorar em uma deslumbrante sucessão de desfiles, festas e discursos. Então, finalmente, chegará o momento da humildade, quando Ronald Reagan entrará no Salão Oval pela primeira vez.[8]

Como o homem mais poderoso do mundo, Ronald Reagan se prepara para o trabalho, trazendo para a administração muitos políticos veteranos. O chefe de gabinete será James Baker III, um ex-democrata que dirigiu as campanhas presidenciais de Gerald Ford e George H. W. Bush. Reagan está disposto a esquecer a indiscrição para construir uma Casa Branca organizada e eficiente. Ele gosta do fato de que Baker é um administrador nada adepto de lenga-lenga e conhecido por suas análises claras.

O vice-chefe de gabinete de Reagan, e o segundo homem que ficará conhecido como Troika, é Michael Deaver, um ex-membro de sua equipe governamental na Califórnia e valorizado por Ronald e Nancy Reagan por sua lealdade.

O terceiro homem que Reagan designará para o conselho em momentos de dúvida é Edwin Meese, um advogado que serviu a Reagan como chefe de gabinete no governo da Califórnia. O título oficial é conselheiro do presidente, mas o trabalho real de Meese, de 49 anos, é muito mais profundo que simplesmente dar aconselhamento jurídico. Ele e Reagan se conhecem tão bem que Meese é muitas

---

[8] Isso ocorreu precisamente às 17h08 de 20 de janeiro de 1981.

vezes considerado o *alter ego* do presidente. No entanto, sabendo que esse papel pode trazer muita influência na Casa Branca, Meese fez questão de se reunir com Baker, a fim de definir nitidamente seus papéis. É um equilíbrio de poder que será testado muito antes do que eles imaginam.

Graças à sua competente equipe, Reagan está confiante de que pode administrar o país. Ele está tão ansioso para começar a mudar os Estados Unidos que, esta tarde, vai assinar a primeira ordem executiva. Com o toque de uma caneta, ele ordenará o congelamento das contratações federais. Dentro de uma semana, ele também vai suspender o controle de preços do petróleo e da gasolina, ao mesmo tempo em que tornará conhecida sua resolução pessoal de uma economia de livre mercado. E ajudará, assim, muitos dos doadores de campanha, aqueles que estão à frente da indústria de petróleo e gasolina, a ganhar bilhões de dólares.[9]

"Já é hora de perceber que somos muito grandes como nação para nos limitarmos a pequenos sonhos", ele prega no discurso de posse. "Nós não estamos, como alguns nos querem fazer crer, condenados a um inevitável declínio. Eu não acredito que uma fatalidade cairá sobre nós, não importando o que fizermos."

"Eu acredito que uma fatalidade cairá sobre nós se não fizermos nada."

* * *

---

[9] Foi Richard Nixon quem introduziu controle de preços sobre a gasolina, numa tentativa de estimular o crescimento da produção nacional de petróleo. Durante sua administração, Carter instituiu um tributo sobre as companhias petrolíferas que ficou conhecido como um "imposto sobre lucros extraordinários", o que prontamente levou a uma diminuição na produção interna. Mais tarde, ele assinou uma ordem executiva que extinguiria o controle de preços em outubro de 1981. A abolição do controle por Reagan fez a produção subir e isso levou a uma queda de 50% no preço do petróleo.

A última festa da posse terminou bem depois da meia-noite, e já às nove horas da manhã Ronald Reagan se senta à mesa do presidente no Salão Oval e verifica a lista de reuniões agendadas. Ele veste paletó e gravata, como faz todas as vezes em que coloca os pés nessa lendária sala de trabalho.

Reagan é firme no comando. O mesmo parece acontecer com todos ao redor.

Mal sabe a violência que está por vir.

17

AEROPORTO INTERNACIONAL DE STAPLETON
DENVER, COLORADO
7 DE MARÇO DE 1981
18h

John Hinckley se arrasta ao sair do voo da United Airlines, que veio de Nova York. Seus olhos estão tomados pelo cansaço e sua barba está por fazer. Ele passou uma semana na Costa Leste, em mais uma tentativa inútil de ganhar o amor de Jodie Foster. "Amados papai e mamãe", escreveu num bilhete o rapaz de 25 anos, há apenas sete dias. "O filho pródigo saiu para, novamente, espantar alguns de seus demônios. Dentro de uma semana, avisarei onde estou."

Foster, mais uma vez, rejeitou Hinckley. Às quatro e meia da madrugada de ontem, o incoerente Hinckley estava sem nenhum dinheiro e telefonou para os pais, implorando por uma passagem de volta para casa. Ele não sabe, mas Jodie Foster entregou suas cartas de amor à polícia do campus da Universidade de Yale, que instaura uma investigação para descobrir seu paradeiro.

Hinckley está entre os últimos passageiros que desembarcaram. Seu pai, Jack, de 55 anos, espera por ele. Sua mãe não veio junto, permaneceu em Evergreeen, porque está tão angustiada por causa do filho que passou o dia inteiro chorando. Toda a família Hinckley ficou devastada com o comportamento de John. Sua irmã Diane e seu irmão mais velho, Scott, telefonaram ontem para incentivar os pais a colocar John em um hospital psiquiátrico. "Ele só piora", Scott Hinckley disse ao pai. "Já não parece que John possa lidar com isso sozinho."

Se Jack e Jo Ann Hinckley fizessem uma pequena investigação, encontrariam um revólver, balas e alvos de papel com desenhos de troncos humanos em uma pequena mala verde que está escondida num armário do quarto do filho. Mas não acham que seja uma boa coisa bisbilhotar os pertences ou se intrometer em assuntos pessoais do filho. Não entendem o motivo de John ter voltado tão impulsivamente de Nova York e não sabem nada sobre o grandioso plano que o rapaz persegue para conquistar Jodie Foster.

Jack e Jo Ann não são pais indiferentes. Foi por causa da insistência deles que o filho problemático começou a frequentar um psiquiatra de Colorado, a fim de tratar a débil saúde mental. O dr. John Hopper, no entanto, não encontra nada de muito errado em John Hinckley. Em suas sessões esporádicas ao longo dos últimos cinco meses, Hopper não percebeu nenhum sinal de delírio nem outros sintomas de doenças mentais. John Hinckley confia em Hopper o bastante para confessar que ele está "no limite mental". Em vez de se assustar, o psiquiatra acha que o rapaz é apenas um típico jovem socialmente desajeitado, que exagera em suas obsessões. Hopper usa em Hinckley a técnica de *biofeedback*, com eletrodos aplicados na testa e termômetros nos dedos, num esforço de ensinar ao paciente algumas técnicas de relaxamento.

Hopper acredita que o relaxamento é vital para a cura de Hinckley.

O psiquiatra crê também que Jack e Jo Ann Hinckley são os maiores culpados, porque mimam o filho, não imputando a ele nenhuma responsabilidade sobre seu comportamento. Eles permitem que o rapaz viva em casa sem que seja obrigado a arrumar um emprego.

Hopper encorajou o casal a fazer um acordo para construir as bases da independência de John Hinckley. Até 1º de março, ele precisa ter um emprego, e até 30 de março, deve sair de casa. "Deem a John 100 dólares", diz o dr. Hopper aos Hinckley, "e depois digam adeus."

Tecnicamente, John Hinckley tem sido fiel ao acordo. Conseguiu encontrar um emprego dentro do prazo, conquistando um cargo servil no jornal local de Evergreen. Mas se afastou do trabalho quando viajou a Nova York. Agora, no movimentado aeroporto de Denver, Jack Hinckley está com o coração partido e deve realizar o ato mais angustiante que um pai pode fazer: vai dizer adeus ao filho.

Jack Hinckley conduz John até um portão de embarque vazio. "Você já comeu alguma coisa?", pergunta ele. "Eu comprei um hambúrguer em Nova York e comi de novo no avião", John responde.

Eles se sentam. Jack é direto, diz ao filho que ele não é mais bem-vindo em sua casa. "Você quebrou todas as promessas que fez para mim e sua mãe. A nossa parte do acordo era proporcionar a você uma casa e algum dinheiro, enquanto você trabalhava para se tornar independente. Eu não sei o que você tem feito nos últimos meses, mas não foi nada do que combinamos. Agora estamos sem alternativa."

John Hinckley está chocado. Mesmo aos 25 anos, ele está tão acostumado a ter os pais solucionando seus problemas que as palavras de Jack o deixaram atordoado. O patriarca da família dá a John 200 dólares. "O YMCA é um lugar barato para viver", diz ele em voz baixa.

"Eu não quero morar no Y", responde John.

"A decisão é sua, John. De agora em diante você está por conta própria."

Os dois caminham até a garagem do aeroporto, onde John Hinckley Jr. estacionou o Plymouth Volare branco sete dias atrás. Jack Hinckley trouxe um anticongelante, sabendo que o carro ficou exposto ao frio do inverno por uma semana. Ele despeja o líquido dentro do motor e se afasta quando o filho dá a partida no veículo.

"Eu o vi descendo a rampa lentamente", Jack Hinckley escreverá mais tarde sobre esse momento.

"Depois disso, só o vi pessoalmente no dia em que nos encontramos na prisão."

* * *

Três semanas mais tarde, John Hinckley estaciona o carro na garagem dos pais. Ele está morando numa pensão barata, chamada Golden Palms Hotel, a trinta minutos de Lakewood.

Jack está no trabalho, é a mãe de Hinckley quem atende a porta. John vai para Califórnia começar uma nova vida, e Jo Ann Hinckley concordou em levá-lo ao aeroporto. É uma quarta-feira, 25 de março de 1981. Nesse momento, Ronald Reagan aproveita uma das grandes vantagens de ser presidente e voa de helicóptero até a Base Corporativa da Marinha, em Quantico, na Virgínia, onde vai andar a cavalo por duas horas.

Mãe e filho mal conversam durante a viagem de uma hora até Denver. Ela não quer que ele vá embora, embora se force a continuar com o que ela e o marido agora chamam de "plano".

John estaciona em frente ao terminal da Western Airlines. Jo Ann viola o "plano", dando a ele 100 dólares. "Ele parecia tão aflito e tão triste. Estava, absolutamente, em completo desespero", ela lembra. "Achei que ele iria se matar."

O flerte de John Hinckley com o suicídio já passou. Ele tem uma ideia de morte bem diferente em sua cabeça. "Mãe", ele diz, se despedindo de uma vez por todas da antiga vida, "quero agradecer por tudo o que você já fez para mim." Jo Ann Hinckley sabe que algo está errado. O filho nunca fala com tanta formalidade. Como o "plano" deve ser obedecido, ela não dá asas para a intuição e não faz nada para impedir a viagem de John. Se não fosse o "plano", o curso da história poderia ter sido alterado.[1]

"Não foi nada...", Jo Ann diz ao filho. Sua voz é intencionalmente fria, porque ela sabe que vai começar a chorar se baixar a guarda. Então, sem dar um beijo, um abraço ou mesmo um aperto de mão, ela assume o veículo e vai embora.

Mal sabe ela que o filho carrega na bagagem uma de suas pistolas RG-14 calibre 22.

Essa arma tornou-se uma parte vital de seu próprio "plano".

---

[1] O dr. John Hopper será processado por algumas vítimas de Hinckley, que alegavam que Hopper deveria saber que seu paciente era perigoso. Eles diziam que o médico deveria ter enviado o rapaz para um hospital. O caso foi arquivado.

18

CASA BRANCA
WASHINGTON, DC
3 DE MARÇO DE 1981
13h22

Sentado na sala de recepção diplomática, o presidente Ronald Reagan puxa conversa com o âncora da CBS, Walter Cronkite, enquanto o técnico de som ajusta os microfones de lapela. Eles estão frente a frente em cadeiras de madeira. Atrás deles, há um aparador com a icônica escultura de bronze *Bronco Buster*, do artista americano Frederic Remington. Reagan cruza as pernas e descansa as mãos sobre os joelhos, para mantê-los parados durante o programa. Os dois estão vestidos com ternos escuros, mas a gravata marrom de Reagan contrasta sutilmente com as cores azul e amarela escolhidas pelo jornalista.

Nos últimos quarenta anos, Walter Cronkite tem sido uma figura importante no meio jornalístico e Reagan o escolheu a dedo para a primeira entrevista exclusiva desde que chegou à Casa Branca há seis semanas. O apresentador conheceu pessoalmente todos os presidentes desde Herbert Hoover e tem a opinião formada sobre cada um.[1] Cronkite acha que Reagan é "uma companhia muito divertida e o tipo de sujeito que você gostaria de ter como amigo".

Apesar da admiração, Cronkite tem um trabalho a fazer. Neste momento, ele deve formular perguntas difíceis a Reagan, numa tentativa de tranquilizar o mundo e mostrar que o presidente não planeja travar uma guerra nuclear contra a União Soviética. Até então, Reagan quase nada fez para minimizar esse tipo de preocupação. Em relação aos soviéticos, ele tem se comportado com a mesma postura linha-dura que tinha contra os comunistas de Hollywood havia quase quatro décadas.

A situação piorou na semana anterior. Em 24 de fevereiro, o líder soviético Leonid Brejnev fez um discurso de três horas durante um encontro do Partido Comunista em Moscou. Aos 74 anos, Brejnev é um homem baixo, acima do peso e com enormes sobrancelhas. Ele governa o país por quase dezessete anos. Durante esse tempo, trilhou um implacável caminho de agressão contra os Estados Unidos e o Ocidente, e está construindo secretamente um arsenal nuclear e militar que faz parecer pequenos aqueles ostentados pelos EUA e pela OTAN.[2] Essa é uma violação a vários tratados entre as duas nações, que visavam a manter a paz mundial. Desde a presidência de Nixon,

---

[1] Cronkite considera que a presidência de Hoover foi "condenada" pela Grande Depressão e que Franklin Roosevelt é um homem de grande carisma e força pessoal. Ele considera Harry Truman um dos maiores presidentes e ficou surpreendido pela ótima memória de Dwight Eisenhower sobre os desembarques do "Dia D", que aconteceram mais de uma década antes. Ele achou John F. Kennedy bonito e às vezes arrogante; Lyndon Johnson, memorável; Richard Nixon, excêntrico; Gerald Ford, legal e simples; e Jimmy Carter foi o presidente mais inteligente que ele já conheceu.

[2] A União Soviética não possuía ogivas nucleares no fim da Segunda Guerra Mundial, quando o general George Patton persuadiu o general Dwight D. Eisenhower e o subsecretário de Guerra Robert Patterson para prolongarem o conflito, fazendo uma demonstração de força contra a abusiva influência russa. Patton acreditava que a União Soviética era tão perigosa quanto o Terceiro Reich. Em 1981, quando Reagan toma posse, os soviéticos têm 32.146 ogivas nucleares apontadas para os americanos. Os Estados Unidos têm 9 mil ogivas a menos.

os Estados Unidos têm lançado mão de uma política mais amena, na qual a União Soviética muitas vezes desempenha o papel de agressor, enquanto os EUA acolhem as exigências em um esforço para manter a paz.

É um tipo de política que Ronald Reagan abomina, e ele está determinado a fazer Brejnev compreender esse pensamento. "Faz muito tempo que um presidente americano se levantou contra a União Soviética", ele diz ao filho Michael em 1976. "Toda vez que entramos em negociações, os soviéticos nos mostram as coisas de que precisamos abrir mão para continuar coexistindo com eles. Assim, estamos nos esquecendo de quem somos."[3]

Enquanto Brejnev discursa no Kremlin, muitos dentro do KGB temem que a União Soviética já não possa competir econômica e militarmente com os Estados Unidos.[4] Uma nação pode se manter militarmente bem-sucedida por muito tempo. Porém, a economia também deverá ser forte, e é nesse ponto que os soviéticos estão falhando. A Guerra Fria, que há décadas impõe um conflito ideológico entre o capitalismo e o comunismo, poderá em breve chegar ao fim — e o comunismo sair perdedor.

Justamente por isso, o discurso de Brejnev inclui um convite para que Ronald Reagan se sente à mesa de negociações. Ao fingir procurar a paz, Brejnev blefa mais uma vez. Ele quer intimidar o inexperiente presidente americano.

---

[3] Reagan fez este comentário de sua suíte de hotel durante a Convenção Nacional Republicana de 1976. Ele estava lamentando sua derrota para Ford e a oportunidade perdida de implementar sua própria política externa. Suas palavras continuaram: "Eu queria ser presidente dos Estados Unidos para que eu pudesse sentar com Brejnev. E eu iria deixá-lo escolher o tamanho da mesa, eu iria ouvi-lo dizer as coisas de que deveríamos abrir mão. E eu iria ouvi-lo por talvez vinte minutos, para então me levantar do meu lado da mesa, dar a volta e sussurrar em seu ouvido: 'Nyet.' Faz muito tempo que nós não ouvimos 'nyet' de um presidente americano."

[4] KGB, do russo Komitet Gosudarstvennoy Bezopasnosti, é traduzido como "Comitê de Segurança do Estado".

Ronald Reagan não é do tipo que se deixa intimidar — seja por Leonid Brejnev, seja por Walter Cronkite.

Desde a primeira pergunta, Cronkite tenta colocar Reagan na defensiva. Ele pergunta sobre a "crise" da política externa americana, fazendo comparações entre os conselheiros militares americanos em El Salvador e os primeiros dias do envolvimento dos Estados Unidos no Vietnã. Reagan dispara em um tom de voz cordial, mas firme. "Não, Walter", referindo-se ao jornalista pelo primeiro nome, "a diferença é imensa."

O presidente continua a falar por mais um minuto, despejando detalhes sobre a crescente ameaça comunista na América Central, graças a grupos militares controlados por russos e cubanos.

Cronkite volta com uma pergunta incisiva sobre a "sabedoria" de Reagan no que concerne à política externa. Reagan responde instantaneamente, dominando por completo os fatos. A entrevista já dura vinte minutos. Os dois hábeis comunicadores querem ter certeza de que suas mensagens sejam ouvidas, e enquanto Cronkite fala para o povo americano, Ronald Reagan fala diretamente para Brejnev. Cada palavra da entrevista, à direita de cada vírgula, será transcrita e analisada em Moscou. Reagan quer que os russos saibam, acima de tudo, de uma coisa: ele não é Jimmy Carter.

Pouco depois, o assunto volta a ser o convite de Brejnev para uma reunião de cúpula.

"Você pode ter exagerado um pouco com a retórica a respeito da liderança soviética, quando os chamou de mentirosos e ladrões", Cronkite diz, referindo-se a um comentário que Reagan fez na primeira coletiva de imprensa. "O mundo, penso eu, está ansioso para ver negociações que interrompam a corrida armamentista, para que possamos sair desse perigoso momento."

Reagan não cede.

"Eu acredito nisso", Reagan começa, distanciando-se da política amena que ele considera falsa. "Você pode observar que é uma grande bobagem se desarmar unilateralmente, como fizemos, permitindo a deterioração de nossa defesa e de nossa segurança. E depois disso, você senta-se com o sujeito que tem todas as armas. O que você tem para negociar com ele?"

* * *

Leonid Brejnev não está satisfeito.

O líder soviético está sentado em seu escritório no Kremlin, neste dia frio de inverno, desejando os cigarros que os médicos o forçaram a parar de fumar. Faz um ano e meio desde que ele se encontrou com um presidente americano, no Palácio de Hofburg, em Viena, Áustria. Lá, depois de assinar um tratado de controle de armas, que limitou a União Soviética e os Estados Unidos a manter o mesmo número de mísseis e bombardeiros de longo alcance, Brejnev estava eufórico, abraçando Jimmy Carter e beijando-o em ambas as faces. Brejnev queria parecer charmoso e vibrante para os milhões que assistiam ao espetáculo pela televisão.

"Ele tem o jeito eslavo de fazer contato físico — tapinhas nas costas, abraços fortes e beijos", escreveu o secretário de Estado Henry Kissinger em um memorando confidencial para o presidente Gerald Ford, em 1974. "Suas piadas e sua retórica, que ele usa constantemente, o mantêm dentro de uma linguagem banal. Seu humor é pesado, às vezes cínico, e frequentemente vulgar."

"Brejnev é um homem nervoso, em parte por causa da insegurança pessoal e também por razões fisiológicas atribuídas ao consumo de álcool e tabaco", Kissinger continuou. "Você vai encontrar suas mãos perpetuamente em movimento: torcendo a corrente do relógio de ouro, sacudindo as cinzas do onipresente cigarro e batendo-o contra um cinzeiro. De tempos em tempos, ele pode ficar em pé atrás da cadeira ou caminhar em volta dela. Ele é suscetível a interromper as conversas, oferecendo comida e bebida aos interlocutores. Seus camaradas, obviamente, qualificam seu humor conforme esses hábitos agitados."

Brejnev tem também um notório lado obscuro. Até recentemente, ele se envolvia com mulheres, apesar de ter sido casado por mais de cinquenta anos. Doenças físicas, no entanto, deixaram-no inchado e incapaz de conversar sem deixar a fala pastosa. Tudo isso fez das relações sexuais apenas uma lembrança. Sua condição é tão crítica que a transmissão televisiva do discurso ao Congresso do Partido Comunista, em 24 de fevereiro, foi subitamente interrompida depois de apenas seis minutos. A essa altura, Brejnev parece incoerente, e muitos russos começaram a zombar dele.

Zombam em segredo, porém. Brejnev pode estar em más condições de saúde, mas ele ainda tem o poder de mandar qualquer homem para o esquecimento dos gulags de neve na Sibéria ou sumir com qualquer pessoa para sempre.[5] Depois que Brejnev derrubou o ex-ditador Nikita Kruschev em 1964, enviando-o para a prisão domiciliar em uma fazenda nos arredores de Moscou, deixou claro que sua inspiração era o implacável Joseph Stalin, líder da Segunda Guerra Mundial que matou dezenas de milhões de russos e estrangeiros ao longo de seu brutal reinado de 31 anos.

Agora Brejnev está em um momento menos radical. Ele e o chefe do KGB, o igualmente bárbaro Yuri Andropov, de 65 anos, preferem encarcerar os dissidentes, declará-los insanos ou enviá-los para os gulags de trabalho forçado. Lá, os prisioneiros vivem de uma sopa rala e de um pão preto duro, trabalhando no desmatamento de árvores

---

[5] Gulag é uma abreviação para Glavnoe Upravelenie Lagerei, ou "administração do campo principal". Embora muitos acreditem que ele existiu apenas acima do Círculo Ártico, na Sibéria, eles eram localizados em toda a União Soviética. Eram usados como prisão, campo de trabalho e clínicas para internações psiquiátricas, destinados a quebrar a determinação de dissidentes por meio de tortura, trabalho pesado e exposição ao frio extremo. Sentenças foram previamente determinadas pela hierarquia de Brejnev. Os julgamentos foram conduzidos em segredo, sem possibilidade de recursos.

em temperaturas que vão até os 56 graus abaixo de zero. Os guardas soviéticos são conhecidos por atirar, sem hesitar, naqueles que tentam fugir do arame farpado que cerca as prisões florestais.

Brejnev copiou os gulags de Joseph Stalin. Até agora, ele já matou aproximadamente 2 milhões de pessoas nesses campos. Ele é devoto da crença de Stalin de que o comunismo deve governar o mundo e toda a brutalidade é permitida para chegar a esse fim.

Quando sentiu fraqueza no Ocidente, Leonid Brejnev enviou tropas soviéticas para o Vietnã, o Egito e o Afeganistão e também para a fronteira da China — e estes são apenas os lugares onde as forças estão instaladas abertamente. As tropas soviéticas podem ser encontradas escondidas em Angola, em Cuba, na América Central e em outra série de países menores, onde Brejnev conspira para conquistar a dominação global. Onde quer que os soviéticos cheguem, atrocidades se seguem. A contagem dos cadáveres vai muito além das invasões militares. No Afeganistão, as crianças são rotineiramente mutiladas e assassinadas por um dispositivo nefasto conhecido como "mina 'borboleta'". Lançados por helicópteros soviéticos, milhões desses dispositivos flutuam até o chão como pequenos insetos. Quando uma criança tenta capturar um desses delicados objetos, um líquido explosivo é detonado, cortando instantaneamente as mãos de quem os segurou.

Ronald Reagan sabe de tudo isso e repugna a liderança comunista. Ele entende que tem quatro, ou talvez oito, anos para implementar sua estratégia e reduzir a ameaça soviética. Já Brejnev quer ficar no poder até o momento de sua morte. Ele marginalizou os rivais políticos, mantendo-os longe do poder. Um exemplo disso é Mikhail Gorbachev, de 54 anos, que acabou de ser nomeado membro votante do Politburo Soviético, mas está limitado a um posto da Secretaria da Agricultura.

Brejnev "deu ao regime tal força e estabilidade que um movimento para derrubá-lo, por conta de sua incapacidade física, parece quase inconcebível", relata o *New York Times*.

O chefe soviético sabe que deve permanecer forte para manter o poder. Neste momento, ele está irritado com a entrevista de Ronald Reagan por Walter Cronkite. Brejnev sente seu jeito vibrante desaparecer repentinamente. Ele dita, furioso, uma carta de nove páginas endereçada a Reagan. "A União Soviética não buscou nem busca superioridade", diz, enraivecido. "Mas não permitiremos que tal superioridade seja estabelecida sobre nós. Esses esforços, como tentativas de conversar conosco partindo de uma posição de força, são absolutamente inúteis... A intenção de vencer com uma corrida armamentista, para contar com a vitória em uma guerra atômica, seria uma perigosa loucura."

* * *

Ronald Reagan recebe a carta de Brejnev na Casa Branca no dia 6 de março. É uma sexta-feira, e ele está ansioso para um fim de semana no retiro presidencial de Camp David, onde usufruirá um pouco de ar livre. Ele conhece Brejnev, tendo-o encontrado anos atrás na casa de Richard Nixon, em San Clemente, quando ainda era governador da Califórnia. A paz mundial depende de Reagan buscar alguma maneira de se relacionar com o colega soviético. Saber que o destino do mundo depende de sua próxima ação é uma questão delicada.

"Eu não colocava muita fé nos comunistas, nem dava muito valor ao que eles falavam", Reagan escreverá depois. "Ainda assim, era perigoso continuar eternamente com o impasse nuclear entre o Ocidente e o Oriente, e eu decidi que se os russos não fossem dar o primeiro passo, eu deveria dar."

Como acontece muitas vezes em momentos críticos, Reagan consulta os assessores. Desta vez, ele se volta para o secretário de Estado Alexander Haig, que tem solicitado desde a posse um papel de maior importância em relação aos assuntos externos. Em conversa no Salão Oval com Haig, o presidente sugere que uma boa saída pode ser ele mesmo escrever uma resposta a Brejnev.

Haig está amedrontado. Conhece bem os soviéticos do tempo em que serviu como comandante da OTAN. Naquela época, se colocou em posição de defesa por muitas vezes contra os aliados soviéticos do Pacto de Varsóvia. Na opinião de Haig, a carta de Brejnev é uma típica retórica soviética. Propõe que Reagan permita *a ele* elaborar uma carta de resposta.

Ronald Reagan atende ao pedido de Haig. Considera o secretário de Estado o principal conselheiro sobre assuntos externos. Dezenove dias depois, em 25 de março, Haig envia um rascunho da carta para a Casa Branca.

Essa data é importante por se tratar do mesmo dia em que John Hinckley foi deixado por sua mãe no aeroporto de Denver. Nessa mesma quarta-feira, Ronald Reagan voava de helicóptero rumo à Base de Quantico para uma tarde de cavalgadas.

"Foi ótimo", Reagan escreveu naquela noite em seu diário. "Devemos fazer isso com mais frequência."[6]

Assim como fez tantas vezes ao longo dos anos, Reagan usa o tempo montando a pequena égua castanha para refletir. Haig tem sido uma presença incômoda na Casa Branca, bajulando o poder sempre que possível, e muitas vezes usando o vice-presidente George Bush para esse fim. A carta que Haig elaborou reflete essa temeridade. Reagan considera o conteúdo inflamatório e, em alguns pontos, não diplomático.

---

[6] Reagan começa um diário no primeiro dia de sua presidência. Ele não perderá nenhuma anotação ao longo de toda sua administração. Vários dias após o incidente, ele tirou um tempo para escrever sobre o dia em que foi baleado.

O presidente envia uma carta ao Departamento de Estado solicitando um novo rascunho. Cinco dias depois, o pedido é atendido. Mais uma vez, não é a carta que Reagan tem em mente. A data é 30 de março de 1981. Ronald Reagan está no cargo há 69 dias. Nenhuma outra carta será escrita então.

Em vez disso, um ato de pura perversidade acontecerá.

19

HOTEL PARK CENTRAL
WASHINGTON, DC
30 DE MARÇO DE 1981
9h

John Hinckley está com fome. Ele assistia ao *The Today Show* no momento em que desligou a televisão no quarto de hotel e saiu para a esquina da G Street com a 18th Street. O céu está nublado. A chuva cai na desgastada jaqueta bege de Hinckley, e ele passeia por alguns quarteirões até o McDonald's da K Street. Ele não dormiu bem a noite passada, preocupado com o desfecho de sua obsessão com Jodie Foster. O dinheiro também está entre suas preocupações. Mais uma vez, Hinckley está quase falido. Ao gastar 47 dólares no quarto a noite passada, e depois gastar 1 dólar para o café da manhã, ele tem menos de 130 dólares no bolso. Este valor é suficiente apenas para comprar uma passagem de volta a Denver, mas John Hinckley não se importa. Ele nunca mais voltará àquela casa.

A caminho do café da manhã, Hinckley acaba entrando em uma livraria local. Ele anda pelos corredores à procura de literatura sobre seus dois temas favoritos: os Beatles e assassinatos políticos.

Tentativa de assassinato 30 de março de 1981

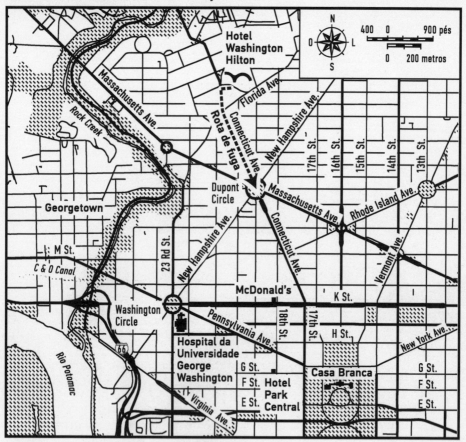

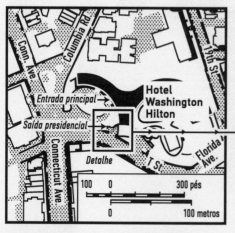
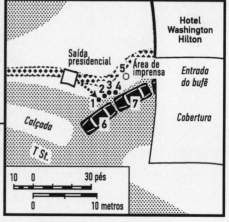

1 Presidente Reagan
2 Agente do serviço secreto
3 James S. Brady
4 Policial
5 John Hinckley Jr.
6 Carro do presidente
7 Carro do serviço secreto

— Ruas menores
— Ruas principais
Parque
Parede

Pouca coisa chama atenção de Hinckley nesta manhã. Ele sai da livraria e atravessa a rua para o McDonald's, onde pede um Egg McMuffin e senta-se num sofá para planejar o dia. Diferentemente da maioria dos turistas em Washington, Hinckley não contempla horas de passeios pela cidade. Ele quer pegar um trem para New Haven e cometer suicídio na frente de Jodie Foster. Pensa também em matar Ted Kennedy, para pelo menos figurar entre os notórios assassinos que perseguiram e mataram membros dessa dinastia política.

Se isso não for possível, ele pode entrar no Senado americano e tentar matar tantos legisladores quanto possível. Há ainda outro cenário na mente de Hinckley: assassinar o presidente Ronald Reagan.

Não importa qual dos planos seja o escolhido: Hinckley tem os meios necessários para executá-lo. Dentro da mala, no Hotel Park Central, está a pistola de cano curto e mais 43 balas mortais.

Hinckley fica sentado sozinho no McDonald's por uma hora. Não consegue se decidir. Pouco antes das onze horas, retorna ao Park Central, parando no caminho para comprar um exemplar do jornal *Washington Star*.

* * *

No mesmo instante, a duas quadras dali na Casa Branca, o presidente Ronald Reagan acaba de concluir uma reunião de quatorze minutos na Sala do Gabinete com um grupo de líderes latino-americanos. A manhã está sendo cansativa, começou com um café com os nomeados políticos no Salão Azul às 8h34. Logo depois, houve uma sessão de quinze minutos com os principais assessores. Outras quatro reuniões completaram a manhã, cada uma com um elenco diferente de dignitários e funcionários do governo. Entre eles, está um rosto relativamente novo: James Brady. Como secretário de Imprensa recém-nomeado, Brady tem a tarefa de lidar com a mídia, usando de sagacidade e inteligência para fazer a mensagem do presidente chegar ao público.

O robusto Brady, um veterano político de Illinois, tem 40 anos. Nancy Reagan inicialmente se mostrou contrária à ideia de sua nomeação para o cargo de alto escalão, achando que ele era muito velho e fora de forma. O senso de humor e a franqueza de Brady, porém, impressionaram o presidente e fizeram dele uma figura popular com a imprensa de Washington.

Brady espera se aproximar do presidente nos próximos meses e passar algum tempo em sua companhia. Nesta tarde, Reagan tem um breve discurso agendado no Hotel Washington Hilton, mas Brady não tem certeza de que irá junto. O presidente não vai responder a nenhuma pergunta da imprensa, e Brady poderia ser mais produtivo trabalhando na Casa Branca.

Enquanto James Brady decide, Ronald Reagan fica sozinho no Salão Oval por trinta minutos, melhorando o próximo discurso. O público será formado por sindicalistas liberais que se opõem à sua política, mas Reagan está confiante de que pode conquistá-los com seu charme irlandês.

Às 11h24, Ronald Reagan sai do Salão Oval e caminha pela Colunata, ao lado do Rose Garden, pegando depois o elevador para sua residência privada, no andar de cima. Lá, ele se troca, coloca um terno azul, antes de se sentar para um almoço com sopa e frutas. Nancy Reagan participa de um almoço em Georgetown, de modo que o presidente conta só com a companhia de um velho amigo da Califórnia, o decorador de interiores e gay assumido Ted Graber.

* * *

Enquanto o presidente almoça, John Hinckley toma banho. Com a água batendo em sua cabeça, ele está imerso nos pensamentos. Um item na página A-4 do *Washington Star* chamou atenção. Sob o título de "Agenda do Presidente", a coluna menciona que Ronald Reagan fará um discurso esta tarde no Washington Hilton. Isto é um dilema para Hinckley: ele deve assassinar o presidente ou se matar na frente de Jodie Foster? Já excluiu a ideia do assassinato de Ted Kennedy e do tiroteio no Senado. Agora, com as opções reduzidas a duas, Hinckley medita embaixo do chuveiro, tentando fazer a escolha.

"Foi no chuveiro", ele explicará depois, "que eu ponderava se ia para o Hilton ou até New Haven. Eu pensei se deveria ir para o Hilton com minha pequena pistola para ver o quão perto eu poderia... Bem, ver como era o local."

Hinckley enxágua o corpo e fecha a torneira.

Ele está decidido. Vai para o Hilton.

Hinckley se seca e coloca uma calça simples, uma camisa e botas altas. Sua carteira contém 129 dólares em dinheiro, dois cartões de biblioteca, uma carteira de motorista do Texas, um cartão de um clube de xadrez e fotos dobradas de Jodie Foster retiradas de uma revista. Não há garantia de que ele vá disparar a arma hoje, mas se chegar perto o suficiente para um bom tiro, John Hinckley quer que Jodie Foster saiba que está fazendo isso por ela. Ele se senta em uma pequena mesa de madeira e escreve uma carta para a amada: "Querida Jodie", escreve. "Há uma possibilidade concreta de que eu seja morto na minha tentativa de matar Reagan. É por isso que estou escrevendo esta carta agora.

Como você deve saber, eu te amo muito. Nos últimos sete meses, enviei dezenas de poemas, cartas e mensagens de amor a você na frágil esperança de que você mostrasse algum interesse por mim. Embora tenhamos nos falado por telefone algumas vezes, nunca tive coragem de me aproximar de você e de me apresentar. Além da minha timidez, eu não queria incomodá-la com a minha presença constante. Sei que as muitas mensagens deixadas em sua porta e em sua caixa de correio foram um incômodo, mas julguei que era a forma mais indolor para que eu pudesse expressar meu amor por você.

Estou muito contente por saber que você pelo menos sabe meu nome e o que sinto por você. E, por andar pelas proximidades de seu dormitório, percebi que sou o assunto de mais que uma ou outra conversa, por mais ridículo que isso possa parecer. Pelo menos você sabe que eu sempre te amarei.

Jodie, eu abandonaria num segundo a ideia de matar Reagan se eu pudesse ganhar o seu coração e viver o resto da minha vida com você, ainda que fosse em uma condição ruim ou o que quer que seja. Admito que a razão pela qual vou em frente com essa tentativa é que não posso mais esperar para impressioná-la. Eu tenho que fazer alguma coisa agora para você entender, de forma clara, que eu faço tudo isso por sua causa!

Ao sacrificar minha liberdade e, possivelmente, a minha vida, eu espero que você mude de ideia sobre mim. Esta carta está sendo escrita uma hora antes de eu sair para o hotel Hilton. Jodie, peço, por favor, que você olhe para o seu coração e me dê pelo menos uma chance de ganhar seu respeito e seu amor com essa façanha histórica.

Te amo para sempre, John Hinckley.

Ele acrescenta o horário, 12h45, sua assinatura e, em seguida, coloca a carta em um envelope, que será deixado para trás em sua mala para os investigadores, caso ele obtenha sucesso em assassinar o presidente.

John Hinckley se levanta e retira a arma da mala, junto com as caixas de munição. Vários tipos de balas caem na colcha. Hinckley tem balas normais e também de ponta arredondada. Tem ainda seis projéteis especialmente letais, desenvolvidos para abrir um buraco no alvo ao explodir com o impacto, espalhando estilhaços quentes na vítima.

Apropriadamente, essas balas são conhecidas como "devastadoras". Ele dá preferência a elas, as devastadoras.

Armado e perigoso, Hinckley toma um táxi para a curta viagem até o Hotel Washington Hilton. Ele está nervoso e precisa urinar, então pede ao motorista para parar no Holiday Inn, logo à frente. Hinckley usa o banheiro e corre de volta para a entrada do Hilton. Uma pequena plateia de sete jornalistas e uma dúzia de espectadores impacientes aguardam a chegada de Ronald Reagan. Uma corda preta acolchoada foi pendurada na calçada pela segurança do hotel para manter as pessoas a uma distância segura do presidente.

Com a pistola bem guardada no bolso do casaco, John Hinckley junta-se à multidão.

São 13h46.

* * *

Quase na mesma hora, Ronald Reagan e a comitiva de quinze veículos saem da Casa Branca em direção ao Hilton. O veículo de Reagan é um Lincoln Continental ano 1972, com as portas que abrem para trás, as chamadas "portas suicidas". O codinome do carro presidencial é Carruagem. O Serviço Secreto deu ao presidente o codinome Rawhide, em referência ao filme de Velho Oeste que ele ama. Reagan está no banco de trás com o secretário do Trabalho, Raymond Donovan.

Seguem atrás várias limusines que transportam outros membros da equipe da Casa Branca, como o médico pessoal do presidente, dr. Daniel Ruge, e um grupo de agentes do Serviço Secreto. É uma corrida de 2 quilômetros até o Hilton.

O secretário de imprensa James Brady também está na caravana. No último momento, ele decidiu ir junto, a fim de ouvir o que Reagan vai dizer.

Às 13h51, a comitiva presidencial chega ao Hilton.

* * *

John Hinckley está no meio dos espectadores, atrás do cordão de segurança, observando a aproximação dos automóveis. A entrada principal do Hilton está atrás dele. O presidente não vai entrar por essa porta. Usará uma entrada VIP coberta, a apenas 12 metros dali.

O assassino sente uma improvável explosão de entusiasmo com a perspectiva de ver Reagan em pessoa. Hinckley apalpa a pistola no bolso direito.[1] Muita prática em stands de tiro o preparou para o que está por vir. Ele sabe que o calibre 22 Rohm deve ser disparado a curta distância para melhor precisão, e o ponto onde ele está agora fica dentro da faixa ideal para o uso da pistola, que é de 27 metros.

Hinckley examina o local e vê o jornalista da ABC Sam Donaldson, entre outros. Mais de duas dezenas de agentes do Serviço Secreto estão prontos para proteger o presidente. A segurança do hotel e a polícia de Washington também cercam o Hilton. Isso inclui dois policiais que observam a multidão do outro lado da corda de segurança. Hinckley percebe que existem alguns agentes do Serviço Secreto em telhados próximos.

De repente, a limusine do presidente Reagan passa perto do cordão de segurança e para bem em frente à entrada VIP. Um agente sai do banco do passageiro e se apressa para abrir a porta de Reagan, no lado direito do veículo. Rapidamente, o presidente surge na garoa da tarde, fazendo uma pausa para acenar à multidão.

---

[1] Em seu bolso esquerdo, ele tem um botão com a foto de seu herói John Lennon. Lennon foi morto a tiros por um assassino, apenas quatro meses antes. Hinckley participou de uma vigília por Lennon pouco depois. Seu pai, Jack Hinckley, foi ativamente envolvido em uma organização filantrópica cristã conhecida como World Vision, durante meados dos anos 1970. Alguns acreditam que o grupo missionário internacional também estava envolvido em espionagem a favor do governo americano. O grupo de direitos humanos católico Pax Christi acusou o World Vision de ser "um cavalo de troia a favor da política externa dos EUA". O fato de que o assassino de Lennon, Mark David Chapman, também trabalhou para a World Vision levou alguns a sugerir uma ligação entre os dois atentados. No entanto, uma relação entre as duas tentativas de assassinato e a World Vision nunca foi provada.

Os policiais Herbert Granger e Thomas Delahanty estão trabalhando no cordão de segurança e devem ficar de frente para a multidão, procurando sinais de desordem. Em vez disso, eles viram o pescoço para a esquerda para ver o presidente.

É o momento perfeito para John Hinckley atirar.

Mas ele não atira. Hesitante, responde o aceno do presidente com outro aceno. Não é o beijo de um assassino, e sim um estúpido movimento de um homem confuso.

"Ele estava olhando diretamente para mim e eu acenei de volta", Hinckley se lembra. "Eu estava assustado."

Num piscar de olhos, Reagan está dentro do prédio.

* * *

São 14h02 e o presidente é apresentado por Robert A. Georgine, de 48 anos, chefe de uma empresa de construção. Reagan entra no palco ao som de "Hail to the Chief" e começa o discurso. Como sempre, o míope Reagan retirou uma das lentes de contato, o que lhe permite ler o texto com um dos olhos enquanto escaneia a multidão com o outro.

Ronald Reagan gosta de falar em público. É fácil para ele. O discurso começa, como de costume, com uma piada.

* * *

John Hinckley ouve o riso vindo do salão do hotel. Ele saiu do cordão de segurança, entrou no Hilton e agora vaga pelo lobby. "Será que eu devo? Será que eu devo?", ele se pergunta várias vezes, sentindo o peso da arma no bolso. Ele está mudando de ideia sobre a possibilidade de matar Ronald Reagan. Se ele sair agora e voltar para o quarto de hotel, ninguém jamais saberia de nada. Ele poderia queimar a carta para Jodie Foster e colocar a pistola calibre 22 no fundo da bagagem. Em vez de morrer com uma rajada de balas do Serviço Secreto ou de passar o resto da vida na prisão, John Hinckley poderia sair andando. "Eu simplesmente não estava tão desesperado. Eu simplesmente não estava tão desesperado para agir", ele vai declarar depois. "Além disso, estava chovendo. E eu não ia ficar em pé na chuva."

Hinckley decide: vai voltar para a área onde estão as pessoas que ficaram do lado de fora do hotel e esperar. Hinckley diz a si próprio que se Reagan não aparecer dentro de dez minutos, ele vai embora.

São 14h19. Ronald Reagan tem mais cinco minutos de discurso.

* * *

Nesse meio-tempo, a pouco mais de 4 quilômetros de distância, Nancy Reagan almoça na casa de Michael Ainslie, em Georgetown. O presidente do National Trust for Historic Preservation recebe a primeira-dama e as esposas de vários membros do Gabinete, após um breve passeio no museu Phillips Collection of Art, pela manhã.

Às 14h20, Nancy Reagan chama, de repente, o agente George Opfer, do Serviço Secreto, e diz que não está se sentindo bem. Não é nada específico, apenas um sentimento de inquietação. A aflita primeira-dama se despede e é levada de volta à Casa Branca.

* * *

John Hinckley voltou para junto do público do lado de fora do Hilton. Ele abre caminho até a frente da multidão, de modo que a corda preta está pressionada contra sua barriga e seu ombro direito está contra a fachada do hotel. Três policiais de Washington estão do outro lado da corda, à sua frente. Hinckley depois lembra que eles, assim como agentes do Serviço Secreto, afastaram-se da multidão quando o presidente Reagan apareceu.

O pretenso assassino nota imediatamente que o Serviço Secreto movimentou a limusine de Ronald Reagan para facilitar sua saída do hotel. Em vez de estacionada em frente à entrada VIP, ela está tão perto do cordão de segurança que o para-choque traseiro direito quase encosta na área reservada ao público. Ronald Reagan não mais entrará no Lincoln a 12 metros de John Hinckley, mas a apenas 3 metros de distância de onde se encontra o perigoso rapaz.

No meio da bagunça, Hinckley é empurrado por jornalistas que querem estar em melhor lugar para fazer perguntas a Reagan. Hinckley está indignado, gritando para as outras pessoas que a mídia não deve ser autorizada a forçar passagem para se postar na frente da multidão. Fica claro para ele que a imprensa fornece uma importante distração.

Todos estão com os olhos voltados para a mídia.

Ninguém repara em John Hinckley.

* * *

Ronald Reagan termina o discurso às 14h24. Os aplausos são educados, algo que o decepciona, já que não foi intensa a ovação que ele esperava ouvir. "O discurso não foi recebido com aclamação", ele escreverá em seu diário. "Ainda assim, foi bem-sucedido."

Como parte da rotina diária, Reagan coloca uma marca ao lado de cada item já concluído na agenda. O discurso no hotel acaba de ganhar sua marca, enquanto o presidente se retira do palco e imediatamente segue a escolta do Segredo Serviço até o carro. Quando Reagan se aproxima, o secretário de Imprensa James Brady está do lado de dentro da entrada VIP, junto com Michael Deaver. Uma onda de agentes do Serviço Secreto passa correndo por Brady, para assumir suas posições perto da limusine. O agente Tim McCarthy está encarregado de abrir a porta direita de trás para Reagan.

James Brady sai da entrada VIP antes do chefe, caminhando ao lado de Deaver, o vice-chefe de gabinete. O presidente optou por não responder perguntas, por isso, Brady vai pessoalmente falar com os repórteres. "Vou lidar com eles", diz sucintamente enquanto caminha em direção ao carro que irá levá-lo de volta à Casa Branca.

James Brady chega mais perto da multidão e Ronald Reagan sai do hotel. O agente do Serviço Secreto Jerry Parr segue logo atrás. É sua tarefa proteger o presidente, então ele se move ligeiramente para a esquerda de Reagan, colocando seu corpo entre o presidente e a multidão de espectadores. Se algo vier a acontecer nos primeiros metros fora da porta VIP, Parr imediatamente vai forçar para que Reagan volte para a área segura do hotel.

Os primeiros 4 metros até a limusine presidencial são vencidos sem incidentes. Parr não pensa mais em puxar Reagan de volta. Está focado em colocar o presidente dentro do carro.

O agente McCarthy abre a porta direita do veículo. Assim como o secretário de Imprensa James Brady, McCarthy também estudou na Universidade de Illinois, em Urbana-Champaign. Usando um terno azul-claro, o ex-jogador de futebol da faculdade é um tímido homem de 32 anos. Brady está a 3 metros dele, dirigindo-se rapidamente ao cordão de segurança para se reunir com a imprensa. McCarthy está pronto para fechar a porta do carro assim que Reagan entrar, sem saber se o presidente vai parar para acenar à multidão antes de ingressar no veículo.

São 14h27.

* * *

John Hinckley vê Ronald Reagan nitidamente. Vê também a pequena multidão de agentes — "os homens-escudo", na gíria do Serviço Secreto — que acompanha o presidente. Hinckley percebe James

Brady caminhar em direção ao cordão. As coisas estão acontecendo rápido demais.

O presidente levanta o braço direito e acena para a multidão. Uma mulher o chama da área reservada como se ela o conhecesse. Reagan caminha simpaticamente em sua direção. Em geral, o presidente usa um colete à prova de balas quando aparece em público, mas a caminhada até a porta do carro é tão curta que o Serviço Secreto não achou que isso fosse necessário.

John Hinckley apoia o braço direito contra a parede de pedra áspera e coloca a mão no bolso. Rapidamente, puxa a arma.

Mais tarde Hinckley declarou que sua cabeça lhe dizia: "Jogue a arma fora."

Mas ele não fez isso.

Amanhã, os meios de comunicação de todo o mundo olharão para ele e o descreverão como um atirador enlouquecido, como se não tivesse ideia do que estava fazendo. John Warnock Hinckley, porém, é um assassino de sangue-frio. É um homem que treinou a arte do assassinato.

Assim como ele fez tantas vezes na galeria de tiro, Hinckley agarra a coronha da pistola com as duas mãos para conseguir a máxima estabilidade. Ele dobra os joelhos para ficar em posição de atirador. Em seguida, estende os braços e puxa o gatilho.

A primeira bala atinge James Brady diretamente na cabeça, bem acima do olho esquerdo. Ele cai com o rosto na calçada e o sangue escorre por uma grade no chão.

O segundo tiro atinge o pescoço do policial de Washington Thomas K. Delahanty, ricocheteando em sua espinha e se alojando na coluna vertebral. Ele cai no chão em agonia, gritando.

O terceiro tiro passa reto, não acerta ninguém.

O quarto tiro atinge no torso o agente do serviço secreto Tim McCarthy. Ele também cai na calçada gravemente ferido, com uma bala alojada no fígado.

218 Bill O'Reilly e Martin Dugard

O quinto acerta a limusine.

O sexto também atinge o Lincoln, mas ricocheteia — perfurando o corpo de Ronald Reagan embaixo do braço esquerdo. A bala entra no pulmão, parando a menos de 3 centímetros do coração.

O presidente dos Estados Unidos cambaleia.

* * *

Leva apenas 1,7 segundo para Hinckley disparar todas as seis "devastadoras".

O assassino leva imediatamente um soco na cabeça de um espectador que estava próximo e, logo depois, é esmagado pela multidão. Hinckley é espremido por várias centenas de quilos de cidadãos raivosos. Os agentes do Serviço Secreto tentam levá-lo vivo. Ironicamente, o trabalho agora é proteger Hinckley com o mesmo vigor dedicado a proteger o presidente.

Enquanto Hinckley é dominado, três homens lutam por suas vidas. Um deles é Ronald Wilson Reagan.

* * *

Ao som do primeiro tiro, o agente Jerry Parr agarrou Reagan pela cintura, empurrando-o com força para o banco de trás da limusine. Os dois homens caíram juntos, com Parr em cima do presidente. Quando Reagan bate o rosto no braço que divide o banco do carro, uma intensa onda de dor atravessa o corpo.

"Jerry", ele grita. "Saia de cima! Eu acho que você quebrou uma de minhas costelas!" O presidente está irritado, acreditando que Parr agiu de modo desnecessariamente bruto.

Parr não está interessado em delicadeza. Ele precisa levar o presidente para uma área segura imediatamente. Há muito tempo, quando era ainda menino, foi o filme *Código do Serviço Secreto*, feito por Ronald Reagan em 1939, que inspirou Parr a se tornar um agente. Agora, em meio a uma coincidência brutal, Jerry Parr tornou-se a pessoa mais importante na vida de Reagan. "Casa Branca!", ele grita para o agente Drew Unrue, que está ao volante. "Vamos sair daqui! Rápido!"

Parr sai de cima do presidente. Nenhum deles sabe que Ronald Reagan foi baleado. Ao tentar ficar sentado, Reagan se mostra "quase paralisado de dor". Ele tosse muito e suja a mão com bastante sangue vermelho-vivo.

"Você não só quebrou minha costela", ele diz a Parr no momento em que a limusine avança para a segurança da Casa Branca, "mas acho que a costela perfurou meu pulmão."

"Você foi atingido?", pergunta Parr, preocupado.

"Não, acho que não."

Parr passa as mãos nos ombros, no peito e na cabeça do presidente. Ele não vê nenhum sinal de sangue. Reagan mal consegue ficar sentado, e seu rosto está pálido. Ele começa a pressionar o braço esquerdo contra o peito como se estivesse tendo um ataque cardíaco. Reagan sente gosto de sangue e diz a Parr que pode ter cortado a boca. O agente olha de perto e observa que o sangue nos lábios de Reagan contém inúmeras bolhas de ar, sinal de lesão pulmonar.

"Acho que devemos ir para o hospital", sugere Parr.

"Ok", Reagan responde, ainda acreditando que Parr quebrou sua costela.

* * *

Nesse momento, no terraço do terceiro andar da Casa Branca, o agente do Serviço Secreto Opfer entra calmamente na sala e interrompe a conversa de Nancy Reagan com o chefe dos empregados da Casa Branca.

"Houve um tiroteio", Opfer informa à primeira-dama. "O presidente está indo para o hospital."

Transtornada, Nancy Reagan é conduzida para fora da Casa Branca. Seu codinome no Serviço Secreto é "Arco-íris", em referência às muitas cores de sua personalidade impetuosa. Não há, no entanto, nenhuma evidência dessa característica agora. Ela está quieta e aterrorizada. Outro carro é trazido para perto, e a impaciência de Nancy se intensifica à medida que a comitiva de duas limusines fica presa no trânsito de Washington durante a jornada de dez quarteirões. "Eu vou sair e andar", ela grita. "Eu preciso andar. Eu tenho que chegar lá."

O tráfego começa a fluir e, quinze minutos após sair da Casa Branca, a limusine de Nancy Reagan encosta no Hospital da Universidade George Washington. Assim que o veículo para na entrada de emergência do prédio com blocos de concreto, ela corre para a sala de emergência. Esperando por ela na porta está o vice-chefe de gabinete, Mike Deaver.

"Ele foi atingido", Deaver diz.

"Mas me disseram que ele não foi atingido", responde Nancy Reagan, chocada. "Eu quero ver meu marido", ela implora.

$$* * *$$

Levou quatro minutos para a limusine de Ronald Reagan chegar ao hospital. Ele atravessa a porta da frente com suas próprias forças e, logo depois, desmaia e cai. É imediatamente transportado para a sala de emergência. "Eu me sinto tão mal", Ronald Reagan diz ao paramédico, que logo corta as roupas no corpo do presidente. "Eu me sinto muito mal mesmo. Não consigo respirar."

É o primeiro indício de que algo está muito errado com Ronald Reagan. A princípio, os médicos acreditam que Reagan pode morrer. E, agora, como a tentativa de tirar a pressão arterial não fornece uma leitura consistente, creem que o coração mal está bombeando sangue.

Todos estão em torno de Reagan. A sala de emergência é um frenético cenário de médicos, enfermeiros e agentes do Serviço Secreto bem armados. O dr. Joseph Giordano, um cirurgião que dirige a equipe de trauma do hospital, insere um tubo transparente em Reagan, na esperança de drenar o sangue da cavidade torácica. "Tomara que isso dê certo", Giordano diz a si mesmo enquanto corta a pele do presidente.

"Ele ficou gravemente ferido", Giordano recordou depois. "Estava próximo da morte."

Ronald Reagan é um homem de 70 anos que acaba de sofrer um trauma devastador. Além de ter sido baleado, teve o corpo jogado dentro do carro e ainda bateu a cabeça com força no descanso de braço do carro. Seu corpo pode não suportar mais que isso.

Reagan está consciente durante todo o procedimento médico. Quando é estabilizado, passa para a etapa seguinte — a cirurgia que removerá a bala. Olhando para Jerry Parr, pouco antes de ser conduzido à sala de cirurgia, Reagan mostra os primeiros sinais de que pode sobreviver: "Espero que sejam todos republicanos", ele diz ao agente do Serviço Secreto que salvou sua vida há menos de trinta minutos.

"Sr. presidente", diz o dr. Giordano, um democrata de longa data, "hoje todos somos republicanos."

* * *

Ronald Reagan sofre com a dor, mas está lúcido. Vai sendo preparado para a cirurgia. Deitado na maca, ele olha para cima a fim de ver Nancy Reagan, que o olhava fixamente. Ela está insegura. A perda de sangue fez a pele do marido ficar num branco pálido que ela jamais viu. Uma enfermeira remove a máscara de oxigênio do presidente. "Querida", ele diz a Nancy, esperando que uma piada tire o medo de seu rosto, "esqueci de me esquivar."

Nancy luta contra as lágrimas e se inclina para beijá-lo. "Por favor, não tente falar", ela sussurra.

Mais tarde, Nancy vai se lembrar desse momento com tristeza e medo. "Eu o vi deitado nu, com estranhos olhando para seu corpo e observando o sopro de vida sair dele. Como filha de médico, eu sabia que ele estava morrendo", ela conta aos amigos.

Ronald Reagan vivencia outra reação. Mais tarde, escreverá sobre a alegria que aquele momento lhe deu. "Ver Nancy no hospital me deu um enorme contentamento. Enquanto eu viver, nunca vou esquecer o pensamento que passou na minha cabeça quando olhei para seu rosto. Mais tarde, escrevi no meu diário: 'Eu rezo para que eu nunca enfrente o dia em que ela não esteja aqui... De todas as maneiras que Deus me abençoou, ela foi a maior — muito além de qualquer coisa que eu mereça ou possa esperar."

Reagan é levado para a cirurgia. Nancy fica agarrada à alça lateral da maca por todo tempo. Caminha com a equipe de médicos e os agentes do Serviço Secreto e agora veste roupas cirúrgicas, pois vai acompanhar o marido até a sala de operação número dois.

"Quem está tomando conta da loja?" Reagan pergunta a Ed Meese conforme a maca passa por ele.

Junto às portas duplas que levam até o centro da cirurgia, Nancy recebe a notícia de que não pode ir adiante com o marido.

São 15h24.

Tudo que ela pode fazer é esperar.[2]

* * *

---

[2] Dezoito anos antes, a primeira-dama Jacqueline Kennedy sofreu o mesmo calvário, ao entrar na sala de emergência de um hospital para aguardar o resultado da cirurgia de seu marido, depois que JFK foi baleado. Primeiro, Jackie Kennedy entregou aos médicos pedaços do crânio do presidente, que ela tinha recuperado da limusine presidencial e, em seguida, esperou pacientemente em um canto da sala, enquanto os médicos tentavam reanimá-lo. Seu terno rosa ainda estava encharcado com sangue de seu marido.

Às 16h, Ronald Reagan encontra-se inconsciente na mesa de cirurgia. Um instrumento separa a quinta e a sexta costelas de Reagan, permitindo ao dr. Ben Aaron ver claramente a parte interna do peito do paciente. A sétima costela está fraturada, graças à bala que resvalou ali. O mais problemático é o sangue enchendo a cavidade torácica. O presidente perdeu metade do sangue total circulante. Tubos inseridos no corpo de Reagan fornecem novo sangue, antibióticos e fluido para hidratação.

O objetivo do dr. Aaron é remover a bala do corpo de Reagan, mas há um grande entrave. Ele pode traçar o caminho do projétil pelo buraco de 1,5 centímetro que foi deixado no tecido e no pulmão, mas o médico não consegue encontrar a localização precisa da bala.

Aaron tateia dentro do corpo do presidente para tentar encontrar o projétil. Delicadamente, ele trabalha ao redor do coração do presidente, que bate com lentidão. "Eu poderia desistir", diz o cirurgião, frustrado por não encontrar a bala.

* * *

Frustração também reina perto dali, na Casa Branca.

"Quem está no comando do governo na ausência do presidente Reagan?", pergunta um jornalista ao vice-secretário de imprensa, Larry Speakes, ao vivo na televisão.

Em todo o país, milhões de pessoas estão colados aos aparelhos de TV. A programação normal foi interrompida. A América está sombria e aguarda notícias do presidente que foi gravemente ferido.

Se os telespectadores estão à procura de tranquilidade, as palavras de Speakes não fornecem segurança alguma.

"Eu não posso responder a essa pergunta neste momento", ele diz.

Um andar abaixo de onde a conferência de imprensa acontece, os membros do gabinete de Ronald Reagan se amontoam na Sala de

Situação da Casa Branca, horrorizados com a resposta de Speakes. Ainda pior, sabem de algo que o secretário de Imprensa não faz ideia: os soviéticos estão tirando proveito da condição de Reagan e estão movendo assustadoramente submarinos para perto da costa leste dos EUA. Um míssil nuclear poderia atacar Washington em apenas onze minutos. O secretário de Defesa Caspar Weinberger ordenou às tripulações dos bombardeiros dos Estados Unidos para ficar em alerta máximo. No entanto, com o presidente inconsciente e o vice-presidente George H. W. Bush voando sobre algum lugar do Texas, ninguém na Casa Branca tem autoridade direta para responder à ameaça soviética.[3]

Temendo o pior, o conselheiro de Segurança Nacional Richard Allen ordenou que a maleta especial, conhecida como "bola de futebol", com os códigos de lançamento nuclear que poderia detonar a Terceira Guerra Mundial, fosse trazida para ele. A maleta agora se encontra em uma mesa de conferência na Sala de Situação, seguramente escondida embaixo de uma pequena pilha de papéis.

De repente, o general Alexander Haig assume o comando. O secretário de Estado, que há muito tempo procurou expandir seu poder, nomeia-se presidente temporário.

"O leme está bem aqui", ele declara aos membros do gabinete, que estão assustados. "Ele está nesta cadeira agora. Constitucionalmente até que o vice-presidente chegue aqui."

Haig, um homem intimidador, olha em volta, desafiando alguém a contestá-lo. Constitucionalmente, o general está equivocado. O presidente da Câmara Tip O'Neill deve ser o próximo na linha sucessória. Ninguém na Sala de Situação, no entanto, quer desafiar o ex-general de quatro estrelas do Exército, que lutou no Vietnã e na Coreia.

---

[3] O vice-presidente George H. W. Bush tinha agendado um discurso em Austin, Texas. Quando chegaram as notícias de que Reagan havia sido baleado, ele voltou para Washington.

"Como se chega até a sala de imprensa?", pergunta ele, levantando-se da cadeira.

A sala fica em silêncio. Antes que alguém pudesse pará-lo, Haig corre pelo corredor e abre caminho até a sala de imprensa. Os joelhos estão curvados, a voz, embargada, as mãos seguram o púlpito com tanta força que as juntas dos dedos ficam brancas. Alexander Haig proclama sua autoridade à nação. Tudo ao vivo na TV.

"De agora em diante, eu estou no controle aqui na Casa Branca."

* * *

Nancy Reagan não está sob controle. Reza desesperadamente. Está sentada na capela do hospital, junto com as esposas do secretário de Imprensa James Brady e do agente do Serviço Secreto Tim McCarthy. Os três estão em cirurgia neste momento. As mulheres não sabem que a mídia informará em breve que James Brady está morto.

Elas não estão sozinhas nesse pequeno santuário no segundo andar do hospital. O chefe de gabinete da Casa Branca, James Baker, está ajoelhado em oração. Mike Deaver e Ed Meese também se juntaram à vigília. Entre todas as pessoas do grupo de assessores, esses são os mais próximos do presidente. A espera é torturante.

* * *

Finalmente, às 17h25, graças a um equipamento de raios X, que mostrou a localização da bala, o dr. Aaron sente o pequeno pedaço de metal. O cirurgião remove a bala do pulmão de Reagan com as pontas dos dedos.

"Achei", ele diz à equipe, que inclui um membro do Serviço Secreto, que agora dá um passo à frente para guardar a bala como prova do crime.

O dr. Aaron volta sua atenção à hemorragia interna que ainda pode matar Ronald Reagan.

Às 18h46, um Reagan inconsciente é suturado e retirado da sala de cirurgia. A maior crise já passou, embora o perigo continue.

Depois de uma hora, Reagan está acordado, mas grogue. Um tubo de respiração em sua garganta impede a fala, então ele rabisca uma nota a sua enfermeira. "Se eu tivesse tanta atenção em Hollywood, eu teria ficado lá."

* * *

A 32 quilômetros, na Base Aérea de Andrews, o avião que transportava o vice-presidente George H. W. Bush finalmente toca a pista. Seu retorno marca o fim do autodeclarado reinado (que durou três horas) de Alexander Haig como o líder do mundo livre. Ainda que Haig tenha sido legalmente equivocado ao dizer que estava no comando, seu comportamento brusco teve um efeito positivo: as forças soviéticas estão recuando.

Na Sala de Situação da Casa Branca, o conselheiro de Segurança Nacional Richard Allen dá um suspiro de alívio, já que não haverá necessidade de abrir a pasta especial que contém os códigos de lançamento nuclear.

Não nesse dia, pelo menos.[4]

* * *

---

[4] Haig nunca se recuperou da percepção pública de que ele perdeu o controle emocional durante a crise. Ele foi demitido como secretário de Estado quinze meses mais tarde e concorreu para presidente em 1988, sem obter sucesso.

Enquanto isso, John Hinckley está numa sala de interrogatório em Washington, DC. Ele reclama que o pulso pode estar quebrado, e tem também cortes e hematomas no rosto, pois ele foi derrubado na calçada de concreto. Fora isso, Hinckley está calmo durante o interrogatório do detetive Eddie Myers, da Divisão de Homicídios do Departamento de Polícia de Washington.

"Como se escreve 'assassinar'?", pergunta Myers, distraído, a um colega policial durante o interrogatório.

"A-s-s-a-s-s-i-n-a-r", responde Hinckley, rindo.

O FBI pediu um exame físico de Hinckley, incluindo a retirada de uma amostra de pelos pubianos.

"Pelos pubianos?", pergunta o grisalho Myers, incrédulo. "Pelo amor de Deus! Ele não transou com Reagan, ele atirou nele."[5]

* * *

Apenas na manhã seguinte Nancy Reagan foi autorizada a ver o marido novamente. Passou uma longa noite sozinha na Casa Branca, dormindo no lado certo da cama, abraçada a uma das camisetas do marido para sentir sua presença. Às 10h, Nancy entra na Unidade de Terapia Intensiva junto com Patti e Ron Reagan, que viajaram a Washington assim que receberam a notícia do tiroteio. Apesar de Michael e Maureen Reagan também terem ido ao hospital, não conseguiram entrar na UTI até que os filhos de Nancy chegassem.[6]

---

[5] O FBI pediu os pelos para o exame físico, como uma precaução técnica. O exame foi realizado pelo dr. William J. Brownlee.

[6] Maureen Reagan acabou de anunciar sua candidatura para o senado, pelo estado da Califórnia, contra a vontade do pai. Várias semanas antes do ataque, Michael Reagan foi acusado por investigadores da Califórnia de fraude em investimentos. Ele será absolvido das acusações em novembro. Sem o apoio de seu pai, a candidatura de Maureen é malfadada, terminando quando ela fica na quinta colocação em um campo de treze candidatos na eleição primária. A protetora Nancy Reagan vê ambas ações como uma traição por parte dos filhos do primeiro casamento de Reagan.

Ronald Reagan está alheio a qualquer rivalidade entre os filhos. Revê a família e está profundamente comovido. O tubo respiratório foi retirado, o que lhe permite brincar e desfrutar a visita de Nancy e dos filhos. Ele sabe que o tiroteio mudou sua vida para sempre.

"Aconteça o que acontecer, agora eu devo minha vida a Deus", ele escreve em seu diário, "e vou tentar servi-lo de todas as formas que puder."

20

CÂMARA DOS REPRESENTANTES
WASHINGTON, DC
28 DE ABRIL DE 1981
19h

O presidente que quase foi morto é banhado de aplausos. Os membros do Congresso se levantam num apoio bipartidário ao homem que foi atingido por uma bala assassina há pouco mais de quatro semanas. Ronald Reagan está visivelmente mais magro e fraco, mas andando tranquilamente sem qualquer ajuda.

A ovação continua e Reagan se vira para apertar a mão do vice-presidente George Bush, que também atua como presidente do Senado. Reagan cumprimenta o grisalho presidente da Câmara, o congressista por Massachusetts Tip O'Neill. O presidente então se volta para a frente, para fazer um discurso ao Congresso.

A ovação não tem fim.

Reagan sorri. Está genuinamente emocionado com a calorosa recepção. Sua testa e suas bochechas estão vermelhas, graças às horas em que passou desfrutando o sol no solário da Casa Branca durante sua recuperação. Ele veste um terno azul-escuro bem cortado e uma gravata listrada de cinza e azul.

Ao se referir ao atentado, Reagan solta uma piada inesperada: "Vocês não me pediriam um bis." Os risos irrompem e enchem a sala.

Depois de três minutos, os aplausos finalmente diminuem, e Reagan começa o discurso. O objetivo é obter a aprovação do Congresso para o programa de recuperação econômica. No entanto, quase imediatamente, ele se afasta dos detalhes desse plano para falar com o coração.

"Sr. presidente", Reagan começa, "distintos membros do Congresso, convidados de honra e concidadãos: não tenho palavras para expressar minha gratidão por esse acolhimento."

"Eu gostaria de dizer algumas palavras diretamente a vocês e àqueles que estão nos assistindo e ouvindo esta noite, pois é a única forma que encontrei de expressar a todos, também em nome de Nancy, nossa gratidão pelas mensagens e flores e, acima de tudo, pelas orações — não só para mim, mas para os outros que caíram ao meu lado."

* * *

Quando Nancy é mencionada, todos os olhares se dirigem para ela. Está na primeira fila do balcão do Congresso, usando um vestido vermelho-vivo. A tentativa de assassinato a deixou tão abalada que ela apagou a palavra "assassinato" do vocabulário. Seu índice de aprovação pública é um dos piores que uma primeira-dama já experimentou, pois muitos a consideram uma controladora de coração duro. O que o público não sabe é o quanto Nancy Reagan soluçou no hospital, depois que o marido foi baleado. Ainda agora, há momentos em que ela sofre colapsos emocionais.

Nancy conhece pequenos detalhes sobre o marido que toda mulher deve saber: Ronald Reagan gosta de ovos cozidos por precisamente quatro minutos, sua sopa favorita é uma ousada combinação de caldo de carne e hambúrguer magro moído servidos com uma fatia de pão francês, os tiques em sua mão esquerda são causados por uma doença hereditária que força o dedo mindinho a fechar constantemente.[1]

Nancy Reagan é uma das poucas pessoas que viram o quão pálido e fraco ficou o marido nas primeiras horas depois do atentado. Pela primeira vez, com aquelas grandes olheiras e rosto enrugado, ele aparentava ser um homem velho. Nancy viu essa mesma fragilidade quando Reagan voltou à Casa Branca, andando em curtos e hesitantes passos e com os braços perfurados por injeções intravenosas. Naqueles dias, ele dormia em uma cama de hospital instalada no Quarto de Lincoln e dependia de analgésicos durante o dia e também à noite. Nancy chegou a parar de tomar remédios para dormir, para ter certeza de que ela ouviria o marido caso ele chamasse.

A obsessão da primeira-dama com o bem-estar do marido se estende até a esfera pública. Nancy Reagan agora trabalha com o vice-chefe de gabinete, Michael Deaver, para controlar a agenda do presidente. Temendo que ele tenha uma agenda muito cheia, Nancy decide quem Reagan vai e não vai ver. Essa prática persistirá por todo seu mandato. A conduta de Nancy é tão centralizadora que Deaver dirá: "Sempre imaginei que, quando eu morresse, haveria um telefone no meu caixão e do outro lado da linha estaria Nancy Reagan."

Ela também assistiu com ansiedade à primeira aparição pública de Ronald Reagan desde o atentado — foi um passeio, no dia 16 de abril, pelo jardim da Casa Branca junto com fotógrafos. A nação ficou maravilhada com o vigor e a rápida recuperação do presidente, mas Nancy sabe que era uma fachada cuidadosamente orquestrada para assegurar aos americanos que o presidente de 70 anos ainda era bastante capaz de liderar o país.

---

[1] Conhecida como "contratura de Dupuytren", essa doença é encontrada mais frequentemente em homens com idade mais avançada que descendem de europeus do norte. Por isso, também é conhecida como "doença viking".

Nessa noite, Nancy supervisiona a preparação do discurso do marido. Tudo começa com Ronald Reagan arrumando o cabelo depois de sair do chuveiro. Reagan penteia o cabelo ainda molhado para a frente, deixando uma longa franja sobre os olhos. Em seguida, aplica um pouco de creme de pentear a fim de manter o cabelo no lugar e conservar a "aparência molhada". Só depois o presidente penteia o cabelo para trás, habilmente moldando o topete que carrega há anos como sua marca registrada.

"Eu nunca reparei como seu rosto muda quando você usa o topete", Michael Deaver disse a Reagan depois de testemunhar o presidente se arrumando. Com o cabelo caído no rosto, Deaver se preocupou que "Reagan pudesse aparentar ter 80 anos".

Cada passada do pente traz de volta magicamente a juventude de Reagan.

"Sim", disse o presidente a Deaver. "Ele tira o foco do meu rosto."

Nancy viu o marido se pentear muitas vezes, assim como viu inúmeros maquiadores tentando convencer seu marido antes de uma aparição importante na televisão ou um discurso sob luzes brilhantes. Remetendo aos antigos dias de Hollywood, Ronald Reagan se recusa a usar maquiagem. A aparência avermelhada que ele agora exibe no Congresso é totalmente natural.

São peculiaridades de um homem que há muito tempo traçou o próprio caminho, e depois da experiência de quase-morte de Reagan, Nancy é grata pela dádiva de poder testemunhar esses momentos. O tiro não está completamente no passado do primeiro casal. Apenas Nancy sabe que, mesmo agora, enquanto usufrui aliviado os aplausos dos amigos e rivais políticos, Ronald Reagan reúne todas as forças e esconde uma enorme dor somente para fazer esse pronunciamento.

Nancy também precisa de forças. Ela sabe que o país não gosta dela. A imprensa é cruel, desaprova o que acredita ser o poder da primeira-dama sobre o presidente. A crítica incomoda, mas Nancy a

Ronald Reagan

233

suporta. Ela pode ser uma mulher vaidosa, egoísta e até mesmo iludida com sua crença em adivinhos. No entanto, é muito inteligente. E sua lealdade e amor por Ronald Reagan são absolutos.

* * *

O presidente nota a aprovação de Nancy quando o discurso deixa de ser pessoal e passa a ser patriótico. "O calor de suas palavras, a expressão de amizade e, sim, o amor significam para nós mais do que vocês jamais saberão", Reagan diz ao país e ao Congresso. "Vocês nos deram uma lembrança que guardaremos para sempre. E também uma resposta às poucas vozes que surgiram dizendo que o ocorrido foi uma prova de que a nossa sociedade está doente."[2]

Reagan faz uma pausa para dar uma ênfase dramática.

"Sociedades doentes não produzem homens como os dois que recentemente voltaram do espaço."

O presidente se refere aos astronautas John Young e Robert Crippen, que pilotaram com sucesso uma nave conhecida como ônibus espacial em sua viagem inaugural durante a recuperação de Reagan. A jornada do *Columbia* muda para sempre os voos espaciais tripulados. O que Crippen e Young fizeram é, de fato, revolucionário.[3] Parece que o mundo inteiro sofreu uma grande mudança desde que John Hinckley abriu fogo há 29 dias.

---

[2] Depois do ataque, foi o senador Bill Bradley (democrata de Nova Jersey) quem proclamou, do Senado, que os Estados Unidos eram uma "sociedade doente".

[3] O *Columbia* foi lançado em 12 de abril de 1981, vinte anos depois do dia em que o cosmonauta soviético Yuri Gagarin se tornou o primeiro homem no espaço. Concebido como uma plataforma reutilizável, o ônibus espacial era lançado ao espaço e voltava à Terra usando um trem de pouso, como faz um avião tradicional. A sua versatilidade permitiu que a tripulação vivesse no espaço. Os astronautas podiam flutuar livres da nave espacial, para explorar e entregar suprimentos para a Estação Espacial Internacional. Eles podiam até mesmo fazer reparos de satélites existentes. Nas palavras da NASA, o ônibus espacial "mudou fundamentalmente nossa compreensão do universo".

Os dias de recuperação de Reagan também marcaram o fim de uma era, com a morte do último grande general americano da Segunda Guerra Mundial, Omar N. Bradley, morto aos 88 anos. Apenas um dia depois, em 9 de abril, outra era assustadora começa quando é confirmado em São Francisco o primeiro caso de uma doença que virá a ser conhecida como Aids. E apenas quatro dias antes, Reagan escreveu a carta para o premiê soviético Leonid Brejnev, abrindo um novo capítulo nas relações entre as duas superpotências nucleares.[4]

As maiores mudanças para Reagan desde a tentativa de assassinato, porém, são pessoais. Além de permitir que Nancy assuma o controle de sua agenda, ele a surpreendeu recentemente, numa manhã de domingo, dizendo que deviam ir à igreja. No passado, a religião foi, na maioria das vezes, um expediente político para o presidente. Depois do atentado, no entanto, Ronald Reagan transformou-se em um homem que entende a própria mortalidade e está determinado a se aproximar de Deus.

* * *

"Sociedades doentes", Reagan continua, "não produzem jovens como o agente do Serviço Secreto Tim McCarthy, que colocou seu corpo entre o meu e o do homem armado, simplesmente porque ele sentiu que esse era o seu dever."

* * *

---

[4] Reagan expressou vontade de negociar com Brejnev, assim como o premier soviético havia pedido. No entanto, Reagan também deixou claro que "grande parte da tensão no mundo de hoje é devida às ações soviéticas". Ele criticou Brejnev pelo crescimento militar e nuclear soviético e por suas tentativas atuais de usar a força, direta e indiretamente, para aumentar sua esfera de influência.

O agente McCarthy, atingido pela quarta bala de John Hinckley, recebeu alta do Hospital da Universidade George Washington no dia 7 de abril. Ele vai passar o resto da vida fazendo piada, dizendo que a bala estragou o terno novo. Mais que isso, o Serviço Secreto começará a mostrar, em breve, novas filmagens da tentativa de assassinato contra Reagan. Elas mostram que, para proteger o presidente, McCarthy posicionou seu corpo com os braços e as pernas ligeiramente abertos, deixando-os na largura dos ombros. Ao fazer isso, Tim McCarthy ficou exposto à bala. O projétil entrou pelo lado direito do abdômen e derrubou McCarthy no chão. Em uma fração de segundo, o projétil calibre 22 atingiu uma costela, perfurou um pulmão, passou pelo diafragma e parou no fígado. A cirurgia para remover a bala durou pouco mais de uma hora.

Enquanto ouve Ronald Reagan falar ao Congresso, Tim McCarthy não se arrepende do que fez. O devoto católico e pai de duas crianças pequenas é produto de um rigoroso treinamento e já faz planos para voltar ao trabalho.

Assim, McCarthy e Ronald Reagan são dois irlandeses muito semelhantes.

* * *

Ronald Reagan continua o discurso: "Sociedades doentes não produzem policiais dedicados como Tom Delahanty."

* * *

O policial Delahanty também descende de irlandeses. Ele é considerado um "policial exemplar" por seus superiores, tendo recebido mais de trinta comendas durante os dezessete anos no departamento. O policial de Washington foi aposentado no instante em que a segunda

236 Bill O'Reilly e Martin Dugard

bala de John Hinckley atingiu seu pescoço. Os ferimentos fizeram sua volta ao trabalho ser impossível.

Não era para Delahanty estar no Hilton no dia 30 de março. Quando o nativo de Pittsburgh de 45 anos apareceu para o trabalho naquela fatídica manhã, ele acreditou que iria fazer suas atividades habituais na divisão canina no Terceiro Distrito de Washington.

O cachorro de Delahanty, porém, estava doente. Kirk, como o cão de raça mista é conhecido, vive com Delahanty e sua esposa, Jane, no subúrbio de Maryland. Delahanty decidiu deixá-lo em casa naquele dia e, em seguida, aceitou uma tarefa da Divisão de Serviços Especiais do departamento, que o designou para trabalhar com a equipe de segurança do Hilton.

O protocolo do Serviço Secreto estipula que um agente não deve virar as costas para uma multidão quando o presidente está presente. Mas Tom Delahanty e os outros policiais que trabalhavam no Hilton nunca receberam esse treinamento. Isso pode ter salvado sua vida. A bala que entrou no pescoço quando ele se virou para espiar o presidente Reagan o teria atingido na garganta se ele estivesse de frente para o atirador.

Esse foi um pequeno alívio para Delahanty. A bala ficou alojada na parte inferior esquerda do pescoço, perigosamente próxima à coluna vertebral. Os médicos do Washington Hospital Center decidiram inicialmente não removê-la. Os cirurgiões reverteram essa decisão ao saber que a bala "devastadora" não havia explodido, e isso poderia acontecer a qualquer momento. Como medida de segurança, eles realizaram a cirurgia vestidos com coletes à prova de balas.

Entretanto, quando Delahanty foi liberado do hospital, no dia 10 de abril, a "devastadora" tinha deixado sua marca. O dano irreversível nos nervos do braço esquerdo significava que ele devia se aposentar da polícia. O departamento também está aposentando Kirk, que viverá com Tom e Jean Delahanty.

Mesmo com a aposentadoria, o incidente ainda assombra o oficial Delahanty. Ele mostrou-se muito melhor na proteção do presidente Reagan do que John F. Parker, o policial de Washington que bebeu antes de o presidente Abraham Lincoln ser assassinado no Teatro Ford, em 1865. Porém, o Serviço Secreto agora diz que Hinckley poderia ter sido impedido de atirar. Para isso, Delahanty e os outros policiais no cordão deveriam ter continuado de frente para a multidão no momento em que Ronald Reagan deixava o Hilton.

É uma questão que vai perseguir Thomas Delahanty pelo resto da vida.

* * *

Ronald Reagan faz uma pausa no discurso para dar ênfase ao que diz. Seu contato visual com o Congresso é intenso. Ele está firme no controle do discurso. "Sociedades doentes não produzem... funcionários públicos capazes e dedicados como Jim Brady."

* * *

Quando Ronald Reagan fala seu nome, o secretário de Imprensa James Brady encontra-se em uma cama no Hospital da Universidade George Washington. Sua cabeça repousa em um ângulo de vinte graus, para aliviar a pressão no cérebro ferido.

Brady foi declarado morto pela imprensa depois que John Hinckley acertou um tiro no lado esquerdo de sua testa. Os relatos iniciais, no entanto, estavam equivocados. Neste momento, durante a fala do presidente, Jim Brady começa um processo de recuperação que irá continuar por toda a vida. A bala que o atingiu foi a única que explodiu com o impacto, espalhando fragmentos de metal em seu cérebro.

"O urso", como Brady se apelidou, estava em coma quando foi levado pelo Serviço Secreto para o Hospital da Universidade George Washington. Partes de seu crânio estavam faltando e seu cérebro era visível. Seus olhos estavam inchados e fechados, e sua respiração estava rápida, porém fraca. Nervos foram cortados pela passagem da bala e um coágulo de sangue estava se formando no cérebro.

A equipe de traumatologia cortou o terno azul de Brady e o jogou em um saco plástico debaixo da maca. Um cateter foi instalado, assim como tubos intravenosos para repor líquidos e sangue. Parecia ser tudo em vão. O cérebro de James Brady estava dramaticamente inchado, empurrando o tronco cerebral para fora, na base do crânio.

Brady teve sorte. A bala destruiu partes do cérebro que comandam as funções canhotas, poupando as áreas específicas para o comportamento destro. Ele foi ferido em uma hora do dia em que o hospital estava com sua equipe completa, que incluía um neurocirurgião. Isso tornou possível o socorro imediato.

Em dez minutos, a equipe médica estabilizou a condição de Brady.

Mesmo assim, às 17h13, com o rumor do estado delicado de Brady circulando, Dan Rather, da CBS News, disse ao país: "Agora foi confirmado que Jim Brady morreu."

Era novidade para Sarah Brady, que estava sentada com uma assistente social fora da sala de emergência.

Era também algo novo para o dr. Arthur Kobrine, que estava liderando a equipe cirúrgica e removendo pedaços de crânio de Brady para aliviar a pressão sobre o cérebro.

A operação foi um sucesso. Embora James Brady tenha continuado sofrendo no hospital, ele estava vivo. De maneira surpreendente, ele irá eventualmente recuperar grande parte de suas funções cerebrais. James Brady, o quarto descendente de irlandês baleado por Hinckley, foi forçado à aposentadoria. Durante todo o período de Reagan na

Ronald Reagan

presidência, a pessoa que ocupa o lugar de Brady será sempre conhecida como secretário de Imprensa "interino" em respeito a ele.

* * *

Ronald Reagan está quase terminando o discurso. "Sociedades doentes não produzem pessoas como nós, tão orgulhosos de nosso país e tão orgulhosos de nossos concidadãos."

Com essas palavras, Reagan deixa publicamente o assassinato para trás.

"Agora, vamos falar sobre como colocar os gastos e a inflação sob controle e também como cortar impostos."

* * *

Três meses depois, caminhando no Rose Garden, às 10h55, numa abafada manhã do verão de Washington, Ronald Reagan mostra que ele se recuperou do tiro — e que não é um homem para ser considerado levianamente.

"Às 7h de hoje", o presidente diz aos repórteres, "o sindicato que representa os controladores de tráfego aéreo convocou uma greve. Este foi o resultado de sete meses de negociações entre o sindicato e a Administração Federal de Aviação. A certa altura, foi firmado e assinado por ambas as partes a concessão de um aumento de 40 milhões de dólares em salários e benefícios. É o dobro do que outros funcionários do governo podem ganhar. Esse aumento foi concedido em reconhecimento às dificuldades inerentes ao trabalho que essas pessoas executam. Agora, porém, o sindicato exige dezessete vezes mais do que havia sido acordado — 681 milhões. Isso imporia sobre a população uma carga fiscal inaceitável."

Em Moscou, a liderança soviética assiste a esse discurso com muita atenção, mesmo que trate apenas de uma questão doméstica. Eles ainda não se convenceram a respeito da força de Ronald Reagan. Não sabem qual tipo de homem Reagan realmente é. Ele pode ter sobrevivido a uma tentativa de assassinato, mas até agora sua liderança não foi testada por uma crise política.

Pouco tempo depois da eleição conquistada por Reagan, os líderes da Organização de Controladores de Tráfego Aéreo exigiram um aumento salarial de 100%. Esses funcionários federais são responsáveis pela proteção do espaço aéreo dos EUA e vitais para a segurança nacional, pois os jatos militares dependem de sua orientação. Esse sindicato, junto com a organização dos caminhoneiros, foi um dos poucos que apoiaram Reagan durante a eleição. Reagan é solidário ao pedido de aumento. É demais, porém. Tanto dinheiro num momento em que ele está comprometido com a redução dos impostos é impossível.

Então Reagan dá um ultimato: "Se eles não comparecerem ao trabalho dentro de 48 horas, terão cometido uma penalidade e serão demitidos."

Treze mil controladores de tráfego aéreo estão em greve. O objetivo deles é deixar o país de joelhos, forçando Reagan a se render. Existe a ameaça de que ocorra uma catástrofe de grandes proporções, o que poderia destruir a aprovação pública do presidente.

É por isso que os soviéticos estão observando tão de perto a causa. Se Reagan recuar, eles saberão como negociar com ele no futuro.

Por compreender que é desafiado pessoalmente, Reagan está furioso com o sindicato, que passou dos limites. Ele pode até parecer afável e descontraído, mas tem um longo histórico de momentos em que resistiu firmemente em suas convicções. Para ele, não pode haver recuo agora. É como ele diz ao secretário de transportes Drew Lewis, citando as palavras de seu ídolo presidencial, Calvin Coolidge: "Não há direito de greve contra a segurança pública, por qualquer pessoa, em qualquer lugar e a qualquer momento."

Em desafio direto a Reagan, mais de 11 mil controladores de tráfego aéreo ignoram o aviso e continuam com os protestos. Quarenta e quatro horas depois, Reagan cumpre a promessa.

Eles são demitidos.

Todos eles.

"Sinto muito", Reagan diz à imprensa. "Sinto muito por eles. Eu não me sinto feliz com isso."

Mais tarde, Reagan vai refletir sobre esse dia com uma justificativa: "Acho que isso convenceu as pessoas que pensavam o contrário de que eu realmente falava sério."

Especialmente os soviéticos.

George Shultz, que servirá como secretário de Estado de Reagan, dirá que essa foi "a decisão de política externa mais importante que Reagan já tomou".

As brutais demissões enviam um sinal para todo o mundo: Ronald Reagan está de volta. E está apenas começando.

21

CÂMARA DOS COMUNS
LONDRES, INGLATERRA
3 DE ABRIL DE 1982
11h19

Margaret Thatcher está aterrorizada. Com o coração acelerado, e a aparência calma, a primeira-ministra britânica levanta-se para falar. Está impecavelmente vestida com um terno azul-escuro acompanhado por um colar de pérolas e brincos que são sua marca pessoal. O cabelo castanho-avermelhado de Thatcher, mantido no lugar por bastante spray, é desfiado para formar volume no alto da cabeça, como a juba de um leão. O presidente francês François Mitterrand gosta de dizer que Thatcher tem "os olhos de Calígula e a boca de Marilyn Monroe", em referência à sua astúcia e ao seu olhar excêntrico. Essas características estão muito evidentes hoje.

Thatcher se inclina para a frente com o queixo frágil e os olhos azuis em destaque. Pela primeira vez em quinze anos, o Parlamento se reúne no sábado. Ambos os lados da câmara estão preenchidos, com os membros eleitos sentados confortavelmente em assentos acolchoados em couro verde. Eles estão aqui para debater se a Grã-Bretanha irá à guerra. Há, ainda, outra questão em jogo hoje, uma que poucos nesta sala dirão em voz alta: a carreira política de Margaret Thatcher. Podem dizer o que quiser, mas ela está longe de ter um fim.

"Nós estamos aqui", Thatcher começa, "porque pela primeira vez em muitos anos, um território soberano britânico foi invadido por uma potência estrangeira."

E é tudo culpa de Thatcher.

Ainda ontem, as Malvinas, uma coleção de montanhas varridas pelos ventos de ilhas do Atlântico Sul, foram invadidas por centenas de soldados, infantaria e veículos blindados argentinos. A Grã-Bretanha controlava o território por quase 150 anos. Margaret Thatcher sabia que o governo militar argentino tinha ameaçado tomar as ilhas para desviar a atenção do público da miserável economia do país. Ela não levou a ameaça a sério, acreditando que as ilhas eram insignificantes e sem valor militar.

"Eu pensei que seria tão absurdo e ridículo invadir as Malvinas, que não achava que isso fosse acontecer", ela dirá a uma comissão de inquérito, acrescentando que "foi o pior momento de minha vida", quando percebeu que a invasão era iminente.[1]

Doze mil quilômetros distante de Londres, a bandeira britânica, conhecida como "Union Jack", não tremula mais ao vento do Atlântico Sul. Ela foi substituída pelo pavilhão de faixas em azul e branco da Argentina. Em resposta, a indignação patriótica ferve nas ruas da Grã--Bretanha — quase toda ela sendo dirigida a Thatcher. Em desespero, a Dama de Ferro buscou Ronald Reagan, pedindo que os Estados Unidos ajudassem a Grã-Bretanha a retomar as Malvinas. Seu colega líder mundial e sua alma gêmea ideológica recusa a ajuda. Reagan sugere que a Grã-Bretanha abandone suas reivindicações sobre as Malvinas. Ele vê as ilhas como um vestígio do passado colonial da Grã-Bretanha.

---

[1] Os argentinos chamam as ilhas de Malvinas e as reivindicam desde o século XIX, protestando contra a ocupação britânica em várias ocasiões desde então.

Reagan, porém, não enxerga todo o contexto. Trata-se de muito mais que as Ilhas Malvinas. Trata-se de resgatar o orgulho nacional num momento em que a situação global da Grã-Bretanha está afundando e a sua "relação especial" com os Estados Unidos é esmagadoramente desequilibrada em favor dos americanos. Permitir que uma nação como a Argentina, com um arrogante ditador militar, o general Leopoldo Galtieri, dite os termos da situação é impensável para a população britânica.

Não! Este é o momento para a guerra. Mesmo que Margaret Thatcher e a Grã-Bretanha tenham que ir sozinhas.

Thatcher é primeira-ministra por quase três anos, e suas políticas conservadoras estão rapidamente perdendo popularidade. A filha de um vendeiro parece ter esquecido as origens humildes.[2] Seu maior êxito se deu no corte de impostos para os ricos enquanto limitava certos serviços para os pobres. Até agora, ela tem mostrado pouco interesse nos assuntos externos e tem sido uma líder sem brilho, interna e internacionalmente. O estado de espírito de sua nação combina com seu desempenho sisudo. Com o nível de desemprego chegando a dois dígitos, o povo da Grã-Bretanha está derrotista e cético, muito distante do valente espírito de determinação que impulsionou a Grã-Bretanha na Segunda Guerra Mundial. Pesquisas de opinião mostram que, se houvesse uma eleição hoje, Margaret Thatcher iria perder para os adversários liberais de forma esmagadora.

---

[2] Thatcher nasceu como Margaret Roberts, na cidade de Grantham. Seu pai, Alfred Roberts, serviu como vereador da cidade, ministro leigo e prefeito de Grantham, além de possuir duas mercearias. Ele foi acusado em diversas ocasiões de tatear, acariciar e tomar outras liberdades sexuais contra suas jovens funcionárias. Isso foi um enredo de um romance satírico de 1937, chamado *Rotten Borough*. Alguns acreditam que essas acusações eram falsas, tendo sido espalhadas por adversários políticos de sua filha. Os pais de Margaret Thatcher não viveram para ver sua ascensão ao cargo de primeira-ministra. Alfred Roberts morreu em 1970; a mãe de Thatcher, Beatrice, morreu em 1960.

246   Bill O'Reilly e Martin Dugard

Mesmo assim, Thatcher não tem intenção de alterar seu modo de fazer política. "Eu não sou de voltar atrás", ela anunciou publicamente. "As pessoas se dispõem a fazer sacrifícios se souberem que esses sacrifícios são a base da prosperidade futura."

O secretário de Imprensa britânico Bernard Ingham descreverá Thatcher como "'macho' em um mundo de homens, determinada a moldar as pessoas embaixo do tapete; ela é feroz no argumento, não pedindo nem concedendo compaixão; impetuosa; reservada; inspiradora e totalmente dedicada, sendo tão dura quanto botas velhas".

Agora sua firmeza será violentamente testada. Olhando apenas superficialmente, Margaret Thatcher parece ser a pessoa inadequada para conduzir a Grã-Bretanha para a batalha. Mas ela deve fazer isso.

Com pouca oposição política, a Dama de Ferro lança um audacioso plano para reconquistar as Malvinas. Ordena que o chefe da Marinha, o almirante da frota Sir Henry Leach, prepare um ataque.[3] Em apenas um dia, uma armada de navios de guerra britânicos vai zarpar em direção às Malvinas.

* * *

Quatro dias após a força naval de Margaret Thatcher partir do sul da Inglaterra, Ronald Reagan caminha cuidadosamente para o mar do Caribe. Navios de guerra americanos estão ancorados perto dali. O oceano verde-azulado de Barbados está agitado, com ondas quebrando na praia. Reagan começa a nadar com cautela, sabendo que não está em plena forma. Já se passou quase um ano desde a alta hospitalar, depois da tentativa de assassinato. Parte da rotina de exercícios de

---

[3] Logo após o início da crise, Leach insistiu que Thatcher fizesse um rápido contra-ataque. "Se não o fizermos", Leach explicou à primeira-ministra, "ou se hesitarmos em nossas ações e não alcançarmos o sucesso completo, em mais alguns meses estaremos vivendo em um país diferente, onde as palavras contam pouco." Thatcher concordou.

Reagan inclui levantamento de peso e alongamento. Depois do breve nado, ele sai do mar, orgulhoso dos quilos de músculos que acrescentou aos membros superiores.

Há indícios, entretanto, de que a saúde de Ronald Reagan não é mais como costumava ser. Repórteres notaram, no início da semana, que ele estava completamente esgotado depois de apenas dois dias de reuniões com líderes do Caribe. E quando Reagan fez questão de se aventurar na água para um mergulho, ele estava ciente de que os fotógrafos estavam na praia registrando o momento. Sua sessão vigorosa de nado de costas e nado livre, tendo ao lado o guarda-costas do Serviço Secreto, foi curta.

Ronald Reagan caminha pela areia branca para perto de onde Nancy está com sua anfitriã, a ex-atriz de Hollywood Claudette Colbert.[4] Nancy usa um traje de banho verde e preto, sem alças, e um chapéu de palha. Já Colbert usa uma saída de praia branca. A atriz nadou esta manhã, preferindo trinta minutos de costas na piscina de sua propriedade, que batizou de Bellerive. O editor da *National Review* William F. Buckley Jr. e sua esposa, Pat, também acompanham Colbert e os Reagan para o almoço.

Apesar dos problemas mundo afora, o presidente considera que este é um dia de folga. Ele e Nancy viajaram para Barbados em missão oficial, mas o fim de semana foi programado para ser um momento de sol e descanso. Sua estada com Colbert e com os Buckley dura de meio-dia até perto da meia-noite. Primeiro, eles fazem um coquetel e, depois, um jantar com frango ao curry na sala de jantar de Colbert, que é toda em turquesa. Mais tarde, o

---

[4] A francesa Colbert nasceu Emilie Chauchoin. Ela é mais conhecida por seu papel ao lado de Clark Gable, na comédia *Aconteceu naquela noite*, de 1934, pela qual ela ganhou o Oscar de Melhor Atriz. Republicana conservadora convicta, Colbert morreu em Bellerive, Barbados, em 30 de julho de 1996. Ela vivia lá sozinha desde que o marido (de um casamento de 32 anos) faleceu aos 67 anos, em 1968. Ele era o cirurgião californiano Joel Pressman.

casal Reagan voltará para dormir em uma residência privada a 9 quilômetros de distância.

No entanto, as questões mundiais não desapareceram simplesmente porque Reagan está de folga. Esses navios de guerra ancorados à vista da residência de dois andares de Colbert são embarcações de comunicação da Marinha americana, junto com um navio-hospital de prontidão para cuidar de Reagan caso aconteça algo terrível novamente. O secretário de Estado Alexander Haig está em Londres, em reunião com Margaret Thatcher para tratar sobre as Ilhas Malvinas. Reagan está à espera de um relatório. Enquanto finge ser neutro, o presidente é um grande apoiador dos britânicos e tem pouca simpatia pelo ditador argentino Galtieri, a quem ele considera um bêbado. Reagan, no entanto, acredita que o líder argentino é um aliado na guerra contra o comunismo. Evidência disso pode ser encontrada no apoio militar e financeiro da Argentina a um grupo conhecido como Contras, que luta em oposição ao regime marxista na Nicarágua. Desde 1979, os Estados Unidos apoiam os Contras. É uma política que em breve vai levar ao maior escândalo da presidência de Reagan.

Há outra razão para Reagan adotar um tom de neutralidade na situação das Malvinas. A União Soviética corteja Galtieri, ameaçando se unir à Argentina no conflito contra os britânicos. Reagan não quer que isso aconteça, e por isso é cuidadoso em suas declarações públicas.

O relatório enviado de Londres pelo secretário de Estado Haig chegou à Sala de Situação da Casa Branca logo depois do almoço de Reagan, em Barbados. "A primeira-ministra está com a faca entre os dentes, por conta da política de uma nação unificada e de um parlamento raivoso", relata Haig. "Ela está claramente preparada para usar a força."

Reagan passa parte da tarde pensando em sua resposta. Ele finalmente escreve de volta a Haig pouco antes do anoitecer. O maior problema para o presidente não é a crise das Malvinas. É que ele ainda está no meio do processo de formulação da própria política externa. No primeiro ano no cargo, houve princípio de agitação na Polônia, troca de delicadas mensagens com a liderança soviética e uma escalada da crise entre Israel e Líbano, que ameaça florescer uma guerra em grande escala.

"O relatório de suas discussões em Londres deixa claro o quão difícil será nutrir um compromisso que dê a Maggie o suficiente para seguir em frente e, ao mesmo tempo, que satisfaça o critério de 'equidade' com os nossos vizinhos latinos", Reagan responde a Haig. "Não há muito espaço de manobra em relação ao posicionamento britânico."

Então, sabendo que suas palavras significam guerra, Ronald Reagan se veste para o happy hour.

* * *

Em 25 de abril, menos de três semanas depois da missão que partiu da Inglaterra, forças especiais britânicas e os Royal Marines retomam a ilha Geórgia do Sul.[5] O clima é terrível, uma combinação de ventania e neve. Dois helicópteros britânicos falham ao tentar resgatar um grupo de soldados que ficou encalhado em uma geleira. Relatos iniciais chegam a Londres indicando a perda de dezessete soldados britânicos. Thatcher chora com a notícia. Horas mais tarde, ela será informada de que todos os homens sobreviveram. A ilha Geórgia do Sul é tomada sem nenhuma baixa. "Alegrem-se!", ela exorta os cidadãos da Grã-Bretanha, conforme as notícias chegam. "Alegrem-se!"

---

[5] Explorada pela primeira vez em 1775, pelo capitão britânico James Cook, Geórgia do Sul foi batizada em homenagem ao rei George III e se tornou um protetorado britânico desde então. A remota ilha ganhou fama em 1916, quando o navio *Endurance*, do explorador do Ártico Ernest Shackleton, foi esmagado pelo gelo. Ele conseguiu salvar a vida de sua tripulação ao pilotar um pequeno barco pelo oceano Antártico, chegando à segurança de um porto baleeiro de Geórgia do Sul. Quando morreu, em 1922, Shackleton foi enterrado na Geórgia do Sul. De forma pungente, um dos navios britânicos envolvidos na retomada da ilha em 1982 é uma embarcação moderna também batizada como *Endurance*.

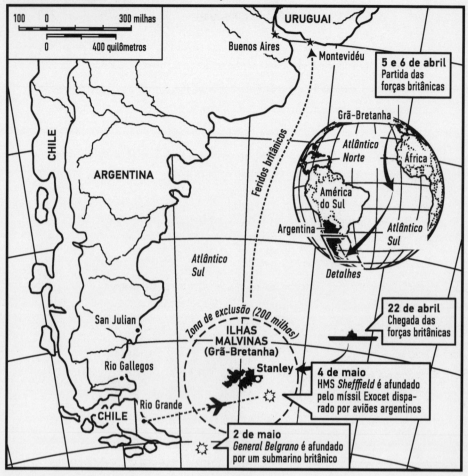
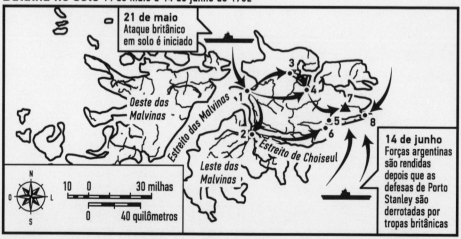

Os argentinos, porém, estão determinados. Mesmo com o desenrolar da grande e assustadora invasão britânica, eles ainda controlam Stanley, a principal cidade das ilhas. O presidente da Argentina, assim como a Grã-Bretanha, está mergulhado no fervor patriótico. Galtieri, um ex-engenheiro de combate de cabelos grisalhos, se recusa a recuar. Ele está no cargo há apenas quatro meses, e esse teste pode significar seu maior triunfo — ou a sua destruição política.

Em 30 de abril, os britânicos estabelecem uma "zona de exclusão total" ao redor das Malvinas. Qualquer navio dentro de um raio de 370 quilômetros das ilhas será considerado navio de guerra e estará sujeito a ataque imediato. Três dias depois, com a categórica aprovação de Margaret Thatcher, o cruzador argentino *General Belgrano* é afundado por um torpedo britânico. Os dois navios de escolta não permanecem para resgatar os sobreviventes e fogem covardemente para o continente. Trezentos e vinte e três marinheiros são mortos nas águas geladas do Atlântico Sul.

Dois dias depois de *General Belgrano* ter ido para o fundo do mar, a Argentina tem sua vingança. O HMS *Sheffield* é parte de uma força-tarefa britânica que patrulha uma área de 110 quilômetros em torno das Malvinas. O navio é conhecido como "Brilhante Sheff", por conta dos acessórios em aço inoxidável polido. Ele é um contratorpedeiro do tipo 42, sendo um dos mais modernos do mundo.

Às 7h50 de 4 de maio, um avião de patrulha argentino identifica o *Sheffield* no radar. Duas horas depois, dois aviões de combate *Super Etendard* decolam de uma base aérea argentina no extremo da América do Sul. Armados com mísseis Exocet, de fabricação francesa, os jatos miram o desavisado *Sheffield*.

Pilotam os aviões o tenente Armando Mayora e o capitão-tenente Augusto Bedacarratz. Eles são cuidadosos ao se aproximar do navio, voando a poucos metros acima do oceano, para evitar ser detectados.

Apesar da discrição, os operadores de radar a bordo do porta-aviões HMS *Invincible* identificam as aeronaves quando estavam a 290 quilômetros de distância. Mas a frota britânica experimentou uma série de alarmes falsos nos últimos dias, identificando aviões em lugares onde eles não existiam. O oficial-chefe da aparelhagem eletrônica do *Invincible* ignora a observação, dizendo aos operadores de radar que eles estão "caçando fantasmas". Nenhum alerta é enviado ao *Sheffield* ou a qualquer outro navio britânico nas proximidades.

A bordo do *Sheffield*, a situação é tranquila. A tripulação não está a postos para combate e os oficiais do navio estão conversando com seus superiores, em Londres, por meio de um telefone via satélite. Interferências eletromagnéticas do telefone interferem com o radar Tipo 965 do navio, tornando-o inútil.

Enquanto isso, os dois aviões argentinos voam a 19 quilômetros do *Sheffield* antes de lançar os mísseis Exocet. Os pilotos Mayora e Bedacarratz disparam e depois se separam, para evitar ser detectados. Foguetes propulsores impulsionam os mísseis um segundo após o lançamento. Os mísseis voam a apenas 2 metros acima do Atlântico e avançam na direção do navio desavisado a uma velocidade de 1.100 quilômetros por hora.

"O mar estava bastante calmo", recordou mais tarde o subtenente britânico Steve Iacovou. "Nós estávamos olhando para ele quando eu pensei ter visto um torpedo, pois o mar ficou brilhante e agitado."

Sem tempo para tomar medidas defensivas, a tripulação se protege. Uma mensagem ligeira é transmitida para todo o navio: "Ataque de mísseis. Vai acertar o convés!"

Um Exocet cai inofensivamente no mar.

O outro não.

O míssil perfura o casco do *Sheffield* a estibordo. Rapidamente, um buraco de quase 4 metros permite que a água do mar entre na embarcação. Felizmente para os homens do *Sheffield*, o míssil falha, e a ogiva de 165kg não explode. No entanto, as chamas do foguete propulsor inflamam tudo que encontram pelo caminho. O óleo diesel que está armazenado na parte da frente da Sala Auxiliar de Máquinas pega fogo, espalhando espessas nuvens de fumaça negra e acre. O calor é tão intenso que todos os esforços para lutar contra o fogo são em vão. O incêndio toma conta de tudo sem piedade, asfixiando e carbonizando todos que ficaram presos embaixo do convés. Surpreendentemente, o *Sheffield* permanece flutuando, e a tripulação se esforça para conduzi-lo até um porto. A ordem para abandonar o navio é dada seis dias mais tarde, e o navio vazio é rebocado para o porto. O *Sheffield* torna-se o primeiro navio britânico afundado em combate desde a Segunda Guerra Mundial.

"Vinte pessoas morreram entre oficiais e recrutas", diz o relatório oficial. "Algumas pessoas na área da cozinha foram mortas com o impacto."

Essa mensagem é lida em voz alta para a Câmara dos Comuns às 22h56 em 4 de maio. Margaret Thatcher senta-se com a cabeça abaixada no momento em que o secretário de Defesa britânico John Nott dá aos membros do Parlamento a triste notícia. A perda de um navio é o que ela mais temia. E isso foi exatamente o que aconteceu.

A primeira-ministra não expõe suas emoções até o momento em que retorna a sua residência oficial, na Downing Street, número 10, onde sucumbe. Margaret Thatcher chora. Ir à guerra foi fácil. É devastador saber, no entanto, que suas decisões custam a vida de jovens, e que mães em toda a Grã-Bretanha estão recebendo a notícia de que perderam um filho. O próprio filho Mark, de 22 anos, e o marido, Denis, tentam confortar Thatcher na sala de estar da residência oficial enquanto ela soluça.[6]

---

[6] Versão britânica da Casa Branca, a Downing Street, número 10, é a residência oficial e o local de trabalho da primeira-ministra. Apresentando-se relativamente modesta do lado de fora, ela possui mais de cem quartos e escritórios, juntamente com os alojamentos do terceiro andar. Originalmente, era uma coleção de três casas construídas por Sir George Downing em 1682. Foi usada pela primeira vez pelo governo em 1732, por Sir Robert Walpole, e está a uma curta distância do Parlamento, do Palácio de Buckingham e de Trafalgar Square.

"Por que toda essa inquietação?", Denis pergunta abruptamente enquanto a primeira-ministra continua a chorar. Ele não gosta de ter se casado com uma mulher que é política, tendo sofrido um colapso nervoso e abandonado Margaret por dois meses no início de sua carreira. Amante de riso e bebida, Denis não tinha certeza de que iria se divorciar de Thatcher ou se permaneceria casado com essa mulher viciada em trabalho, cujos cabelos são crespos e os dentes lembram os de um coelho. E ela ainda fala em política sem parar. No final, ele voltou para casa. Mas Denis Thatcher não é de medir as palavras. "Quando há uma guerra, você não pode esperar que coisas boas aconteçam o tempo todo."

* * *

Na manhã seguinte, a Dama de Ferro fica chocada ao receber uma mensagem de Ronald Reagan, que mais uma vez sugere aos britânicos considerar a entrega das Malvinas aos argentinos. Reagan acredita que o conflito não vale o alto preço que está sendo pago.[7]

O luto de Margaret Thatcher é substituído pela raiva. Soldados e marinheiros britânicos estão morrendo por causa de suas decisões. Outras centenas estão sendo feridas. Em uma resposta mordaz, ela deixa uma coisa muito clara: a Grã-Bretanha não vai recuar.

Os homens do *Sheffield* não morreram em vão.

* * *

É Memorial Day em Washington, DC. Ronald Reagan começou o dia no Cemitério Nacional de Arlington, prestando homenagens aos

---

[7] Entre os poucos países que apoiaram a Grã-Bretanha estavam a Irlanda, a Nova Zelândia e o vizinho antagonista da Argentina, o Chile.

muitos americanos que perderam as vidas na guerra. Agora, ele faz uma ligação para Margaret Thatcher.

"Margaret?"

"Sim, Ron?"

"Você me ouve bem?"

"Nós o escutamos muito bem. Você pode me ouvir?"

"Sim, parece que tem um pouco de eco, acho que é a linha que estamos usando."

Ronald Reagan e Margaret Thatcher conversam por uma linha exclusiva que conecta a Casa Branca com a Downing Street, número 10 — o endereço oficial de Thatcher. São 18h03 em Washington, perto da meia-noite em Londres. Depois do desastre do *Sheffield*, outros quatro navios britânicos foram afundados, incluindo o HMS *Coventry*, navio irmão do *Sheffield*. Mais de duas centenas de militares britânicos perderam a vida em terra e no mar, mas as tropas de Thatcher retomaram com sucesso muitas partes das Malvinas. A guerra não vai terminar até que os britânicos reconquistem a capital Stanley.

"Eu poderia me impor, ser presunçoso e dar-lhe algumas opiniões agora sobre a situação das Malvinas?", pergunta o presidente Reagan.

"Sim, claro", Thatcher responde em tom seco.

"Eu quero felicitá-la pelo que você e seus jovens homens estão fazendo lá embaixo. Você aceitou grandes riscos e mostrou que a agressão gratuita não compensa."

Thatcher agradece o presidente e, em seguida, escuta silenciosamente o plano de Reagan que põe em prática o cessar-fogo para evitar a "completa humilhação argentina". Ele anseia por uma retirada das tropas britânicas para que seja mantida a força de paz das Nações Unidas. Thatcher não é adepta dessa ideia.

"Pense na suposição de que o Alasca fosse invadido", ela diz furiosamente.

"Não acho que o Alasca seja uma situação parecida."

"Mais ou menos", Thatcher responde, não recuando nem 1 centímetro.

"Sempre foi de meu entendimento que você se preparou no passado para oferecer independência às ilhas."

Com isso, Reagan diz a última frase completa que vai conseguir falar nessa conversa. Apesar do tom de civilidade, e do reconhecimento de que a Grã-Bretanha é o parceiro mais fraco nessa "relação especial", Margaret Thatcher não é intimidada por Ronald Reagan. No momento em que ela fala, britânicos feridos estão começando uma longa viagem de volta à Grã-Bretanha. Alguns mutilados, outros gravemente queimados, eles levarão as marcas da Guerra das Malvinas pelo resto da vida. Margaret Thatcher sente a carga emocional do sacrifício que eles fizeram e também daqueles que morreram. Ela dorme pouco desde o início da guerra. O escritório oficial da primeira-ministra fica a dezessete degraus de seu apartamento privado. Ela sobe a escada todas as noites para ouvir a *BBC World News* na companhia de sua assistente pessoal, Cynthia Crawford. Para Thatcher, que é viciada em trabalho, Crawford é a pessoa mais próxima de uma amizade real. Crawford vai se lembrar disso dizendo: "Costumávamos sentar no chão do quarto — o aquecimento principal havia parado de funcionar e foi instalado um pequeno aquecedor elétrico no quarto —, tirar os sapatos e relaxar... Thatcher ficou três meses sem dormir, tirava pequenas sonecas apenas. Ela foi incrivelmente forte e determinada sem jamais mostrar fraqueza."

Depois de tantas noites de angústia, Margaret Thatcher não tem nenhuma intenção de ceder às sugestões de Ronald Reagan ou de qualquer organismo internacional de paz. Ela não é uma mulher que gosta de conversa fiada, e o senso de humor é tão seco que a maioria das pessoas não o entende. Em uma palavra: Margaret Thatcher é uma mulher *séria*.

E deixa suas intenções muito claras para o presidente dos EUA.

"Ron, eu não vou entregar a ilha", diz. "Eu não posso perder a vida e o sangue de nossos soldados e entregar as ilhas por causa de um comunicado. Isso não é possível." E continua: "Você não pode me pedir, Ron... Depois de perdermos alguns de nossos melhores jovens, você não está me pedindo que, após a retirada da Argentina, nossas forças e nossa administração fiquem subitamente paradas? Eu tive que mobilizar metade do país e percorrer enormes distâncias. Eu tive que fazer tudo isso."

"Sim", diz Reagan antes de Thatcher cortá-lo.

Ela então se lança em um longo discurso sobre os direitos territoriais da Grã-Bretanha. Eles possuem uma amizade forte o bastante para suportar essa discordância, por isso ela discursa sem receios.[8]

"Margaret..." Reagan diz, tentando falar alguma coisa.

"Bem...", ele tenta novamente.

"Sim..."

"Sim, bem..."

"Esse é o motivo, Ron", conclui Thatcher. Ela nunca se deixa intimidar, ao contrário de muitos políticos. É implacável ao argumentar. "Nós estamos suportando todo esse peso sozinhos... perdemos alguns de nossos melhores navios por causa dessas sete semanas que os argentinos se recusaram a negociar em termos razoáveis."

"Margaret, me desculpe por me intrometer", Reagan diz antes de desligar.

"Você não se intrometeu. E eu fico contente com sua ligação."

Margaret Thatcher desliga o telefone. Duas semanas mais tarde, Stanley cai e a Argentina se rende. "Ela precisou de coragem para fazer o que fez — essa é sua maior qualidade — e mereceu apoio de outros partidos", comenta o líder liberal britânico David Owen. "A

---

[8] "Eles discordaram sobre as Ilhas Malvinas, mas isso não feriu a amizade deles", recordou Nancy Reagan.

determinação pessoal de Thatcher fez toda a diferença entre a vitória e a derrota." Owen continuou: "Thatcher não teria permanecido primeira-ministra se as forças do general Galtieri não fossem expulsas das Malvinas."

Com a guerra, a primeira-ministra britânica emergiu como força global.

A Grã-Bretanha, como ela sugeriu, se alegra.

22

SALÃO OVAL DA CASA BRANCA
WASHINGTON, DC
15 DE ABRIL DE 1983
9h57

Ronald Reagan se esforça para ouvir o que dizem enquanto preside a reunião da manhã com os redatores. A idade começa a cobrar um preço. Enfraquecido fisicamente desde a tentativa de assassinato, ele continua surdo do ouvido direito. O esquerdo é apenas um pouco melhor. Reagan tenta manter isso em segredo, nem todos na sala estão cientes de que a audição do presidente está prejudicada.

Sentado em uma cadeira de cor creme de costas para a lareira, Reagan cruza as pernas e finge ouvir a equipe de seis pessoas que está acomodada em dois sofás no centro da sala. Eles estão lá para discutir os próximos compromissos do presidente, mas a acústica ruim do Salão Oval torna difícil para Reagan entender o que é dito. Para piorar as coisas, os três homens e as três mulheres muitas vezes falam ao mesmo tempo.

Olhando em silêncio, Reagan tenta acompanhar a conversa, lendo os lábios e observando a linguagem corporal para ver se alguma pergunta é direcionada a ele. A reunião é rápida e eficaz, e dura apenas quinze minutos. Durante as reuniões políticas mais longas com os principais assessores, Reagan se tornou conhecido por se entediar facilmente, desistindo de todas as tentativas de acompanhar a reunião e passando o tempo rabiscando num bloco amarelo. Esse pode não ser o comportamento normal da maioria dos presidentes, mas aos 72 anos Reagan sabe que deve manter a energia cuidadosamente em ordem para usá-la em dias mais importantes.

Hoje, por exemplo, começou com o café da manhã. Ele fez a refeição com Nancy na residência do segundo andar, comendo o habitual farelo de cereais, torradas e café descafeinado. Depois, ele se despediu de Nancy com o entusiasmo habitual, abraçando-a como se fossem ficar meses sem se encontrar. O presidente, em seguida, pegou o elevador até o primeiro andar, onde foi recebido por agentes do Serviço Secreto. Caminhou até a porta blindada do Salão Oval, passando pela colunata do lado oeste, onde começou a sua jornada de trabalho.

Depois de uma série de reuniões matinais, Ronald Reagan terá um almoço formal com o chanceler Helmut Kohl, da Alemanha Ocidental, para discutir a crescente ameaça soviética.

Por volta das 14h30, ele terá concluído sua agenda. Como é sexta-feira, os Reagan viajarão a Camp David para passarem o fim de semana. O momento da partida, no entanto, está sempre sujeito a alterações. Tal como acontece com todos os planos de viagem do presidente, um astrólogo que vive em San Francisco deve primeiro dar sua aprovação. Nancy Reagan paga secretamente 3 mil dólares por mês para a socialite Joan Quigley, de 56 anos, para que ela dê orientação astrológica. Nancy continua extremamente supersticiosa, certificando-se de dormir com a cabeça voltada para o norte e batendo na madeira constantemente. Mas sua dependência por Quigley é muito mais profunda. Alguns poucos membros da equipe da Casa Branca sabem que a astróloga de Nancy controla grande parte da agenda do presidente.

Para garantir que os operadores da Casa Branca não escutem suas conversas, Nancy tem uma linha privada na Casa Branca e outra em Camp David, conectando-a diretamente com a astróloga. "Sem a sua aprovação", escreve o vice-chefe de gabinete Michael Deaver, "o avião presidencial, o Air Force One, não decola."

Há um item tão insignificante na agenda de hoje que Quigley nem sequer chegou a ser consultada. Nem mesmo a assistente pessoal de Ronald Reagan, Kathy Osborne, tinha colocado esse item na programação do dia. Em algum momento, Reagan assinará um decreto designando 10 a 16 de abril a Semana Nacional de Saúde Mental. O objetivo é "buscar e promover melhor compreensão dos transtornos mentais" e trazer "esperança para os doentes".

* * *

A 12 quilômetros dali, no sudeste de Washington, DC, John Hinckley descobre que pode valer a pena ser doente mental. Em vez de sofrer uma punição severa pela tentativa de assassinato do presidente e pelo quase assassinato de três outros homens, Hinckley foi considerado inocente de todos os crimes por razões de insanidade. Assim, ele passa os dias no Hospital St. Elizabeth, uma clínica construída em tijolos de um século atrás. Lá, Hinckley tem uma vida tranquila. Ele mora no quarto andar, come no refeitório, participa de sessões de terapia, usa a piscina, toca guitarra e assiste a TV. Ele pode ouvir qualquer música, e o cabelo continua longo e despenteado. Não há algemas nos pulsos ou tornozelos. A única diferença significativa entre esta vida e a anterior é que Hinckley não pode mais viajar impulsivamente. Os problemas com dinheiro também são coisa do passado.

Surpreendentemente, Hinckley ainda deseja Jodie Foster. Em uma carta bizarra ao *New York Times*, ele diz: "Minhas atitudes em 30 de março de 1981 deram um significado especial à minha vida, e nenhum tempo de prisão ou hospitalização pode manchar meu ato histórico. O tiroteio fora do hotel Washington Hilton foi a maior prova de amor na história do mundo. Eu me sacrifiquei e cometi o maior crime de todos na esperança de ganhar o coração de uma garota. Foi uma demonstração sem precedentes. Mas será que o público americano reconhece o que eu fiz? Será que Jodie Foster reconhece o que eu fiz?"

Hinckley continua: "Eu sou Napoleão e ela é Josefina. Eu sou Romeu e ela é Julieta. Eu sou John Hinckley Jr. e ela é Jodie Foster. O mundo não é bom o bastante para nós."

* * *

Ironicamente, uma das primeiras coisas que Ronald Reagan fez quando se tornou presidente foi cortar o financiamento federal para o tratamento de doenças mentais, reduzindo o orçamento do Instituto Nacional de Saúde Mental e revogando a Lei de Sistemas de Saúde Mental de 1980. No entanto, conforme a definição de deficiência mental cresce ao longo do tempo para incluir não apenas os sinais insanos ou psicóticos como os que apresenta John Hinckley, mas também aqueles cujas faculdades são diminuídas pela idade, pode ser que o próprio presidente seja enquadrado nesse espectro. O *New York Times* relatou, ainda em 1980, que a sua "propensão a declarações contraditórias, esquecimento de nomes e distração geral" foram consideradas por alguns como um sinal de mal de Alzheimer. Esta forma muito específica de demência é apresentada pela confusão, dificuldade de pensamento e de fala.

De fato, Ronald Reagan pode ser perspicaz. Frequentemente, ele diverte a todos, usando gírias e fazendo piadas em suas apresentações. Em outras ocasiões, o presidente se perde no meio da história. Às vezes, ele conta algo sobre um evento de sua vida, mas se confunde com um papel de algum filme que rodou. Sua equipe gosta de dizer que Reagan "tem dias bons e dias ruins", e eles sabem que o presidente tende a pensar de forma mais lenta à noite. Além disso, Reagan desenvolveu um "tremor determinante" — um ligeiro tremor nas mãos e um pequeno tique com a cabeça. Apesar dessas coisas não representarem um sinal de comprometimento cerebral, elas irão piorar com a idade.

Ronald Reagan admitiu aos jornalistas que sua mãe morreu de "senilidade" e disse que se tal condição vier a afetá-lo, ele vai renunciar ao cargo de presidente dos Estados Unidos.

Hoje os redatores se levantam das cadeiras às 10h10 e saem do Salão Oval. Nenhum deles sugere que Ronald Reagan está senil.

Ou que ele deve renunciar.

Pelo menos não por ora.

23

SALA DE SITUAÇÃO DA CASA BRANCA
WASHINGTON, DC
26 DE OUTUBRO DE 1983
13h28

A ajuda chegou. Ronald Reagan usa um aparelho auditivo de última geração, que lhe permite ouvir a voz do outro lado da linha transatlântica com clareza.[1]

"Aqui fala Margaret Thatcher."

A primeira-ministra dispensou um debate parlamentar para atender a chamada de Reagan. A Dama de Ferro, assim como a mãe de Reagan, acabará por viver os últimos doze anos da vida em estado de demência.

A confusão mental, no entanto, está dezessete anos à frente.

Neste momento, Margaret Thatcher está absolutamente furiosa.

Ontem, por ordem de Reagan, tropas americanas invadiram a ex--colônia britânica de Granada — uma ilha localizada no sul do Caribe. Em 19 de outubro, guerrilheiros marxistas derrubaram o governo, e

---

[1] Reagan começou a usar um aparelho auditivo no ouvido direito em setembro de 1983. Dois anos depois, passou a usar também no ouvido esquerdo.

há temores de que os novos líderes granadinos estão alinhados com Fidel Castro. O ditador cubano tenta há tempos espalhar o comunismo em todo o hemisfério ocidental. No mesmo dia em que Reagan conversa com Thatcher, acontecem guerras civis na Nicarágua e em El Salvador. Sob o pretexto de que oito centenas de americanos que frequentam uma escola médica em Granada estão em risco, 8 mil militares americanos (entre soldados de elite e fuzileiros navais) invadiram a ilha.[2] A popularidade de Reagan entre os eleitores americanos está subindo, e o presidente tem apoio bipartidário no Congresso para essa ousada ação.

Infelizmente, Ronald Reagan não chegou a informar o governo de Thatcher sobre o ato. Na verdade, seus assessores disseram ao secretário de Relações Exteriores da primeira-ministra que não aconteceria um ataque. A informação foi, em seguida, retransmitida à imprensa britânica. Nas horas que antecederam o ataque americano, Thatcher tentou telefonar ao presidente para manifestar-se contra a ação militar, mas disseram que ele não estava disponível naquele momento.

Ronald Reagan mentiu para os britânicos, e agora Thatcher quer uma explicação.

"Se eu estivesse lá, Margaret, eu jogaria o chapéu antes de tomar uma atitude",[3] o presidente diz timidamente, pedindo desculpas.

"Não há necessidade disso", responde Thatcher em um tom calmo mas firme. Ela sabe que não deve se opor ao presidente americano,

---

[2] Há evidências de que a invasão foi planejada com muita antecedência ao golpe. O regime derrubado foi também pró-Cuba. Desde 1979, os Estados Unidos procuraram desestabilizar Granada, desencorajando o turismo americano e oferecendo pouca assistência econômica. A administração Reagan agravou as tensões, incitando o Banco Mundial a bloquear o financiamento de Granada. Em agosto de 1981, as tropas americanas simularam uma invasão a Granada na ilha porto-riquenha de Vieques.

[3] Reagan está fazendo alusão ao antigo costume irlandês de jogar um chapéu pela porta antes de entrar, para saber se o visitante é bem-vindo. Mais tarde, o costume foi adaptado no oeste americano, sendo criado o hábito de jogar um chapéu através de uma porta, para verificar se isso atrairia tiros.

pois há muita coisa em jogo. O presidente soviético Leonid Brejnev morreu há quase um ano, e desde então a Guerra Fria se intensificou. O nível da ameaça de guerra nuclear entre os Estados Unidos e a União Soviética, agora liderada pelo ex-espião soviético Yuri Andropov, está no ponto mais alto dos últimos vinte anos. Os mísseis nucleares americanos na Alemanha Ocidental estão apontados para Moscou, assim como os foguetes móveis soviéticos na Alemanha Oriental estão direcionados aos aliados dos Estados Unidos na Europa, incluindo a Grã-Bretanha. Para combater essa ameaça, Thatcher faz lobby para que os mísseis de cruzeiro americanos (conhecidos como Tomahawk) sejam instalados em seu país. A opinião pública na Grã-Bretanha é fortemente contra a ideia. Agora, no momento em que a relação Reagan-Thatcher precisa ser mais forte do que nunca, a fim de enfrentar o novo regime soviético, os britânicos estão sendo tratados como impotentes vassalos dos americanos.

"Lamentamos muito o constrangimento causado a você", diz Reagan em tom suave, um traço do aprendizado em seus anos de trabalho no rádio. "Estávamos muito preocupados, devido a um problema nosso — e não de sua parte, mas nosso. Tivemos aqui um problema persistente com uma fonte, com um vazamento. E também tivemos problemas de monitoramento — sem que eles soubessem — do que estava acontecendo em Cuba, para termos certeza de que chegaríamos à frente deles se estivessem tentando alguma coisa — e, de fato, estavam fazendo movimentos experimentais. Eles enviaram algum tipo de comando a Granada."

"Eu sei como isso é sensível", Thatcher responde, fazendo alusão à sua experiência durante a crise das Malvinas. "A ação está em curso agora, e nós esperamos que ela seja bem-sucedida."

"Temos certeza de que será. Está indo muito bem."

"Vamos esperar que acabe logo, Ron, e que você consiga ter a democracia restaurada", ela responde em tom frio.

"Achamos que a parte militar vai acabar muito em breve."

"Isso será muito, muito bom. E se voltarmos a uma democracia será maravilhoso."

"Como eu disse, estou muito triste por qualquer constrangimento que tenhamos lhe causado."

"Foi muito gentil de sua parte ter ligado, Ron."

"O prazer é meu."

"Eu agradeço. Como está Nancy?"

"Está bem."

"Que bom. Mande lembranças minhas."

"Mandarei."

"Preciso voltar para um debate na Câmara. É algo meio complicado." O debate é um ataque indiscriminado contra Thatcher direcionado por seus inimigos do Partido Trabalhista — tudo por causa da situação em Granada.

"Tudo bem. Acabe com eles. Coma todos vivos."

"Tchau."

* * *

Ronald Reagan pode ter conseguido acalmar Margaret Thatcher, embora novos problemas continuem aparecendo no mundo inteiro. Enquanto as forças americanas arrancavam os marxistas de Granada, os Estados Unidos estavam sendo vítima de uma nova forma de guerra: o terrorismo.

São 6h22 de 23 de outubro de 1983. É uma calma manhã de domingo em Beirute, Líbano, com o sol nascendo ao leste do mar Mediterrâneo. O local é próximo das montanhas Chouf. Os soldados americanos acabaram de acordar em suas barracas, que estão instaladas em quatro andares do Aeroporto Internacional de Beirute. O Primeiro Batalhão e o Oitavo Regimento de Fuzileiros Navais são parte de uma força de paz internacional enviada para a antiga "Paris do Oriente Médio" — a antiga, bonita e culta cidade que agora foi reduzida a escombros depois de anos de luta. Os antagonistas são libaneses, israelenses, a Organização para a Libertação da Palestina e um grupo apoiado pelo Irã, conhecido como Hezbollah. A sectária luta pelo poder no Líbano é caótica e violenta.

O corpo de fuzileiros navais americanos tem um passado glorioso, tendo se tornado notável em famosas batalhas como as de Guadalcanal e Saipan. Hoje, no entanto, eles não são os agressores.

Do lado de fora do quartel, um caminhão Mercedes amarelo aproxima-se da estrutura apelidada de Beirute Hilton, acessando o local por uma estrada próxima. O caminhão vira e entra no estacionamento em frente ao edifício. À primeira vista, o veículo parece inofensivo, mesmo quando manobra dentro do lote, fazendo uma volta no sentido anti-horário. Uma barreira de 1,5 metro de arame farpado separa o caminhão do complexo militar. Uma cerca de ferro forjado um pouco maior também serve de barreira. Logo depois da cerca existe uma guarita, rodeada por sacos de areia, onde fuzileiros armados guardam a principal entrada do quartel.

Seis meses antes, no centro de Beirute, um iraniano suicida jogou um caminhão de entregas carregado de explosivos contra a embaixada dos EUA. A explosão matou 63 pessoas. Entre elas estavam importantes agentes de inteligência.

Os guardas observam o Mercedes. Eles estão esperando para esta manhã um caminhão de abastecimento de água potável. Por essa razão, não se colocam em alerta máximo. A missão dos fuzileiros em Beirute é ajudar a estabilizar o governo libanês depois de anos de guerra civil. Várias facções cristãs e muçulmanas estão lutando pelo controle do Líbano e todas veem os Estados Unidos como um obstáculo para o sucesso. Esses homens já se envolveram em diversos conflitos infernais com insurgentes armados — alguns tão assustadores que até mesmo os veteranos do Vietnã afirmaram que nunca viram nada tão intenso. Mesmo assim, eles devem respeitar a ideia de que só podem disparar suas armas como último recurso.

Então, por causa das regras de combate, as armas dos sentinelas estão descarregadas na manhã desse domingo. Efetivamente, eles precisam pedir permissão a seus superiores caso queiram usar munição real.

O caminhão não é inofensivo. Ao contrário, carrega o equivalente a 9 mil quilos de dinamite. Os explosivos estão enrolados em cilindros de butano, para aumentar a força da explosão.

De repente, sem qualquer aviso, o motorista do caminhão acelera na direção dos rolos de arame farpado que cercam o complexo. O arame se rompe e o caminhão avança mirando a cerca de ferro, que foi deixada aberta para permitir que os veículos circulassem livremente. Os jovens soldados na guarda tentam freneticamente municiar suas M16, mas o caminhão vem em alta velocidade. Em poucos segundos, o motorista atravessa o portão, passa pela guarita e se aproxima das instalações do quartel. Um valente fuzileiro abre fogo, enquanto outro se joga na frente do caminhão, sem sucesso.

Em seguida, o "mártir", como o Irã um dia proclamará esse assassino, explode o caminhão. Uma enorme bola de fogo engole o quartel. Uma cratera de quase 10 metros de largura e 12 de profundidade é aberta no local da detonação. Todo o prédio do Beirute Hilton entra em colapso. Corpos voam pelo ar — alguns caem a 50 metros do edifício.[4]

É uma explosão tão grande que o FBI dirá que se tratou da maior bomba não nuclear da história. Os 241 militares americanos mortos representam o maior número de baixas em um único dia desde o

---

[4] Um segundo homem-bomba atingiu um complexo militar francês nas proximidades, matando 58 paraquedistas franceses e mais seis civis.

início da Ofensiva do TET há quinze anos. Quando as equipes de resgate tentaram retirar os militares que se feriram, atiradores terroristas dispararam contra eles.

A violência em Beirute marca a primeira prática de terror em larga escala de facções muçulmanas contra os Estados Unidos. Não é a última. Dois meses depois, a embaixada americana no Kuwait será alvo de um ataque de homem-bomba. E daqui a seis meses, o chefe da CIA em Beirute, William Buckley, se tornará o quarto dos trinta americanos de alto escalão sequestrados por extremistas muçulmanos, no Líbano.

* * *

Em 16 de março de 1984, Buckley, de 55 anos, entra no elevador de seu apartamento em Beirute, no décimo andar, para descer até a garagem do edifício Al-Manara. Faltam alguns minutos para as oito da manhã. O espião de carreira mora sozinho e acabou de terminar a refeição matinal com café e cereais, acompanhado por uma gravação de Dean Martin, que canta "Return to Me". Algemada em seu pulso está uma bolsa lacrada da CIA, contendo documentos secretos — e sanduíches que ele preparou para o almoço.

No andar de baixo, um homem bem-vestido carregando uma pasta de couro entra no elevador e desce à garagem sem falar nada, na companhia de Buckley. De repente, o chefe da CIA sente uma pancada na parte de trás da cabeça. A pasta do agressor está cheia de pedras e o funcionário americano desaba no chão. Um Renault branco, com dois homens, imediatamente encosta em frente ao elevador. Buckley é arrastado até o banco de trás do carro. Os sequestradores sentam sobre ele. O carro acelera com tanta pressa que uma das portas de trás ainda está aberta.

Em poucas horas, a CIA toma conhecimento que o chefe em Beirute está desaparecido. Logo depois, os sequestradores capturam sua rede de espiões e informantes dentro do Líbano. Eles matam um por um. Isto atesta para a CIA que Buckley foi torturado e acabou cedendo. Somente em 7 de maio, quase sete semanas depois, os agentes americanos deparam com o horror da situação. Uma fita de vídeo é entregue anonimamente à embaixada americana, em Atenas, mostrando Buckley nu e sob tortura. Hematomas nos pulsos e no pescoço indicam que ele foi amarrado com uma corda ou corrente. Os analistas que estudam o vídeo notam que o corpo está repleto de marcas de agulha, o que mostra que Buckley foi drogado repetidamente. O diretor da CIA, William Casey, mais tarde, recorda-se do vídeo. "Eu estava à beira das lágrimas. Foi a coisa mais obscena que eu já tinha testemunhado. Bill não tinha nada do homem que eu conhecia havia anos. Eles fizeram mais do que arruinar seu corpo. Os seus olhos deixaram claro que sua mente havia sido manipulada. Foi horrível, medieval e bárbaro."

Três semanas mais tarde, outro vídeo macabro chega à CIA. É muito mais agressivo que o último. E depois de mais de cinco meses de tortura, uma terceira e última fita de vídeo chega à corporação. Buckley está claramente à beira da loucura, babando, soltando sons ininteligíveis e revirando os olhos como um louco. O calvário, no entanto, não terminou. Bill Buckley ainda enfrenta quase um ano de cativeiro antes de ser executado pelo Hezbollah. Os captores jihadistas islâmicos anunciam a morte do espião em 1985, mas o corpo não será localizado até 1991.[5]

* * *

Ronald Reagan estava impotente para ajudar Buckley, embora exercesse o poder ao colocar Granada de joelhos. Se essa pequena nação

---

[5] Buckley foi enterrado com honras militares no Cemitério Nacional de Arlington, na seção 59, lote 346.

Ronald Reagan 273

insular foi um alvo fácil, não se pode dizer o mesmo sobre os extremistas muçulmanos.[6]

O chefe de estação da CIA, William Buckley, porém, não morre em vão. Reagan será atormentado pelo sequestro e consequente morte. O resultado será a Decisão Diretiva de Segurança Nacional 138. Foi uma corajosa decisão secreta para combater o terrorismo patrocinado pelo Estado "usando todos os meios legais". Reagan assina a proposta em 3 de abril de 1984.

Os "meios legais" em breve serão colocados de lado. O Irã está envolvido em uma guerra feroz com o vizinho do Oriente Médio, o Iraque, e não tem mais armas militares. O presidente Ronald Reagan vai autorizar secretamente a venda de armas para o Irã, o inimigo mortal dos EUA e a nação responsável pela morte de centenas de americanos. Reagan sabe disso, e decide que vale a pena romper a lei para libertar os reféns americanos. Sob um plano idealizado pelo tenente-coronel do Corpo de Fuzileiros Navais, Oliver North, fundos americanos serão direcionados para os "Contras" rebeldes que lutam em oposição ao comunismo na Nicarágua, e a quem Reagan tanto admira.[7]

---

[6] Os Estados Unidos controlaram Granada a um custo de dezenove mortes americanas e mais 116 feridos, na guerra que durou sete semanas. A sua principal oposição na ilha veio de uma força de Granada articulada com uma força cubana, que sofreram baixas de setenta mortos e 417 feridos. Essas forças foram auxiliadas por um contingente adicional de soviéticos, juntamente com pessoal da Alemanha Oriental, Bulgária, Coreia do Norte e tropas da Líbia, que não sofreram baixas.

[7] O escândalo ficou conhecido como Irã-Contras. As ações do governo foram ilegais por três razões: a Emenda Boland, de 1982, proibiu o financiamento dos Contras além dos limites aprovados pelo Congresso; a venda de armas para o Irã também foi proibida; e é contra a política nacional americana pagar resgate por reféns. Cerca de 30 milhões de dólares foram transferidos do Irã para os Contras. Onze funcionários da administração foram indiciados por seus papéis na venda de armas ao Irã e por canalizar o dinheiro para os Contras. Entre eles, estavam o secretário de Defesa Caspar Weinberger e o chefe da CIA, William Casey. Ninguém foi preso e George H. W. Bush perdoou muitos dos autores nos últimos dias de sua presidência. Apesar de dois membros-chave da conspiração, o tenente-coronel da Marinha Oliver North e o secretário de Defesa Weinberger, terem deixado claro que Reagan sabia o que estava acontecendo, nenhuma acusação foi apresentada contra o presidente. Durante as investigações (entre 1985 e 1987), a taxa de aprovação pessoal de Reagan caiu de 67% para 46%, sendo depois recuperada.

Após três anos no cargo, o presidente dos Estados Unidos teve muitas conquistas: reverteu o curso da economia, pondo fim à recessão e reduzindo o nível de desemprego; tem combatido a ameaça soviética na Europa, colocando mísseis de cruzeiro na Alemanha e na Inglaterra; começou a incentivar os soviéticos a acompanhá-lo nos esforços de reduzir a possibilidade de uma guerra nuclear por meio do controle voluntário de armas.

Ronald Reagan ainda enfrenta problemas em todo o mundo. Apesar de seu empenho, há uma crescente tensão com a União Soviética. Reagan invadiu a ilha caribenha de Granada com as tropas americanas. Ofendeu sua maior aliada, Margaret Thatcher. E poucos dias antes disso, os EUA sofreram um terrível ataque terrorista muçulmano no Líbano.

Como se tudo não bastasse, Ronald Reagan deve começar outra desgastante empreitada: precisa ser reeleito.

24

RANCHO DEL CIELO
SANTA BÁRBARA, CALIFÓRNIA
1º DE AGOSTO DE 1984
MEIO-DIA

Ronald e Nancy Reagan estão sob o céu azul da Califórnia diante de sua mesa redonda forrada de couro. Eles contemplam as colinas cobertas de carvalho. Nancy veste um suéter creme xadrez e um jeans branco. O presidente está ainda menos formal, usando jeans, botas e uma camisa de caubói aberta no pescoço. Os profissionais da mídia estão amontoados atrás de uma corda, num estacionamento de cascalho que os separa do presidente e da primeira--dama por menos de 3 metros.

É o momento para fotos, e a imprensa não deve fazer perguntas. No entanto, o presidente muitas vezes favorece os repórteres, quebrando o protocolo, embora Nancy e os assessores raramente permitam que isso seja feito. Há um risco muito grande de ele cometer um deslize. Em geral, cada movimento público do presidente é encenado. Ele recebe diariamente um conjunto de cartões com scripts que o orientam sobre o que dizer e onde ficar durante uma ocasião formal.

Hoje não há scripts. Nem anotações. O presidente e os meios de comunicação trocam frases curtas. O tempo para perguntas é limitado a apenas cinco minutos. Pouca coisa pode dar errado em um curto período de tempo como esse — ou é o que se espera.

Por mais desagradável que possa ser, Ronald Reagan sabe que deve falar com a imprensa. É um ano eleitoral, e a Convenção Nacional Republicana em Dallas acontecerá em apenas três semanas. Há oito meses, ele tem como estratégia trabalhar na Casa Branca em vez de viajar pelo país. Nesse período, Nancy se certificou de que Reagan não fizesse muita campanha. Agora, falar com a mídia será um agradável aquecimento para os meses de dura batalha em busca da reeleição. A mídia tem sido excepcionalmente generosa com o presidente durante o primeiro mandato. Ben Bradlee, o principal editor do *Washington Post* (o jornal que derrubou Richard Nixon durante o escândalo Watergate) diz: "Nós fomos mais gentis com o presidente Reagan do que com qualquer outro presidente que eu possa me lembrar desde quando entrei no *Post*."

O comentário é ainda mais significativo pelo fato de que Bradlee começou a trabalhar no *Post* em 1948 e porque ele era um amigo que costumava beber junto com o presidente John F. Kennedy.

Ronald Reagan não está preocupado com essa coletiva de imprensa improvisada. O presidente nunca se mostra tão relaxado como está no rancho. O Congresso não tem sessão no momento, então ele e Nancy estão aproveitando o hiato para passar duas semanas nessa propriedade montanhosa de 240 hectares. Sua casa no rancho tem cem anos, e foi construída com adobe branco espanhol — o piso em linóleo foi colocado pessoalmente por Reagan. Não há nada de luxuoso nesse retiro privado. Ele tem um ar de acomodação de acampamento de férias. No entanto, o lugar restaura a alma de Reagan como nenhum outro na Terra. Em todo seu período na presidência,

Ronald Reagan

ele vai gastar o equivalente a um ano no topo dessa montanha com vista para o Pacífico.[1]

Ronald Reagan trabalha no rancho, e mantém sua privacidade bem guardada. Ele passa a maior parte do tempo em uma pequena sala de estar, um santuário a que nem mesmo os assessores mais próximos têm acesso regularmente. Sempre leal, Reagan encheu a cozinha com eletrodomésticos da marca GE. O quarto principal é grande o suficiente apenas para caber as duas pequenas camas que são juntadas para formar uma única. O presidente é muito alto para os colchões que estão aqui, então um tamborete acolchoado foi posicionado na ponta da cama. Ele dorme com os pés em cima do banco, saindo por debaixo das cobertas.

Apesar disso, Ronald Reagan ama esse lugar — Nancy, nem tanto. Uma lenda circula entre a imprensa. A de que um dia, ao percorrer a longa e sinuosa estrada depois da rodovia principal que leva até o rancho, Nancy Reagan estava choramingando sem parar sobre o fato de ter que aguentar mais um período de férias nesse local remoto. Ela estaria muito melhor de volta a Los Angeles com os amigos.

Geralmente, Reagan é tolerante com as queixas da esposa, preferindo manter a paz. Desta vez, ele retrucou. Ordenou que o motorista do Serviço Secreto parasse a limusine. Virando-se para Nancy, trovejou: "Desça do carro."

Perplexa, ela desceu.

---

[1] Rancho del Cielo ("Rancho do Céu") foi originalmente construído em 1841, pelo fazendeiro mexicano José Jésus Pico. Ele construiu a casa em 1871. O rancho permaneceu em sua família até 1941. Ronald Reagan comprou a propriedade de 278 hectares em 1974, por 527 mil dólares. Os vendedores eram da família de Roy e Rosalie Cornelius. Sua filha, Glenda, tinha sido colega de quarto de Patti Reagan no internato. Glenda Cornelius era uma talentosa peã de rodeio, e seus pais queriam deixar a propriedade como herança. No entanto, eles venderam as terras depois que ela morreu na véspera do Ano-Novo, em um acidente automotivo.

O presidente então ordenou que o motorista continuasse pela estrada de 11 quilômetros. Pelo espelho retrovisor, o motorista do Serviço Secreto podia ver Nancy em pé no meio do nada, olhando ao redor em pânico. Por fim, o presidente cedeu, ordenando ao motorista que voltasse para buscá-la.

Nesta tarde, as coisas estão calmas. A raia de proteção de Nancy não é notada. O presidente está pronto para as oito perguntas que a imprensa fará.

As primeiras questões são tranquilas. Reagan as domina com facilidade.

Então, o jornalista Sam Donaldson, da ABC, ataca colocando à mesa uma pergunta sobre os russos.

"Existe alguma coisa que você pode fazer para que eles compareçam lá?", Donaldson pergunta sobre uma proposta de reunião sobre armas nucleares em Viena, referindo-se aos líderes da União Soviética.

"O quê?" Reagan pergunta, repentinamente confuso.

Donaldson prepara-se para o ataque.

Ele cobre a Casa Branca por toda a presidência de Reagan e não é fã de sua administração. Foi uma testemunha ocular da tentativa de assassinato, estando a 2 metros de John Hinckley quando puxou o gatilho. Ainda assim, Donaldson tem pouca empatia pelo presidente, e muitos membros da mídia compartilham seu desdém.

Donaldson nem sequer se preocupa em falar com Reagan usando um tom de civilidade. Ele mostra-se como opositor, muitas vezes gritando na hora das perguntas. Insultou publicamente Nancy Reagan, comparando-a a uma cobra venenosa, chamando-a de "mamba sorridente".

Sam Donaldson ativou seu modo de confronto.

"Existe alguma coisa que você pode fazer para que eles compareçam a Viena?", ele vocifera novamente.

Ronald Reagan

O homem que passou a vida atuando de improviso, o artista que gosta de contar uma boa piada, o político que tem deslumbrado milhões com sua retórica não tem uma resposta.

Ronald Reagan está perdido.

Jornalistas e câmeras de televisão registram o momento, e o presidente parece incapaz de apresentar uma resposta a Sam Donaldson.

Por fim, Nancy Reagan se inclina e sussurra no ouvido do marido: "Estamos fazendo tudo o que podemos."

"Estamos fazendo tudo o que podemos", o presidente diz a Sam Donaldson.[2]

* * *

Com Nancy controlando cuidadosamente cada aparição, Ronald Reagan entra na campanha para valer em setembro. A nação se comove com os comerciais "É manhã na América", que pintam um quadro patriótico de um país que se levanta das ruínas herdadas de Jimmy Carter. O presidente agora desfruta uma vantagem de dezenove pontos nas pesquisas contra o desafiante democrata nativo de Minnesota Walter Mondale, de 56 anos, que serviu como vice-presidente de Carter. A essa altura, os americanos parecem confortáveis com Ronald Reagan na presidência. Muitos o admiram como homem e patriota. Eles gostam de sua sólida crença nos valores tradicionais, e alguns eleitores o veem como uma figura paterna, depositando completa confiança em sua constatada benevolência paternal.

---

[2] As palavras de Nancy são captadas por microfones de várias emissoras de televisão. Dez dias depois, enquanto ele ainda estava no rancho, o próprio Reagan equivocadamente falará ao vivo em um microfone, brincando que ele baniu a Rússia e dizendo que "começaremos os bombardeios em cinco minutos". Como resultado, as forças militares soviéticas entraram em alerta de guerra, preparando-se para um ataque.

No entanto, há também alguma inquietação. As relações entre os Estados Unidos e a União Soviética ainda são muito tensas, e Reagan agravou a situação chamando publicamente a União Soviética de "império do mal". Muitos americanos desejam a garantia de que o presidente evitará uma guerra nuclear. Eles também anseiam algum alívio no alto índice de desemprego e no disparado déficit nacional, que dá ao dólar menor poder de compra. Tão importante quanto isso, os eleitores querem acreditar que o líder de 73 anos ainda é vibrante.

Essa garantia não vem em 19 de setembro, dia em que Reagan visita Hammonton, Nova Jersey. Ele veste um terno cinza-escuro e uma gravata vermelha. A pequena cidade, famosa pelos mirtilos, se transformou em uma grande massa para ver o presidente. Trinta mil pessoas enchem a praça da cidade. Uma grande bandeira americana paira sobre seu ombro esquerdo, acompanhada de uma faixa, onde lê-se "América: mais orgulhosa, mais forte e melhor".

O improvável discurso de Reagan baseia-se nos últimos artigos de duas vozes conservadoras muito proeminentes. A primeira é a do colunista George Will, que age como se fosse décadas mais velho do que é aos 43 anos.

Surpreendentemente, Will tornou-se fã de Bruce Springsteen. Usando uma gravata-borboleta e algodão nos ouvidos, ele assistiu a um show de quatro horas no Capital Centre, em Landover, Maryland. Foi convidado pelo baterista de Springsteen. Ele sairá do show inspirado pela conexão entre o artista e Reagan. Will percebe no "Boss", como Springsteen é conhecido, uma fé crescente no sonho americano.

"Uma noite com Springsteen" é o artigo que Will escreve em 13 de setembro no *Washington Post* pela admiração ao artista. "É a prova viva de que a ética do trabalho está viva e bem."

Outro convidado daquele show foi o correspondente político Bernard Goldberg, da CBS News, que relata que os shows de Springsteen "são como lembranças dos velhos tempos com a mesma mensagem dos velhos tempos: quem trabalhar duro o bastante, como o próprio Springsteen fez, pode chegar até a terra prometida".

É difícil imaginar outros ícones pop dos anos 1980 com quem o velho presidente possa se identificar. O ritmo calmo e tradicional de sua época de Hollywood foi substituído por uma música que faz o público balançar o corpo e agitar a cabeça. Os jovens eleitores ouvem os sucessos musicais de Michael Jackson, não de Frank Sinatra. Eles gostam de filmes como *Os caça-fantasmas* e *Footloose — ritmo louco*, em detrimento dos filmes de faroeste que Reagan ama e não são mais filmados. Por isso, é natural que a equipe de campanha de Reagan tente fazer o chefe parecer culturalmente relevante e capitalizar com a popularidade de Springsteen nessa visita ao Estado do cantor. Por insistência de George Will, o vice-chefe de Gabinete da Casa Branca Michael Deaver convidou o próprio Springsteen para o evento de campanha. O roqueiro, apesar de ter a data disponível entre os shows na Filadélfia e em Pittsburgh, recusa o convite.

Mesmo assim, Ronald Reagan invoca o nome de Springsteen, e seus discursos consideram erroneamente a música "Born in the U.S.A" um hino patriótico. Na realidade, o oposto é verdadeiro. "O futuro da América encontra-se em mil sonhos dentro de seus corações", Reagan diz à multidão. "Ele baseia-se na mensagem de esperança de canções que tantos jovens americanos admiram, como as do próprio Bruce Springsteen, aqui em Nova Jersey. E ajudar esses sonhos a se tornar realidade é o meu trabalho."

Os gritos de "U.S.A" varrem a multidão, juntamente com uma série de suspiros incrédulos. As políticas de Reagan foram atacadas no último álbum de Springsteen, "Born in the U.S.A". Muitas das músicas retratam claramente a perda de casas e empregos dos trabalhadores pobres. A faixa "Jingoistic", até no título, ataca as políticas econômicas de Reagan pelos olhos de um veterano de guerra do Vietnã que foi jogado à própria sorte. No momento em que Ronald Reagan quer ter uma imagem próxima do público, sua equipe consegue fazê-lo parecer completamente à parte do que acontece culturalmente ao interpretar mal as letras de Springsteen.

Mais tarde, o próprio cantor responde: "Você vê os anúncios da reeleição de Reagan na TV que dizem — 'é manhã na América'", segundo o que disse à revista *Rolling Stone*. "E você diz: não é manhã em Pittsburgh. Não é manhã acima da 125th Street, em Nova York. É meia-noite. E, nesses lugares, há um nascer de lua má."[3]

Os assessores de Ronald Reagan afirmam que sua canção favorita de Bruce Springsteen é "Born to Run", mas é difícil, mesmo para o apoiador mais ardente de Reagan, imaginar que isso possa ser verdade.

"Se você acredita nisso", Johnny Carson diz ao país durante o monólogo no *Tonight Show*, "eu tenho alguns ingressos para o baile de posse de Walter Mondale que gostaria de vender a você."[4]

* * *

Três semanas mais tarde, Ronald Reagan está confuso no momento em que está prestes a fazer suas considerações finais no encerramento do primeiro debate presidencial contra Walter Mondale. O local é o Kentucky Center for the Performing Arts, em Louisville, e a jornalista

---

[3] Springsteen tinha sido politicamente ambivalente até este incidente, alinhando-se com grupos de veteranos e bancos de alimentos regionais, mas recusando-se a apoiar candidatos políticos de qualquer partido. No entanto, como resultado do incidente "Born in the U.S.A", ele passará a apoiar abertamente as causas liberais. Em 2004, ele apoiará o senador John Kerry para presidente e em 2008 e 2012 Springsteen fará aparições de campanha em nome de Barack Obama. No entanto, o legado incompreendido de "Born in the U.S.A." ainda vive. Os participantes da Convenção Republicana de Connecticut, em 2014, foram convidados a indicar sua música favorita de Springsteen. "Born in the U.S.A" era nitidamente a preferida. Um delegado chegou até a compará-la patrioticamente com o hino americano.

[4] Geraldine Ferraro é o companheiro de chapa de Walter Mondale. A deputada do Queens (Nova York), de 49 anos, é a primeira candidata do sexo feminino de um grande partido ao cargo de vice-presidente.

Barbara Walters é a mediadora. Walters tem um passado com os Reagan. Em 1981, ela fez uma visita ao rancho para uma entrevista e precisou agarrar o assento do jipe do presidente enquanto ele dirigia destemidamente, subindo e descendo as trilhas de terra. Walters, de 55 anos, faz agora o que sabe fazer melhor, pressiona o presidente para que ele comece suas considerações finais. No entanto, Reagan acredita que tem direito a mais uma réplica às declarações de Walter Mondale. Walter não concorda e pede firmemente que o presidente dê sua conclusão.

A noite foi uma catástrofe para Reagan. Walter Mondale se comportou agressivamente durante todo o debate, dominando fatos da política interna e parecendo ser fisicamente mais robusto que Reagan, apesar de ser 5 centímetros menor.

"Eu queria demonstrar que tinha estatura presidencial", Mondale recorda. "Queria mostrar que dominava as questões. Expor aquela dimensão progressiva novamente, mostrar que estava mais alerta que o presidente, sem ser negativo. Eu queria que o debate ficasse em torno desse tema."

Mondale sente a fraqueza mental de Reagan, e depois diz a um assessor que "aquele cara já era". Apesar disso, evitou atacar o presidente de maneira que faria Reagan parecer insensato.

Ronald Reagan começa o discurso de encerramento e sua fala desconexa e desmedida faz o que Walter Mondale se recusou a fazer. Na hora em que os eleitores querem garantias de sua vitalidade, o presidente parece visivelmente à deriva nessa aparição nacional.

Olhando para a câmera, Reagan começa o monólogo. "Quatro anos atrás, em circunstâncias semelhantes a esta, eu fiz uma pergunta ao povo americano. Perguntei: 'Você está melhor do que estava quatro anos atrás?'"

Já no começo, Reagan perde o controle. Seus olhos não se concentram na primeira fila da plateia como deveriam. Em vez disso, se movem lentamente de um lado para outro enquanto ele luta para finalizar o discurso que os redatores prepararam com tanto cuidado para este momento.

Reagan continua: "A resposta para aquela questão obviamente era 'não', e como resultado fui eleito para este cargo e prometi um novo começo. Agora, talvez vocês esperem que eu faça aquela mesma pergunta de novo."

Para desconforto de alguns, Reagan gagueja. Ele parece muito distante do homem que improvisou um discurso brilhante em poucos minutos ao ser chamado para o pódio da Convenção Nacional Republicana de 1976.

Ele continua: "Eu não farei aquela pergunta porque acho que todos vocês, ou talvez nem todos — aquelas pessoas que estão nos bolsões de pobreza e que não se levantaram poderiam responder de maneira que eu não gostaria que respondessem —, a maioria das pessoas deste país diria 'sim', estão melhores do que estavam quatro anos atrás."

"Eu acho que a questão", diz Reagan, novamente gaguejando, "deve ser ampliada. O país está melhor do que estava quatro anos atrás? Eu também acredito que a resposta seja sim."

Há pouca autoridade no discurso de encerramento de Reagan. Walter Mondale vibra.

"Parece que ele perdeu o lugar", relata Lesley Stahl, da CBS News. "Ele perdia o raciocínio. Havia alguns momentos em que as palavras que procurava não surgiam em sua mente... O discurso de encerramento não funcionou."

"Eu falhei", Reagan diz ao conselheiro de campanha Stu Spencer imediatamente após deixar o palco.

O presidente está certo. As pesquisas mostram que Walter Mondale ganhou o debate de forma avassaladora. Dois dias depois, o *Wall Street Journal* publicará um artigo afirmando que 10% de todas as pessoas com idade superior a 75 anos têm alguma debilidade mental. Reagan tem 73 anos.

Anos depois, estudos médicos ligarão cirurgias invasivas (como a que Reagan sofreu após a tentativa de assassinato) a eventuais problemas de perda de memória.[5]

"Eu não me sentia bem comigo mesmo", Reagan escreve em seu diário num fim de semana que passou em Camp David para se recuperar do debate. "A imprensa está dizendo que ele [Mondale] é vencedor há dois dias."

Ronald Reagan, no entanto, não está liquidado. Ele terá uma última chance para convencer os americanos de que ainda está apto a liderar o país.

Essa chance virá em 21 de outubro, em Kansas City.

---

[5] Um estudo médico de 2001, da Universidade Duke, mostrou que 50% dos indivíduos que foram submetidos a cirurgia em que o coração fica exposto sofreram de problemas de memória imediatos, que muitas vezes ficavam ainda evidentes cinco anos depois.

25

AUDITÓRIO MUNICIPAL
KANSAS CITY, MISSOURI
21 DE OUTUBRO DE 1984
19h

O homem que quase foi assassinado há três anos está em pleno combate.

Ronald Reagan entra no palco e toma seu lugar no púlpito, onde aparenta confiança e tranquilidade. Apesar de ser noite, momento em que muitas vezes ele se mostra enfraquecido, o presidente parece firme e atencioso. O debate começa e Walter Mondale está no lado oposto do palco, observando como Reagan responde a uma série de perguntas. O presidente não gosta de Mondale e o tem como um mentiroso que atacou injustamente sua credibilidade. Para Reagan, este segundo e último debate é pessoal. Suas respostas agora vêm facilmente. Não há nenhum sinal da gagueira do primeiro debate.

Há uma questão, no entanto, que todos na plateia sabem que será levantada. E depois de vinte minutos de debate, Henry Trewhitt, do *Baltimore Sun*, chega ao cerne da questão: Ronald Reagan está velho demais para ser presidente?

Reagan está pronto para responder.

* * *

Após o primeiro debate, Nancy Reagan estava com raiva — e ávida para culpar alguém, menos seu Ronnie. "O que você fez a meu marido?", ela gritou para o vice-chefe de gabinete, Michael Deaver. Eles estavam na suíte presidencial do hotel Hyatt Regency, em Louisville. "Seja o que for, não faça novamente!"

O problema, Nancy concluiu rapidamente, é que o presidente foi muito intimidado nas sessões de preparação para o debate. Os conselheiros, em especial o diretor de orçamento David Stockman, interrompem Reagan quando ele comete um erro. É sabido dentro da Casa Branca que os "troikas" Ed Meese, James Baker e Michael Deaver possuem um método para abrandar as reuniões no Salão Oval, caso o presidente não entenda uma questão complexa. Sem insultá-lo, eles reformulam com diplomacia a discussão até que Reagan compreenda.

Não há tempo, porém, para sutilezas durante a preparação para um debate presidencial. Stockman faz o seu trabalho, fornecendo ao presidente dados corretos para que ele possa refutar com facilidade qualquer situação que Walter Mondale arme contra ele.

Em 17 de outubro, no início da preparação para o confronto final com Mondale, um recém-chegado observa a cena. Das 14h06 às 16h36, Reagan está em uma espécie de simulado no Gabinete Executivo Eisenhower, respondendo a perguntas e discutindo com Stockman, que está em um púlpito em frente, fazendo o papel de Walter Mondale. Em certo momento, o normalmente educado Reagan vocifera para Stockman: "Cale a boca!" A sala fica em um silêncio constrangedor.

As tensões estão elevadas.

Claramente, algo deve mudar.

Depois disso, Reagan retorna à Casa Branca, onde se encontra com o novo observador. Roger Ailes é um homem encorpado com longas costeletas. Ele faz parte da chamada "equipe da terça-feira", que preparou os bem-sucedidos comerciais de Reagan. Ailes também trabalhou para a administração Nixon e é conhecido por sua grande capacidade de colocar fim em problemas.

Michael Deaver o apresenta. "Roger está aqui para ajudá-lo com os debates."

"De que tipo de ajuda eu preciso?", responde Reagan. Embora já seja quase noite, ele não mostra sinais de fadiga, com exceção de um ligeiro tremor nas mãos e na cabeça.

"Você se afastou um pouco de sua rota no último debate. Eu vou tentar ajudá-lo a ter mais foco", responde Ailes.

"Essa é uma boa ideia", o presidente responde.

Roger Ailes concordou com Nancy Reagan: o problema do debate não tinha nada a ver com a idade ou a saúde mental do presidente. Reagan havia sido mal preparado.

"Você passa muita informação para ele, muita besteira que ele não pode usar. Você interrompe o presidente", Ailes diz a Deaver. "Lembre-se de que ele é um sujeito que está acostumado a trabalhar com um diretor, que define o que deve ser feito. Então, ele vai lá e faz. Agora, você tem cinco, seis ou oito caras interrompendo, todos tentando provar que são mais espertos do que ele."

Por isso, a preparação de Reagan para o debate é alterada. Agora, ficam apenas Ailes e Reagan, mano a mano. O presidente resiste a longas horas de "sessões apimentadas", em que tem que responder pergunta após pergunta, sem recorrer a fatos ou números obscuros. Em vez disso, ele simplesmente fala com o coração.

Faltando apenas quatro dias para o segundo debate, a estratégia parece estar funcionando. O presidente está animado e otimista. Ele trabalha duro e raramente demonstra cansaço.

"Quando preparam alguém para debates", Ailes dirá mais tarde, "querem que os candidatos memorizem o que vão dizer, porque se sentem especialistas... Eu o trouxe de volta para o território conhecido, e não o fiz memorizar um monte de porcaria de que ninguém iria se lembrar."

A estratégia de Ailes revitalizou Reagan. "Posso resumir o dia em uma frase", ele escreve em seu diário, no sábado, 20 de outubro, e na noite antes de enfrentar Mondale. "Eu tenho trabalhado duro para fazer bonito no discurso final de quatro minutos que tenho no debate de amanhã à noite."

Naquela mesma noite, Ailes e o presidente tiveram uma discussão de última hora sobre o debate.

"O que você vai dizer caso perguntem se você está velho demais para o cargo?", Ailes se dirige a Reagan. Os dois estão em pé em um corredor da Casa Branca, caminhando para o elevador que levará Reagan de volta à residência no segundo andar.

Michael Deaver, Nancy Reagan e todos os assessores do presidente proibiram qualquer discussão sobre a questão da idade. Reagan e Ailes, no entanto, têm certeza de que a pergunta será feita amanhã à noite.

Reagan interrompe os passos. Pisca e olha fixamente para Ailes. "Eu tenho algumas ideias", o presidente começa.

Reagan diz a Ailes o que pretende responder. As palavras são ásperas e precisam de ritmo para que possam ser eficazes, e Ailes gosta do tom. No passado, o próprio Ronald Reagan teria bolado o que iria dizer. Mesmo agora, ele ainda faz elaboradas alterações nas margens dos scripts que recebe dos redatores. Com a mente cheia de minúcias para o debate, Ailes se oferece para escrever uma resposta completa a Reagan.

"Qualquer coisa que eles falarem sobre a idade", ele diz ao presidente, "você deve ser específico. Deve responder como Bob Hope responderia. Fique na sua linha de sorriso. Se você quiser beber água, olhe fixamente para o copo e tudo bem. Mas não saia da linha."

"Entendi, professor", Reagan responde depois de ouvir Ailes.

* * *

Ronald Reagan

À medida que o debate se desenrola, a questão inevitável finalmente surge.

Ronald Reagan está pronto.

"Sr. presidente", diz o calvo Henry Trewhitt, "quero levantar uma questão que acho que já é ventilada há duas ou três semanas e diz respeito diretamente à segurança nacional. O senhor é o presidente mais velho da história. E alguns de sua equipe disseram que o senhor estava cansado depois do último encontro com o sr. Mondale."

Reagan está sorrindo.

Trewhitt continua: "Lembro-me de que o presidente Kennedy ficou por dias a fio dormindo muito pouco durante a crise dos mísseis de Cuba. O senhor está certo de que é capaz de trabalhar em tais circunstâncias?"

O presidente espera um pouco, examinando a sala. Ele parece ter total controle da situação.

"Eu quero que você saiba que eu não farei da idade um tema desta campanha", Reagan diz tranquilamente, deixando a situação fluir e tomando muito cuidado para não se apressar para o golpe final. "Eu irei explorar, para fins políticos, a juventude e a inexperiência do meu oponente."

A multidão explode em gargalhadas. Até mesmo Walter Mondale ri. Reagan olha para baixo modestamente. Ele sabe que, apesar de ainda faltarem 45 minutos para o fim do debate, já ganhou.

* * *

Duas semanas depois, em 6 de novembro, em um massacre eleitoral histórico, Ronald Reagan é reeleito presidente dos Estados Unidos.[1]

Na manhã seguinte, Reagan celebra da forma que mais gosta: quatro dias de folga no rancho. Nancy foi a reboque.

---

[1] Reagan ganha em 49 estados. Mondale conquista apenas Minnesota, seu estado natal, e o Distrito de Colúmbia. O resultado final do número de delegados eleitorais é de 525 a 13.

26

WASHINGTON, DC
NATAL DE 1986
6h

O quase assassino em breve será um homem livre.

Apenas por hoje.

Escoltado pelo Serviço Secreto, John Hinckley vai passar o feriado na nova casa dos pais no norte da Virgínia. Os médicos do Hospital St. Elizabeth acreditam que Hinckley está progredindo significativamente no tratamento da doença mental. Também admitem que um dia junto à família pode ajudar na cura. Jack e Jo Ann Hinckley mergulharam no processo de recuperação do filho, vendendo a casa no Colorado e se mudando para o leste. Toda terça à tarde eles frequentam sessões de terapia com o filho e um psiquiatra no hospital. Os Hinckley estão motivados pelos avanços que John aparenta fazer. Parece mesmo que John Hinckley "encontrou a sua voz", como descreve o pai. Ele até foi eleito presidente da ala hospitalar pelos colegas pacientes.

Os Hinckley — e a equipe do hospital — não sabem que o filho mantém secretamente imagens de Jodie Foster no quarto, o que é proibido. Ainda mais perturbador: John Hinckley cultiva amizades com assassinos por meio de cartas. Ele tornou-se amigo por correspondência do assassino em série Ted Bundy, que foi condenado e aguarda a eletrocussão na Flórida por matar duas moças da fraternidade da Universidade Estadual da Flórida e também uma menina de 12 anos.

Hinckley troca cartas com Lynette "Squeaky" Fromme, preso na Califórnia por tentar assassinar Gerald Ford em 1975. Sem o conhecimento dos médicos ou dos pais, Hinckley pediu que Fromme mande o endereço do famoso assassino Charles Manson.[1]

* * *

Pouco depois do amanhecer, John Hinckley desceu do quarto de hospital ao lado de um assistente. Ele passa pelas portas da frente do St. Elizabeth e é devolvido aos pais. Dois agentes do Serviço Secreto estão encarregados de supervisionar a visita.

Não é com os pais que Hinckley está ansioso para se encontrar. É com sua namorada, a socialite de Washington Leslie deVeau, de 40 anos. Hoje será a primeira vez que eles terão a oportunidade de ficar sozinhos desde que se conheceram há quatro anos.

Assim como John Hinckley, Leslie é uma criminosa de sangue-frio. Foi condenada a permanecer no St. Elizabeth depois de assassinar a filha Erin, de 10 anos, em 1982. Em um ato inconcebível, deVeau colocou uma espingarda contra as costas da criança, que dormia, e puxou o gatilho. Então, virou a espingarda

---

[1] Fromme era da Família Manson, cujos membros assassinaram brutalmente sete pessoas durante dois dias em 1969. Na segunda noite, a atriz Sharon Tate, que estava grávida, foi esfaqueada dezesseis vezes enquanto pedia para viver o suficiente para dar à luz. Tate foi casada com o diretor Roman Polanski, que não estava presente quando o crime hediondo ocorreu.

para si mesma, e a arma falhou. Em vez de matá-la, uma explosão arrancou o braço esquerdo de deVeau. Tal como Hinckley, ela foi declarada não culpada por razões de insanidade e enviada ao hospital psiquiátrico.

Em uma festa de Halloween no hospital, em 1982, Hinckley aproximou-se da pequena morena e começou a flertar. "Eu gostaria de convidar você para dançar", disse ele. Os dois passaram o resto da festa em uma profunda conversa, compartilhando suas histórias de vida. Leslie deVeau, de uma antiga família de Washington, fez mais do que falar. Em detalhes, contou a Hinckley sobre como se deu o assassinato da filha. Quando chegou a hora de Hinckley falar sobre seu crime, ele não demonstrou nenhum remorso. Ao contrário, conduziu deVeau até um quadro de avisos do hospital, onde havia um recorte de jornal sobre seu feito diabólico.

"Ele ainda estava agindo sob a ilusão de que seu feito fazia sentido", deVeau recorda. "Ele deveria fazer aquilo para provar seu amor por Jodie Foster."

DeVeau sabia que Hinckley ainda estava apaixonado pela atriz e, mesmo assim, uma relação improvável floresceu entre os dois. "Eu estava perdido até conhecer Leslie", Hinckley escreverá depois. "Leslie me fez querer viver novamente, ela é o sol da minha vida."

Hinckley e deVeau moravam no mesmo andar, embora o contato entre eles fosse restrito. Ainda assim, encontraram maneiras de burlar as regras para se comunicar. Eles frequentavam o refeitório em momentos diferentes e escondiam cartas de amor debaixo da mesa. Nas raras ocasiões em que eles se encontravam, usavam a linguagem de sinais para dizer "eu te amo".

Com o tempo, foi concedido a deVeau o privilégio de poder ficar nos jardins do hospital. Hinckley, que não tinha tal privilégio, gritava por uma janela, e ela respondia. Dessa forma, eles conversavam sem se preocupar que outras pessoas no hospital escutassem suas conversas.

Um ano antes, em meados de 1985, foi dado a deVeau um privilégio ainda maior: os médicos decidiram que ela deveria ser liberada do St. Elizabeth para ser tratada em ambulatório. Ela não poderia mais ver John Hinckley todos os dias, mas voltaria ao hospital para visitá-lo nos fins de semana, quando então poderiam conversar. Nos dias de visita, eles ficavam cara a cara em uma mesa de vidro, de mãos dadas e se beijando. Ignoravam os outros pacientes e convidados que estavam ao redor. Durante essas visitas, deVeau confidenciava que ainda estava aterrorizada pela noite em que atirou na filha.

Hinckley confessou que, apesar da aparente indiferença e do famoso sorriso, ele tinha pesadelos, sonhando com o dia em que disparou contra Reagan. Ele também disse a Leslie que às vezes sonhava que estava numa cadeira de rodas, como James Brady.

Em todas as horas que passaram sentados compartilhando seus sentimentos, deVeau e Hinckley sempre foram supervisionados. Tudo irá mudar esta manhã.

Dois agentes do Serviço Secreto estão de guarda do lado de fora, e John Hinckley aproveita o café da manhã junto com os pais e Leslie deVeau. Depois, eles ficam mais duas horas na sala de estar, assistindo a filmes caseiros de Hinckley.

Quando o relógio marca meio-dia, o casal sai escondido.

Ao encontrar uma sala vazia, deVeau toma a iniciativa, pressionando seu corpo contra o de Hinckley e beijando-o apaixonadamente. Normalmente acanhada, ela está surpresa e revigorada com o novo comportamento.

Hinckley está confuso, sem saber o que fazer. Ele nunca teve uma namorada, e suas poucas experiências sexuais eram com prostitutas há muito tempo. "Eu acho que ele se assustou", deVeau recorda. "O que essa mulher está fazendo comigo?"

De repente, uma voz chama da cozinha. Jack Hinckley, por suspeitar o que está acontecendo, interrompe os dois, chamando-os de volta para a sala para o estudo da Bíblia.

Ao cair da noite, Hinckley está frustrado e sozinho, de volta ao quarto de hospital. Foi um Natal bem agitado.

Se ao menos Jodie Foster estivesse lá para ficar com ele...

27

SALA DO GABINETE DA CASA BRANCA
WASHINGTON, DC
2 DE MARÇO DE 1987
10h58

Ronald Reagan é vigiado bem de perto.

O presidente está sentado numa cadeira alta no centro de uma mesa de mogno. Seu filho Ron Jr. foi convidado para a reunião do Gabinete de hoje, e isso melhorou o estado de espírito do presidente. Desde que o pai foi reeleito há três anos, os filhos de Reagan estão lucrando com a fama presidencial. Ron Jr. escreve artigos para a *Playboy*, até já apareceu de cueca no *Saturday Night Live*, mas sempre foi leal ao pai. O mesmo não pode ser dito sobre os irmãos. Patti escreveu um livro atacando o pai e toda a família Reagan. E, em breve, outro doloroso livro-bomba de Michael deve chegar às livrarias. Enquanto isso, a imprensa nacional começa uma áspera série de artigos contra Nancy Reagan, culpando-a por planejar a recente demissão do chefe de gabinete da Casa Branca, Don Regan.

Foi uma batalha pública tão cruel que o *Saturday Night Live* satirizou o cisma entre a primeira-dama e Regan. Tudo isso levou a um crescente criticismo que insinua que a Casa Branca está fora de controle.[1]

É por isso que, além de Ron Jr., outros quatro convidados especiais estão presentes na reunião de Gabinete esta manhã.

O novo chefe de gabinete Howard Baker, ex-senador pelo Tennessee (nenhuma relação com James), é um dos presentes. Ele pediu ao conselheiro da Casa Branca, A. B. Culvahouse, e ao diretor de comunicações Thomas Griscom para observar o presidente. O último membro do grupo é Jim Cannon, de 69 anos e muito conhecido em Washington, autor de um recente relatório que detalhou o funcionamento interno da Casa Branca. A pedido de Howard Baker, Cannon realizou entrevistas formais com funcionários na Ala Oeste do prédio.

Ele ficou chocado com o que descobriu.

A batalha entre Nancy Reagan e Don Regan é apenas o começo. Cannon descobriu que a Casa Branca está um caos em todos os níveis. Os assessores de Ronald Reagan forjam suas iniciais em documentos, membros do governo ignoram a política presidencial para forçar suas próprias agendas e, no porão da Casa Branca, o tenente-coronel da Marinha Oliver North passou anos vendendo armas ilegalmente ao Irã e desviando o dinheiro dessas negociações para os "Contras" da Nicarágua. North sabia que estava violando a lei.

Ronald Reagan não está envolvido em muitas atividades cotidianas da Casa Branca. Ele delega muito poder a Nancy. Às vezes, evita ir ao Salão Oval e passa horas durante o dia assistindo a reprises na televisão em sua residência no andar de cima. Ainda mais preocupante

---

[1] Regan foi secretário do Tesouro durante o primeiro mandato de Ronald Reagan. De forma bastante incomum, ele e James Baker trocaram de cargos no início de 1985, pois Baker estava esgotado de tentar manter a Casa Branca independente de Nancy. A troca foi orquestrada quase sem o conhecimento do presidente. Ele apenas deu a aprovação final ao plano, quando foi apresentado a ele. O presidente não acredita que isso seja algo tão importante.

Ronald Reagan

é o fato de que nem sempre o presidente separa algum tempo para ler documentos políticos importantes.

Após relatar essas informações a Baker ontem, Cannon chegou a sugerir que Ronald Reagan não está mais apto a servir como presidente dos Estados Unidos.

Essa ousada afirmação é mais que mera retórica.

A vigésima quinta emenda da Constituição afirma que se "o presidente estiver incapaz de exercer os poderes e deveres do cargo, o vice-presidente deve assumir imediatamente os poderes e deveres do cargo como presidente interino". O vice-presidente Bush não tem conhecimento do que está acontecendo.

Somente se os quatro observadores decidirem que Ronald Reagan está debilitado é que Bush será informado.

Por mais radical que isso possa parecer, a vigésima quinta emenda já foi invocada durante a presidência de Reagan. Em 13 de julho de 1985, o presidente foi submetido a uma colonoscopia para remover uma lesão pré-cancerosa. Às 10h32 daquela manhã, ele assinou um documento entregando a presidência a George H. W. Bush. Durante oito horas, o vice-presidente comandou o país, e devolveu o poder a Reagan assim que o presidente acordou da anestesia.

Agora Reagan parece estar em declínio permanente. Além da cirurgia no cólon e dos aparelhos auditivos, o presidente sofreu recentemente uma cirurgia para corrigir um aumento da próstata, o que o força a usar o banheiro frequentemente. Ele irá em breve submeter-se a outro procedimento para retirar um melanoma do nariz. Reagan está visivelmente frágil, longe do robusto senhor que chegou à Casa Branca há seis anos. Seu nível de energia é menor. Ele tira cochilos com frequência. Seus olhos quase sempre não têm brilho, e ele às vezes tem dificuldade de reconhecer pessoas que conhece há muito tempo.

O presidente pouco tem consciência de tudo isso, e até mesmo o leal e acrítico Ron Jr. acredita que o pai sofre do mal de Alzheimer.

É por isso que Howard Baker, Jim Cannon, A. B. Culvahouse e Thomas Griscom estão na sala examinando cada movimento do presidente. Reagan não sabe sobre o relatório de Cannon, e a reunião do gabinete não parece estranha para ele.

Mas é incomum. Se o presidente mostrar sinais de incoerência, pode não durar muito tempo no cargo.

* * *

As dificuldades mentais e físicas de Ronald Reagan, no entanto, não são o maior problema da presidência. O verdadeiro teste de sua liderança começou quatro meses antes, em 3 de novembro de 1986. Um clérigo iraniano vazou a notícia de que os Estados Unidos estavam vendendo armas ao Irã em troca da libertação de reféns americanos em todo o Oriente Médio. Confrontado com o constrangedor relatório, Ronald Reagan apareceu em cadeia nacional de televisão para explicar que sua administração vendeu "pequenas quantidades de armas defensivas e peças de reposição" ao Irã. O presidente negou conhecer a troca de armas por reféns.

"Essas acusações são totalmente falsas", ele disse ao grande público.

"Nós não — repito — negociamos armas ou qualquer outra coisa em troca de reféns, nem faremos isso."

As pessoas não acreditam nele. Uma pesquisa feita logo após a transmissão na TV mostra que 62% dos americanos creem que o presidente mente. Uma semana depois, o procurador-geral Edwin Meese confrontou Reagan no Salão Oval. Meese sabe que o tenente-coronel Oliver North e sua secretária, Fawn Hall, destruíram centenas de documentos ligados ao chamado escândalo Irã-Contras. De fato, North e Hall picotaram tantos arquivos que a máquina emperrou, forçando Hall a levar ilegalmente documentos para fora do escritório nas botas e na calcinha.

North e Hall foram descuidados, deixando à mostra um documento--chave, que liga a administração Reagan à venda ilegal de armas.[2] Em voz baixa, Meese informa Reagan sobre a prova cabal.

Edwin Meese é muito leal a Reagan. Junto com Michael Deaver e James Baker, aconselhou Reagan em quase todas as questões importantes que confrontaram sua presidência. Agora, servindo como procurador-geral, Meese advertiu Reagan que ele enfrentaria o impeachment caso não reconhecesse publicamente que os Estados Unidos venderam armas ao Irã.

Reagan ficou atordoado, mas não admitiu nada. Em vez disso, convocou uma comissão presidencial para investigar o caso Irã-Contras.[3]

Nancy Reagan ficou revoltada. Ela não culpa o marido pelo esquema ilegal, que ocorreu com a sua permissão.

Culpa Donald Regan.

O ex-fuzileiro naval de 68 anos é um descendente de irlandês durão que ascendeu até a chefia da empresa de investimentos Merrill Lynch. A partir daí, tornou-se secretário do Tesouro e, finalmente, chefe de gabinete da Casa Branca. Ele comparou seu trabalho ao de "um batalhão de varredores indo atrás de um desfile numa grande rua". Disse isso por lutar contra Nancy Reagan e contra as confusões que ela criava. A determinação de Nancy para controlar a agenda do presidente e a dependência de um astrólogo para traçar cada movimento do marido pareciam loucura para o chefe de gabinete. Mas ela tinha total apoio do presidente, de modo que Regan não tinha poderes para detê-la.

---

[2] Mais tarde, Hall ganhou imunidade em troca de seu testemunho contra Oliver North.

[3] Conhecida como Comissão Tower [Torre], ela foi batizada com o nome de seu presidente, o ex-senador republicano John Tower, do Texas. A Comissão concluiu a investigação, que durou três meses, no final de fevereiro de 1987. O relatório de trezentas páginas colocou a culpa pelo caso Irã-Contras em Ronald Reagan, exigindo que ele "assuma a responsabilidade" pelo ato ilegal. O relatório também culpou sua equipe por protegê-lo de uma série de questões fundamentais que envolveram a venda de armas ao Irã. "Sim, o presidente cometeu erros", disse Tower à imprensa. "Acho que isso está muito claro."

No início de seu trabalho na Casa Branca, Don Regan descobriu o quão forte uma adversária como Nancy Reagan poderia ser quando ela insistiu que ele demitisse Margaret Heckler, a secretária de Saúde e Serviços Humanos. Heckler foi uma das duas únicas mulheres que ocuparam altos cargos na administração Reagan. Era uma pessoa tímida, embora Nancy a desprezasse, acreditando que era um problema para o marido.[4] Entretanto, nem a primeira-dama nem Don Regan têm o poder de demitir um membro do gabinete, especialmente uma mulher que está num hospital passando por uma histerectomia.

"Quero que ela seja demitida", disse Nancy Reagan em um telefonema para a casa de Don Regan. O presidente estava completando o tradicional treino noturno. Essa era a hora em que Nancy preferia ligar para Regan, que recebia três vezes mais chamadas da primeira-dama do que do próprio presidente. Muitas vezes, Regan podia ouvir o som da máquina de remo do presidente ao fundo durante as ligações.

"Mas ela está se recuperando de uma histerectomia", Regan respondeu.

"Não importa. Mande ela embora."

"Eu não posso fazer isso enquanto ela estiver no hospital."

"Não importa. Demita essa maldita mulher", disse Nancy Reagan, fervendo.

Regan desistiu, e Margaret Heckler subitamente tornou-se embaixadora na Irlanda — longe de Nancy Reagan.

O mesmo destino teve o secretário do Trabalho Ray Donovan, o diretor de comunicações da Casa Branca Pat Buchanan e o diretor da CIA William Casey. Nancy insistiu que Casey fosse demitido,

---

[4] O divórcio público de Heckler foi estampado pelos jornais de Washington. Esse episódio, combinado com o que alguns consideravam como ineficazes competências de gestão, foi o que causou sua demissão.

mesmo estando ele deitado em uma cama de hospital, morrendo de um tumor cerebral. "Ele não pode trabalhar", ela discutiu com Regan, que mais uma vez questionou a humanidade da decisão. "Ele é um empecilho para Ronnie."

Em janeiro de 1987, enquanto o escândalo Irã-Contras continuava corroendo a credibilidade de Reagan, Nancy tomava o controle total da Casa Branca.

"A agenda do presidente é a ferramenta mais poderosa na Casa Branca", Regan escreve, "pois ela determina o que fará o homem mais poderoso do mundo e quando o fará. Nós cedemos essa ferramenta à sra. Reagan. Ou, mais precisamente, cedemos essa ferramenta a uma mulher desconhecida de São Francisco, que acredita que o zodíaco controla os eventos e o comportamento humano e que ainda pode ler os segredos do futuro pelo movimento dos planetas."

Regan estava se referindo à astróloga Joan Quigley. Por causa da intervenção de Nancy, Ronald Reagan agora não sai do lugar e não faz nada sem a aprovação de Quigley. Nancy também recebe aconselhamento de uma segunda astróloga, Jeane Dixon. Porém, é Quigley quem tem a confiança de Nancy, e é ela quem diz que o presidente não deve aparecer em público até o mês de maio, por causa dos "movimentos malévolos de Urano e Saturno".

Donald Regan ficou horrorizado. Insistiu que o presidente precisava ser visto em público. Entrincheirar-se na Casa Branca, no auge do caso Irã-Contras, dava a impressão de que estava escondendo algo. Com exceção do discurso do Estado da União em 27 de janeiro de 1987 e de algum outro compromisso oficial, Ronald Reagan faz o que Nancy pede.

O presidente e Regan se davam maravilhosamente bem e, muitas vezes, passavam algum tempo sozinhos no Salão Oval contando piadas. Isso só deixou Nancy Reagan mais determinada a enfrentar o chefe de gabinete. As farpas entre ela e Don Regan acabaram escoando para o domínio público. Por duas vezes, Regan desligou o telefone na cara de Nancy, quando ela ligou para o intimidar. O poder da primeira-dama continuou a aumentar, e havia uma crescente especulação de que o presidente era dependente e fraco.

"O que está acontecendo na Casa Branca?", perguntou na Câmara dos Representantes o democrata do Novo México William Richardson. "Quem está no comando? Um dos meus eleitores me perguntou: 'Como o presidente pode ser capaz de lidar com os soviéticos se não pode resolver uma disputa entre a esposa e o chefe de gabinete?'."

Quando as tensões aumentaram, Nancy insistiu tanto na demissão de Don Regan que o presidente ordenou que ela "parasse de encher o saco".

Esse fato também estampou as manchetes da TV. "Sra. Reagan", perguntou para Nancy o jornalista da ABC Sam Donaldson, "o presidente pediu que a senhora parasse de incomodá-lo a respeito de Donald Regan?"

"Não", ela respondeu, secamente.

Donaldson tentou outra direção: "Vocês estão brigando por causa disso?"

"Não", ela insistiu.

Finalmente, como Nancy sabia que iria acontecer, Ronald Reagan cedeu.

"Algo tinha que ser feito", Ronald Reagan admitiu a Nancy, que já havia arranjado o substituto de Regan: o ex-senador pelo Tennessee, Howard Baker. O presidente não dá a notícia ao chefe de gabinete pessoalmente. Em 27 de fevereiro, Regan descobriu que estava desempregado quando Nancy emitiu um comunicado ao canal de notícias CNN.

Quatro dias mais tarde, Nancy Reagan discursou na Associação Americana de Acampamentos, onde ridicularizou cruelmente Reagan. "Não acho que a maioria das pessoas associa minha imagem

Ronald Reagan 307

a sanguessugas", ela disse a uma plateia de 1.800 pessoas, "mas sei como removê-las. Sou uma especialista no assunto."

* * *

A tempestade passa rapidamente. Como a equipe do presidente gosta de dizer: "Ele tem dias bons e dias ruins." Hoje, 2 de março de 1987, é um bom dia para Ronald Reagan. Mesmo com a demissão do chefe de gabinete, e a Comissão Tower atribuindo a ele a culpa pelo escândalo Irã-Contras, o presidente está bem-humorado e faz piadas enquanto se dirige a uma reunião no gabinete, a que o filho vai assistir. Para os quatro homens que observam Reagan, ele tem completo controle dos fatos, e conta suas anedotas habituais sobre os dias em Hollywood. No almoço, o presidente está ainda mais solto, trocando piadas com o novo chefe de gabinete Howard Baker e aparentando ser, de fato, o homem mais poderoso do mundo.[5]

Sem que ele saiba, Ronald Reagan passou em um teste.

A vigésima quinta emenda não será invocada.

Dentro de dois dias, outra severa provação acontecerá.

---

[5] Os leais apoiadores de Reagan insistem que ele estava firmemente no controle do poder executivo durante todos os momentos. Rejeitam qualquer argumento contrário. É preciso dizer que Ronald Reagan conservou suas competências de atuação e raramente mostrou sofrimento físico ou mental para qualquer pessoa que não fosse Nancy, em quem ele confiava cegamente.

28

SALÃO OVAL DA CASA BRANCA
WASHINGTON, DC
4 DE MARÇO DE 1987
21h

Ronald Reagan está em apuros.

Com um terno azul e uma gravata também azul de bolinhas, o presidente se prepara para falar à nação. Seu rosto está avermelhado e demonstra fadiga. Seus olhos miram ligeiramente à esquerda da câmera à medida que ele lê um texto no teleprompter.

"Eu já falei para vocês deste histórico escritório em muitas ocasiões e sobre diversos assuntos. Muitos acreditam que o poder da presidência reside neste Salão Oval. Não é verdade. O poder está no povo americano e em sua confiança. Confiança que dá a um presidente poderes de liderar e é sua força pessoal, e é sobre esse assunto que eu quero falar com vocês esta noite."

Desde janeiro, o presidente testemunhou diante da Comissão Tower duas vezes. Em ambas parecia confuso. Na segunda aparição, Reagan estava tão perdido que, quando questionado sobre o que sabia sobre o caso Irã-Contras, cometeu o deslize de ler um memorando secreto.[1] Os meios de comunicação, sentindo que Reagan poderá em breve enfrentar o mesmo destino de Richard Nixon, estão em pleno ataque. Ben Bradlee, do *Washington Post*, compara abertamente o escândalo Irã-Contras com o Watergate.

"Nos últimos três meses, eu fiquei em silêncio sobre as revelações acerca do Irã", o presidente continua. "E você deve ter pensado: 'Por que ele não nos diz o que está acontecendo?'" E prossegue: "Outros de vocês, acho, estão pensando: 'O que ele está fazendo escondido na Casa Branca?' A razão de eu não ter falado com vocês antes é esta: vocês merecem a verdade. E ainda que a espera seja frustrante, eu pensei que era impróprio chegar até vocês com relatórios incompletos, ou até mesmo com declarações erradas, que depois teriam que ser corrigidas, criando ainda mais dúvida e confusão."

"Alguns meses atrás, eu disse ao povo americano que não negociei armas em troca da libertação de reféns. Meu coração e minhas melhores intenções ainda me dizem que isso é verdade, mas os fatos e as evidências me dizem que não é."

Essas devastadoras palavras não parecem afetar Reagan. Um sorriso paternal é visto em seu rosto. Pela primeira vez em seu mandato, ele está prestes a admitir alguma perda de memória. Essa passagem do discurso foi escrita com muito cuidado — a mensagem a ser transmitida é que o problema não aconteceu por causa dele, mas por causa das pessoas que trabalham para ele.

"Uma coisa que ainda me perturba é que ninguém guardou adequadamente os registros das reuniões e das decisões", diz para a câmera.

---

[1] O memorando discorria sobre os esforços para preparar Reagan a respeito do caso Irã--Contras.

Ronald Reagan

"Isso causou a minha incapacidade de lembrar se aprovei um envio de armas antes ou após o fato ter sido realizado. É certo que aprovei; só não posso dizer especificamente quando."

O discurso exibe Reagan em seu melhor tom paternalista, mostrando à nação que ele ainda está no comando e que lida meramente com uma situação interna ou burocrática.

"Quando você chegar à minha idade, já terá cometido muitos erros. E se viver sua vida adequadamente, vai aprender com eles. Você coloca as situações em diferentes perspectivas. E se recupera. E muda. E segue em frente."

Com essa simples declaração, Reagan deixa para trás de uma vez por todas o caso Irã-Contras. Ele seguirá em frente.

"Boa noite e que Deus os abençoe." [2]

* * *

Três semanas depois, a alma gêmea política de Ronald Reagan tenta salvar sua própria pele. Margaret Thatcher está em Moscou para reuniões com o líder soviético Mikhail Gorbachev. Thatcher, em meio a uma dura campanha para reeleição, se reúne no Kremlin com Gorbachev para falar sobre a recente aceitação dos soviéticos em reduzir o arsenal de mísseis nucleares. É a primeira vez em uma década que um primeiro-ministro britânico vem a Moscou.

---

[2] Ronald Reagan não foi responsabilizado pelo escândalo Irã-Contras. Em 1990, testemunhou a portas fechadas para o promotor do caso, Dan Webb, durante o julgamento federal do ex-conselheiro de Segurança Nacional John Poindexter. A defesa de Reagan sustentou que ele não conseguia se lembrar de todos os detalhes da ilegalidade. Poindexter e Oliver North estavam entre os treze membros da administração Reagan que foram indiciados pelo caso Irã-Contras. E considerados culpados por várias acusações criminais, mas suas condenações foram anuladas. Ninguém foi para a cadeia por causa da conspiração Irã-Contras.

Gorbachev está no poder há dois anos. Ele é diferente dos antigos líderes soviéticos, mais aberto às relações com os Estados Unidos e a Grã-Bretanha — simplesmente porque precisa ser. A economia soviética foi destruída por anos de gastos com o setor militar e as políticas econômicas comunistas falharam. A União Soviética está financeiramente de joelhos. Gorbachev só pode assegurar a viabilidade de seu país alinhando-se com o Ocidente.

Mikhail Gorbachev é um burocrata. Fez sua carreira dentro do Politburo ocupando cargos como o de secretário da Agricultura e de presidente da Comissão Permanente para Assuntos da Juventude. Sua ascensão no sistema soviético parecia improvável, pois ele é filho de camponeses e estava destinado a viver como agricultor. Foi seu pai quem o incentivou a entrar na Universidade Estatal de Moscou, onde Gorbachev se formou *cum laude*, graduando-se em 1955. Ao começar a carreira na política, Gorbachev mostrou habilidade de organização e diplomacia. Em trinta anos, esses talentos o levaram de um lugar desconhecido à posição de secretário-geral. Ao contrário dos antecessores, Gorbachev, de 56 anos, não é um assassino cruel, nem alcoólatra ou mulherengo. Careca e com uma mancha de nascença avermelhada no alto da testa, ele aproveita o apoio do povo soviético, que se juntou em torno de sua juventude e afabilidade. Até Ronald Reagan confia nele, acreditando que "existe uma dimensão moral em Gorbachev" que faltava aos líderes soviéticos anteriores.

Gorbachev tenta encontrar soluções para os problemas que o país enfrenta. Ele não desistiu do socialismo, mas introduz reformas de mercado e liberdades individuais por meio da "glasnost" e da "perestroika" — abertura e reestruturação, respectivamente. A abertura, no entanto, tem limites. Gorbachev sabe que não pode parecer fraco diante de Margaret Thatcher ou Ronald Reagan. Assim, o líder soviético repreende Thatcher. Ele está com raiva porque ela se referiu a sua nação como maligna, algo que Ronald Reagan também já disse. Gorbachev acha que isso o faz parecer fraco.

"Não, você não pode ter pensado isso!", Thatcher responde com a ajuda de um intérprete. Gorbachev e Thatcher estão acompanhados por um pequeno número de assessores, que testemunham a conversa. "Ninguém acha que a União Soviética é fraca. A União Soviética tem um poder enorme. Você tem armas de médio alcance superiores e armas estratégicas ofensivas, se contarmos as ogivas, bem como armas químicas e convencionais. Vocês são muito poderosos, e não fracos."

Gorbachev gostou do que ouviu. Assim como Ronald Reagan, ele tem um enorme respeito por Margaret Thatcher. Apesar das diferenças ideológicas, ele gosta da discussão.

"Mais uma vez, quero enfatizar que a coisa mais importante é que fiquemos fundamentados na realidade, caso contrário todos nós estaremos em grave perigo", adverte o primeiro-ministro.

Ela responde: "É muito importante para nós que você desista da doutrina de dominação mundial comunista."

"Nós nunca proclamamos tal doutrina", diz Gorbachev. "Existe a doutrina Truman, a doutrina Eisenhower, a doutrina neoliberal de Reagan... Todas essas doutrinas foram proclamadas publicamente pelos presidentes. Você não encontrará nenhuma declaração nossa sobre a 'implantação de uma dominação comunista', porque ela não existe."

A quase 10 mil quilômetros de distância, Ronald Reagan dá pouca atenção a essa discussão. Ele passou quarenta anos lutando contra o comunismo e não se importa muito com o que Mikhail Gorbachev tem a dizer. Porque Ronald Reagan já pensa nas palavras que irão impactar o mundo.

* * *

Dois meses depois da reunião em Moscou entre Margaret Thatcher e Mikhail Gorbachev, ela foi eleita primeira-ministra pela terceira vez. Em 8 de junho, Thatcher se encontra com o presidente Reagan, enquanto ambos estão participando de uma importante reunião econômica em Veneza. Os dois estão de acordo que é o momento certo para acertar um golpe pela liberdade e talvez acabar com o comunismo em toda a Europa para sempre.

Por isso, Ronald Reagan está diante do Muro de Berlim fazendo o discurso que definirá seu mandato — se não toda sua vida. A data é 12 de junho de 1987. Reagan está totalmente recuperado do caso Irã-Contras e posicionado quase exatamente no mesmo local onde o general americano George S. Patton se postou há 42 anos. Naquela época, Patton advertiu que a Segunda Guerra Mundial nunca iria ter fim até que os Estados Unidos derrotassem militarmente a União Soviética. O mundo não escutou Patton. Não só os soviéticos permaneceram na Europa Oriental como construíram uma barreira de concreto em torno de Berlim Ocidental. O chamado Muro de Berlim é um símbolo da Guerra Fria. Ele divide o lado democrático da cidade, Berlim Ocidental, da área ocupada pelos soviéticos, conhecida como Berlim Oriental.[3]

Em 1963, o presidente John F. Kennedy viajou a Berlim e disse ao mundo que a União Soviética estava escravizando pessoas. Agora, Ronald Reagan quer acrescentar mais ao histórico discurso de Kennedy.[4]

---

[3] O muro era composto por duas paredes separadas por 160 metros de terreno. Esse espaço era minado, continha armadilhas de metralhadoras e era patrulhado por cães de guarda. Torres de vigia também guardavam o espaço sem dono, e os soldados da Alemanha Oriental atiravam em quem tentasse fugir para Berlim Ocidental.

[4] John F. Kennedy falou ao povo de Berlim Ocidental em 26 de junho de 1963. Ele expressou contentamento por suas liberdades e repugnou o Muro de Berlim, construído recentemente, dizendo à multidão: "Ich bin ein Berliner" ["Eu sou um berlinense"].

Partindo de Veneza, Reagan chegou a Berlim pouco antes do meio-
-dia e saiu em carreata do coração da cidade para o histórico Portão
de Brandemburgo, onde uma multidão composta por milhares de
pessoas espera por suas palavras — "pessoas que se estendiam para
tão longe quanto eu podia ver", ele escreve em seu diário.

Reagan é teatral, está em cima de uma plataforma elevada em
frente ao Muro de Berlim. O tempo está cinzento e nublado, com
vento moderado. Reagan começa o discurso às 14h.

"Atrás de mim está um muro que circunda os setores livres desta
cidade, parte de um vasto sistema de barreiras que dividem todo o
continente da Europa", diz Reagan. "Desde o sul do Báltico, essas
barreiras atravessam toda a Alemanha em um corte de arame farpado, concreto, cães e torres de vigilância. Mais ao sul, pode não haver
muro visível, mas continua havendo guardas armados e postos de
controle — como uma restrição ao direito de viajar, um instrumento para impor aos homens e às mulheres comuns a vontade de um
Estado totalitário."

Pelo menos oitenta pessoas morreram tentando fugir de Berlim
Oriental para Berlim Ocidental. As autoridades comunistas são
implacáveis e sustentam que o muro existe para proteger as pessoas,
mantendo distantes as subversivas influências capitalistas.

O presidente continua: "É aqui em Berlim que o muro é visto
mais nitidamente; aqui, atravessando a cidade, onde as fotos dos
jornais e as imagens da televisão imprimiram a brutal divisão
de um continente na mente do mundo inteiro. Diante do Portão de
Brandemburgo, cada ser humano é alemão, separado de seus semelhantes. Todo ser humano é um berlinense, obrigado a contemplar
uma cicatriz."

O presidente, assim como Margaret Thatcher, tem desfrutado desde
o ano passado as melhores relações com Gorbachev, o líder soviético.

Mas Reagan adotou uma linha dura nas negociações de redução de armas, chegando a abandonar uma reunião de cúpula quando os termos de negociação impostos por Gorbachev não eram de seu agrado. Os russos respeitam a resistência, não o apaziguamento, e Reagan sabe que um recuo será visto como sinal de fraqueza. Ele não tem medo de falar duramente contra a ideologia comunista.

"Na década de 1950, Kruschev previa: 'Vamos enterrá-los'", Reagan diz enfaticamente. "Hoje, no Ocidente, vemos um mundo livre, que alcançou um nível de prosperidade e bem-estar sem precedentes em toda a história humana. No mundo comunista, vemos fracasso, atraso tecnológico, declínio dos padrões de saúde, e até mesmo aquele item mais básico, a escassez de alimentos. Até hoje a União Soviética não pode alimentar sua população. Depois dessas quatro décadas, então, há uma grande e inevitável conclusão: a liberdade leva à prosperidade. A liberdade substitui os antigos ódios entre as nações por cortesia e paz. A liberdade saiu vitoriosa."

Ronald Reagan está totalmente no comando. Não há sinal de fraqueza. A voz se eleva quando ele passa sua mensagem principal. Ele foi avisado de que, ao usar o muro como pano de fundo, seu discurso seria automaticamente "provocativo".

Ronald Reagan quer ser provocativo. Sua mensagem de hoje é tão poderosa que será interrompida 28 vezes por gritos e aplausos.

"É o começo das mudanças profundas no Estado soviético? Ou apenas gestos simbólicos, destinados a levantar falsas esperanças no Ocidente, a fim de fortalecer o sistema soviético sem alterá-lo? Nós acolhemos a abertura e a mudança, pois acreditamos que a liberdade e a segurança andam juntas, e o avanço das liberdades humanas só pode fortalecer a causa da paz mundial.

"Existe um sinal — inconfundível — que os soviéticos poderiam dar, e que faria avançar radicalmente a causa da liberdade e da paz." Reagan faz uma pausa, sabendo que o mundo aguarda suas palavras.

"Secretário-geral Gorbachev, se você busca a paz, se você busca a prosperidade para a União Soviética e a Europa Oriental, se você busca a liberalização:

"Venha até este portão! Sr. Gorbachev, abra este portão!

"Sr. Gorbachev, derrube este muro!"[5]

---

[5] Reagan observou em maio de 1975 que "o comunismo não é um sistema econômico ou político — é uma forma de insanidade —, uma aberração temporária que um dia desaparecerá da face da terra porque é contrário à natureza humana. Gostaria de saber quanta miséria ele irá causar antes de desaparecer". No momento em que Reagan assumiu a presidência, ficou claro que a União Soviética estava lutando para sobreviver economicamente e que seus habitantes estavam ficando descontentes com as crescentes dificuldades. A política externa de Reagan de "paz por meio da força" era um grande plano para levar a economia soviética à falência com o aumento do poderio militar americano, o que forçaria os russos a manter o ritmo — sabendo, no entanto, que eles não conseguiriam.

29

SALÃO OVAL DA CASA BRANCA
WASHINGTON, DC
20 de janeiro de 1989
10h

Dois anos após Ronald Reagan pedir a derrubada do Muro de Berlim, ele ainda está em pé. Para Reagan, o tempo está esgotado. É seu último dia na presidência. Ele e Nancy acabam de se despedir dos empregados domésticos em um emotivo encontro na Sala de Jantar de Estado. Agora, Ronald Reagan faz sua última caminhada ao longo da Colunata da Ala Oeste, passando pelo estimado Salão Oval. Uma equipe já limpou seus arquivos, removendo do Salão Oval todos os vestígios da presidência de Reagan. Até mesmo o pote de jujubas que ele mantinha sempre por perto foi retirado. Ao meio-dia, o novo presidente George H. W. Bush tomará posse no Capitólio.

O presidente Reagan acordou cedo e, antes mesmo de se trocar, tomou com Nancy o último café da manhã na Casa Branca em sua residência particular. Aos 78 anos, ele está saindo de vez do serviço público. Não está, no entanto, se aposentando. Preocupado com os rendimentos, ele já planeja complementar a pensão presidencial, de 99.500 dólares por ano, com palestras ao redor do mundo.[1]

A última correspondência de Reagan como presidente foi uma carta de despedida para Margaret Thatcher, na qual reafirmou sua profunda amizade. Ela e o marido, Denis, visitaram Washington no mês passado. Oportunamente, esse encontro fez de Thatcher a última dignitária estrangeira que se encontrou com Reagan na Casa Branca. "Nossa parceria fortaleceu a capacidade e a determinação da aliança ocidental para defender a si mesma e ainda reforçou a causa da liberdade em todo o mundo", Reagan escreveu. "Você foi uma aliada inestimável, e, mais do que isso, você é uma grande amiga. Foi uma honra trabalhar com você."

Graças aos esforços de Reagan e Thatcher, o comunismo global foi severamente enfraquecido. Antes da eleição de Reagan, era quase impensável que a União Soviética e os países satélites da Europa Oriental abraçassem a democracia, mas esse processo já começou. A Polônia está a cinco meses das primeiras eleições parcialmente livres desde 1928. Encorajado, o povo da Alemanha Oriental em breve se levantará para fazer o que Ronald Reagan exigiu de Mikhail Gorbachev: daqui a dez meses, em 9 de novembro de 1989, o Muro de Berlim será derrubado.

Nada disso teria acontecido sem a crença inabalável que durou por toda a vida de Ronald Reagan. Ele sempre acreditou na liberdade e no excepcionalismo americano. A Dama de Ferro da Inglaterra entende que "suas crenças, suas convicções e sua fé brilharam em tudo o que você fez", disse em resposta à carta de Reagan. "Você foi um exemplo e uma inspiração para todos nós."

* * *

---

[1] Como palestrante, Reagan é empresariado pelo Washington Speakers Bureau e ganha 50 mil dólares por palestra, descontados uma comissão de 20%. Além de falar a grupos corporativos nos Estados Unidos, Reagan ganhou 2 milhões de dólares em uma turnê de dez dias pelo Japão, pouco depois de deixar o cargo.

Ronald Reagan abre a gaveta de cima da mesa presidencial para garantir que os funcionários não removeram uma nota que ele colocou lá ontem. Faz parte da tradição que o presidente que sai deixe no Salão Oval uma mensagem simples para o sucessor. A carta manuscrita de Reagan deseja a Bush boa sorte e lembra o novo presidente que ele estará em suas orações.

Apesar do tom gentil, há uma tensão entre Reagan e Bush, decorrente da campanha. Ronald Reagan apoiou a candidatura do ex-vice-presidente, mas fez muito pouco em favor dele. Alguns acreditam que Reagan estava esnobando Bush; a verdade é que a própria campanha de Bush queria que seu candidato fosse independente e desprendido da presidência. Um show de Ronald Reagan poderia facilmente ter ofuscado Bush, menos carismático.

A residência oficial tornou-se um lugar amado por Ronald e Nancy. Reagan é um homem sentimental e movido pelo senso de história que cerca esse espaço. O presidente está convencido de que o fantasma de Abraham Lincoln assombra a residência. Ele afirmou que, algumas vezes, pôde ouvir o barulho da cadeira de rodas de Franklin Roosevelt, andando de uma sala para outra. Ele também disse a um amigo que poderia ouvir o fantasma de Teddy Roosevelt murmurando o famoso elogio: "Bully."[2]

"Nós estávamos familiarizados com todos os quartos e corredores", Reagan escreve. "As melhores lembranças de nossa vida estão naquela bela mansão histórica."

Agora é hora de partir.

O Conselheiro de Segurança Nacional Colin Powell entra no Salão Oval para passar a Reagan o último relatório diário. "O mundo está calmo hoje, sr. presidente", o ex-general do Exército diz sucintamente.

---

[2] O presidente Teddy Roosevelt era conhecido por assinar as cartas usando a expressão "Bully for you", que em sua época tinha um sentido encorajador e positivo. Uma tradução apropriada seria o aportuguesado "bravo". [*N. do T.*]

Reagan coloca a mão no bolso do terno azul-piscina. Ele pega o cartão de plástico que carregou por todos os dias desde sua posse. O cartão certifica que ele é o presidente dos Estados Unidos. Na eventualidade de uma guerra nuclear, esse objeto será apresentado ao encarregado militar que permanece perto dele em todos os momentos. Depois disso, a maleta especial conhecida como "futebol nuclear" será aberta, revelando os códigos de lançamento nuclear.

"O que faço com isso?", ele pergunta a Powell.

"Fique com ele mais um pouco", responde Powell. "Você ainda é o presidente."

* * *

O último ato oficial de Ronald Reagan como presidente dos Estados Unidos ocorre pouco antes das 11h, quando ele entrega o cartão de autenticação de plástico ao assessor militar da Força Aérea. Às 12h40 deste dia frio em Washington, com George Bush já empossado como o 41º presidente dos Estados Unidos, Ron e Nancy Reagan embarcam em um helicóptero do governo para começar sua viagem de volta à Califórnia. Como ele não é mais presidente, o código de identificação "Marine One" [Marinha Um] já não é mais aplicado à aeronave oficial. "Nighthawk" [Falcão Noturno] é o código usado hoje no helicóptero que decola do Capitólio, levando o casal até a base aérea de Andrews.

O momento, nas palavras de Nancy, é "doloroso". Eles participaram de uma longa lista de eventos "finais" nas últimas semanas: última visita a Camp David, último jantar na Casa Branca, último momento com a imprensa. Esta manhã, na recepção de despedida, Nancy encarou a difícil realidade de que tudo estava acabado. "Nós deveríamos ter tido um café, mas eu não me lembro de ter tomado nenhum. Logo depois, era hora de sair para a posse", ela vai escrever.

Nancy e Barbara Bush compartilham uma limusine no desfile de posse. Nancy olha pela janela e vê o gramado da Casa Branca, e então se pergunta se as magnólias que plantou ali sobreviverão para que os netos as vejam. "Meu coração doía enquanto eu olhava para aqueles bonitos gramados, que talvez eu nunca mais veria."

O tempo e os acontecimentos mudaram Nancy Reagan. Pouco depois do retorno de Berlim, em 1987, a primeira-dama foi diagnosticada com câncer de mama e passou por uma mastectomia para remover um dos seios. O procedimento foi um sucesso, e a provação pública de Nancy suavizou sua imagem aos olhos de muita gente. Com o fim da presidência do marido, qualquer animosidade que tenha existido entre os Reagan e os meios de comunicação foram substituídos por uma nostálgica cordialidade. O jornalista Walter Cronkite conduziu os Reagan até o palco da mais recente cerimônia de premiação do Kennedy Center Honors, onde foram recebidos com uma salva de palmas e ao som de um coro da música "Auld Lang Syne". Mesmo Sam Donaldson, o jornalista da ABC que atormentou os Reagan por oito anos, aproximou-se recentemente de Nancy para dizer que iria sentir falta do casal.

Quando o helicóptero decola, os Reagan olham pela última vez para a Casa Branca. Eles encostam os rostos nas janelas, esforçando--se para ver a glória de sua antiga casa. Abaixo deles estão os vastos gramados, as fontes e as famosas colunas que conhecem tão bem. Enquanto olham para baixo, caminhões de mudança transportam seus móveis para a nova casa, em Beverly Hills. No lugar desses móveis, é instalada a mobília da família Bush. "Olha, querida", diz Reagan, sem tirar os olhos da Casa Branca. "Lá está nossa pequena cabana."

O piloto, finalmente, dirige o helicóptero VH-60N para a base de Andrews. E os Reagan desaparecem nas nuvens.

30

CLÍNICA MAYO
ROCHESTER, MINNESOTA
8 DE SETEMBRO DE 1989
11h

Oito meses depois, a Casa Branca é a última coisa na mente de Ronald Reagan.

Uma furadeira cirúrgica zumbe enquanto o ex-presidente encontra-se deitado de costas em uma sala de cirurgia. O neurocirurgião de 59 anos, dr. Thoralf Sundt, pressiona a broca contra o lado direito do crânio de Reagan e, cuidadosamente, abre um buraco do tamanho de uma moeda. Dois meses atrás, Reagan sofreu uma queda de um cavalo no México, no rancho de um amigo, ao sul da fronteira do Arizona.

Os cavalos utilizados no passeio não tinham ferraduras e corriam selvagemente quando estavam sem as selas. Isso fez com que o agente do Serviço Secreto John Barletta desaconselhasse a cavalgada. Nancy aceitou o conselho, o ex-presidente, não. No segundo dia no rancho, o cavalo de Reagan se assustou com um touro selvagem. Começou a empinar e saltar descontroladamente. No início, Reagan conseguiu se segurar. O cavalo assustado continuou chutando o ar com as patas traseiras e, no terceiro salto, Reagan foi arremessado da sela. Voou tão alto que seu corpo subiu acima das cabeças daqueles que estavam cavalgando ao lado dele.

O impacto da queda de Reagan foi forte, ele bateu a cabeça no solo rochoso, quase acertando um pedaço de cacto. "Rawhide caiu!", gritou pelo rádio o agente Barletta, vociferando pela primeira vez aquelas palavras que haviam sido ditas desde a tentativa de assassinato, oito anos antes. Reagan estava inconsciente, mas logo acordou. A princípio, parecia ileso. Mesmo assim foi levado de helicóptero militar a um hospital do Exército no Arizona, onde foi tratado por conta de arranhões e contusões e depois foi trazido de volta para o rancho, a fim de continuar as férias — dessa vez sem nenhum outro passeio a cavalo.

Sem que os médicos de Reagan tivessem notado, um vaso sanguíneo na cabeça foi rompido com a queda. Por dois meses, sangue esteve vazando dentro do crânio, produzindo um coágulo que pressiona lentamente o cérebro. Esta condição, conhecida como hematoma subdural, altera o humor e a visão e ainda eleva os níveis de demência. O paciente pode se queixar de dores de cabeça ou simplesmente cair em estupor antes de procurar tratamento. O hematoma de Reagan, no entanto, é um assassino silencioso, sem sintomas exteriores, além dos esquecimentos habituais. Se não fosse por exames físicos anuais na Clínica Mayo, a condição do ex-presidente não seria facilmente descoberta. Uma tomografia de rotina localizou o coágulo, e Reagan foi levado às pressas para cirurgia.

O dr. Sundt remove a broca e, em seguida, olha pela abertura no cérebro de Reagan. Em seu trabalho, o respeitado cirurgião vislumbra o cérebro humano quase diariamente. Este é o cérebro, porém, de um presidente vivo. O dr. Sundt tem a oportunidade única de salvar a vida de Reagan.

Clinicamente, o procedimento realizado em Reagan é conhecido como "trepanação". Em muitos casos, é preciso fazer um segundo ou um terceiro furos para aliviar a pressão, mas o neurocirurgião verificou que uma abertura é suficiente para Reagan.

Menos de uma hora depois de ser sedado, Ronald Reagan é levado para a sala de recuperação. Os médicos estão convencidos de que Reagan não mostra sinais de derrame, lesão de nervos ou paralisia — tão comuns em pacientes idosos que sofrem traumatismo craniano. Apesar da operação, a queda acelerou a condição debilitada de Reagan. Nancy Reagan um dia resumirá: "Eu sempre tive a sensação de que o duro golpe na cabeça, em 1989, acelerou o aparecimento do mal de Alzheimer em Ronnie."

* * *

Quatro anos mais tarde, Ronald Reagan continua firme. É 6 de fevereiro de 1993, data do 82º aniversário de Reagan. Reagan e Margaret Thatcher conversam amigavelmente sobre suas vidas depois do serviço público. Ao contrário de Reagan, Thatcher não saiu por vontade própria. Ela foi forçada a sair pelo próprio partido, o Partido Conservador, em 1990, e chorou quando fechou a porta pela última vez na Downing Street, número 10.[1] Agora, aos 67 anos, ela ganha a vida dando palestras por 50 mil dólares e trabalha em um livro de memórias. O estado de demência que cairá sobre ela ainda está uma década distante, e ela permanece afiada ao lado de Reagan no "Salão Oval".

A festa de aniversário para arrecadação de fundos não é na Casa Branca, e sim em Simi Valley, Califórnia. Hoje, Reagan e Thatcher

---

[1] A popularidade de Thatcher estava em tamanho declínio no final dos anos 1980 que sua reeleição era quase impossível. O imposto comunitário que ela defendia levou a tumultos generalizados, e ela era profundamente cética em relação à participação da Grã-Bretanha na União Europeia, pensando que isso corroeria o poder de sua nação. Quando o partido a colocou de lado, as pesquisas de opinião mostravam que seus índices de aprovação estavam abaixo de 40%. Os eleitores disseram que ela havia perdido o contato com as pessoas.

estão em uma réplica exata do Salão Oval, em exposição na Biblioteca Presidencial Ronald Reagan. Thatcher e uma série de celebridades reuniram-se para esse jantar ao custo de 500 dólares por prato, a fim de arrecadar dinheiro para a biblioteca. Velhos amigos de Hollywood, como Jimmy Stewart, Merv Griffin e o magnata da mídia Rupert Murdoch estão entre os 500 convidados desse evento de gala. Os ingressos para a noite festiva esgotaram imediatamente.

Reagan e Thatcher caminham até uma grande tenda branca instalada no gramado, onde o jantar será servido. O menu é composto por filé de linguado recheado com caranguejo, prime rib e batatas, tudo regado a vinhos da Califórnia, que Ronald Reagan tem desfrutado bastante. Como sobremesa, haverá a opção predileta de Reagan: sorvete Häagen-Dazs com cobertura de chocolate.

A noite pertence a Ronald Reagan, e é Margaret Thatcher quem presta a primeira homenagem. Ela o elogia por trazer "o Império do Mal ao chão".

"Se o aniversário de Ronald Reagan é comemorado calorosamente na Califórnia", continua Thatcher, "é celebrado ainda mais calorosamente em Praga, Varsóvia, Budapeste e na própria Moscou."

Em seguida, é a vez de Reagan propor um brinde a Thatcher. "Obrigado, Margaret, por essas palavras tão amáveis", ele começa. O brinde de Reagan é extenso. Ele o escreveu e memorizou previamente. No papel, o discurso preenche quatro páginas datilografadas. "Eu não acho que mereço tanto alarde pelo meu aniversário. Como George Burns disse uma vez, 'tenho artrite e não mereço isso também'", ele diz com um sorriso.

Reagan continua: "Margaret, você sempre foi uma forte aliada e um amiga muito querida. Em nome de todos nós, eu agradeço pelo imenso papel que você desempenhou na construção de um mundo melhor. Pessoalmente, agradeço muito pela honra de sua presença esta noite."

Quando ele termina, toda a tenda troveja com gritos de aprovação e o tilintar das taças.

Momentos depois, Reagan se levanta para um segundo brinde.

O entusiasmo cresce e o ex-presidente está em pé com os olhos azuis brilhando e o smoking perfeitamente alinhado no corpo. Ele aparenta ser uma década mais jovem e, para um observador casual, parece saudável e estar em forma.

Lentamente, ele se vira para Margaret Thatcher e levanta a taça mais uma vez. Thatcher está radiante e o público aguarda ansiosamente pela próxima fala memorável de Reagan. Sorrindo, ele começa a falar.

"Obrigado, Margaret, por essas palavras tão amáveis", diz ele, erguendo o copo. "Eu não acho que mereço tanto alarde pelo meu aniversário. Como George Burns disse uma vez, 'tenho artrite e não mereço isso também'", Reagan diz com uma risada.

Uma comoção toma imediatamente o ambiente enquanto Ronald Reagan pronuncia, palavra por palavra, exatamente o mesmo discurso para Margaret Thatcher, dito alguns momentos atrás.

Reagan continua por dois angustiantes minutos. "Pessoalmente, agradeço muito pela honra de sua presença esta noite", disse o ex-presidente a Margaret Thatcher, erguendo o copo mais uma vez.

Os amigos de Reagan ficam perplexos, em silêncio.

31

LOS ANGELES, CALIFÓRNIA
JUNHO DE 1994
MANHÃ

O homem que viverá por mais dez anos passa por um impressionante baque.

Sua filha, Patti Davis, de 41 anos, está totalmente exposta para todo o país ver. A revista *Playboy*, em todas as bancas, promete a suprema humilhação de um pai escancarada na capa. Patti não usa nada além de um sorriso e tem as mãos de um homem forte e oculto nos seios nus. A manchete sensacionalista da revista garante que "a filha renegada de Ronald Reagan" contará tudo.

Como era mesmo intenção de Patti Davis, seu pai está profundamente magoado com a tentativa da filha distante em constrangê-lo. Durante anos, Reagan tem penado para lidar com os filhos rebeldes. Patti sempre foi o maior problema. Com provocadoras preferências políticas liberais, e o uso indiscreto da maconha, ela se esforça para ser o oposto de Ronald e Nancy Reagan em todos os sentidos.

Há apenas dois anos, Patti publicou um polêmico livro de memórias sobre sua vida na "disfuncional" família Reagan. O livro revela a dependência de Nancy por tranquilizantes e diuréticos. Ele também expõe o fato de que Patti tinha medo de engravidar e ter filhos, assim como sua mãe. Patti, porém, tornou-se infértil ao realizar uma ligadura de trompas aos 24 anos. Além disso, Patti levou publicamente um estilo de vida que vangloriava uma atitude libertina em questões sociais. Um escritor descreveu-a como "uma filha raivosa com muitas contas a cobrar".

Agora, sorrindo na capa da *Playboy*, ela humilhou a mãe e o pai — e todo o mundo sabe disso.

Patti Davis afirma publicamente que a culpa por sua rebeldia é de Nancy. Ela diz que a mãe era física e emocionalmente abusiva, usuária crônica de medicamentos com prescrição médica que estapeava a filha quando comia demais, ou até mesmo quando passou a menstruar ainda muito jovem. Quando ela contou ao pai sobre os maus-tratos, Ronald Reagan a chamou de mentirosa.

"Patti, você está nos machucando, e está se machucando ainda mais", escreveu Reagan à filha em 1991, quando vazou o boato de que ela estava escrevendo um polêmico livro de memórias.

"Nós não somos uma família disfuncional", continua a carta de Reagan. "Patti, em nosso encontro no escritório você disse que sua mãe não gostava de você. Isso não é verdade. Sim, ela está descontente com a forma em que as coisas estão, e, mais uma vez, eu posso mostrar-lhe fotos em que o amor entre vocês é inconfundível. E essas fotos são praticamente quase todas as fases de sua vida. Fotografias não mentem."

Reagan conclui: "Por favor, Patti, não tire de nossas memórias a filha que realmente amamos e a quem perdemos."

"Com amor, papai."

Patti Davis não deu ouvidos a Reagan, e o enfrentamento é claro em cada uma das fotos da *Playboy*. Ela olha diretamente para a câmera, sabendo que cada clique do obturador do fotógrafo vai humilhar publicamente o homem que considera um fracasso como pai.

É uma traição impressionante.

* * *

Dois meses antes, Ronald Reagan experimentou outro episódio de constrangimento público.

Era 27 de abril de 1994. Ronald e Nancy Reagan compareceram ao funeral de Richard Nixon. Vinte anos depois do escândalo de Watergate, que o derrubou, sua amada esposa, Pat, sucumbiu a um câncer de pulmão. O 37º presidente dos Estados Unidos morreu em decorrência de um acidente vascular cerebral aos 81 anos. Nixon será levado para descansar no jardim de seu local de nascimento, onde foi erguida a biblioteca presidencial, em Yorba Linda, Califórnia. Apesar do tráfego intenso da tarde, ao sul de Beverly Hills, os Reagan levam pouco mais de uma hora para chegar à cerimônia, que começa às 16h.[1]

Entre os presentes no funeral estão quatro ex-presidentes e o chefe atual do executivo, Bill Clinton. Além deles, outras 4 mil pessoas formam uma multidão acomodada em cadeiras dobráveis, que aguardam o início da cerimônia. Os últimos que se sentaram foram os ex-presidentes e suas esposas. Não há nenhuma apresentação formal, e enquanto a banda do Corpo de Fuzileiros Navais toca uma música pomposa, cada casal caminha em direção a seus lugares sob aplausos educados.

Gerald e Betty Ford, Jimmy e Rosalynn Carter, George e Barbara Bush e o presidente Clinton com a esposa Hillary tomam seus lugares.

É a chegada de Ronald e Nancy Reagan que rouba a cena. Como podem constatar a audiência televisiva e o público presente, a confusão de Reagan é aparente. Caminhando logo atrás de Ford e na frente de Carter, o ex-presidente segura firme a mão de Nancy. Ela conduz o

---

[1] A última residência de Nixon não foi na Califórnia, mas em Park Ridge, Nova Jersey. O derrame ocorreu enquanto ele estava sentado para jantar em 18 de abril. Quatro dias depois de sua morte, o corpo foi levado à Califórnia a bordo do mesmo Boeing VC-137C que transportou o caixão de John F. Kennedy de volta a Washington, DC, após seu assassinato, em 1963. Assim como ocorreu na saída da capital depois da renúncia, em 1974, o avião de Nixon desembarcou na Base Naval de El Toro. Então, o corpo de Nixon foi transportado por comboio até seu lugar de descanso final, 32 quilômetros ao norte.

marido como a uma criança, andando na frente e puxando-o para perto. Reagan parece confuso e, frequentemente, gira a cabeça. Ele apresenta um sorriso perdido, como se não tivesse certeza do que se trata o alvoroço. Quando o público rompe em aplausos, Nancy sussurra, pedindo que ele acene para a multidão.

Ele o faz obedientemente.

Os Reagan sentam entre os Carter e os Bush. O declínio físico de Ronald Reagan é nítido. Em comparação com Gerald Ford, que tem 80 anos, somente dois anos e meio mais novo, Reagan parece frágil e enrugado. Ford acha que ele parece "vazio", e Bush diz a amigos que está profundamente preocupado com Reagan. Carter acha que as reações de Reagan às questões cotidianas "não são adequadas".

Embora os ex-presidentes estejam bem cientes da decadência de Reagan, há um consenso entre os meios de comunicação de que o assunto deve ser mantido intocado até que a família Reagan resolva torná-lo público.

O funeral de Nixon é a última grande aparição pública de Ronald Reagan. Depois de uma vida inteira atuando, o ator deixou o palco.

* * *

Quatro meses depois do funeral de Nixon, Ronald Reagan volta à Clínica Mayo para os exames físicos anuais. É agosto de 1994. O sul de Minnesota é úmido e quente nessa época do ano, mas na pequena sala de exames em que Ronald Reagan se encontra, o clima é fresco e confortável. Seu cabelo está ficando grisalho, numa mostra da idade avançada. Como todos os anos, o ex-presidente tem a pressão arterial verificada enquanto o médico escuta seu coração.

A pedido de Nancy Reagan, os conceituados médicos da Clínica Mayo realizam um tipo de teste diferente hoje.

"O que você comeu no café da manhã?", perguntam a Ronald Reagan.

É uma questão simples, algo que qualquer pessoa com alguma memória poderia responder imediatamente. Reagan gagueja. Sorri enquanto tortura o cérebro. Ele não sabe o que comeu no café da manhã. Não está claro nem mesmo se ele sabe o que significa café da manhã.

Os médicos tomam nota. O ex-presidente está totalmente dependente de Nancy. Reagan começou a fazer perguntas a Nancy como: "O que faço agora?" Ele também diz em voz alta: "Eu não tenho certeza de onde estou." Ele não reconhece mais os velhos amigos. Nancy Reagan acompanha as chamadas telefônicas para ajudar nos momentos em que ele apresenta falha de memória. Logo após a morte de Richard Nixon, ele foi questionado pelo jornalista Hugh Sidey, da revista *Time*, sobre o escândalo Watergate. Reagan sequer se recorda do episódio.

"Perdoe-me", Reagan finalmente admitiu a Sidey, "na minha idade, a memória não é tão boa como costumava ser."

Agora, na Clínica Mayo, Reagan não consegue responder à pergunta sobre o café da manhã. Ele também não é capaz de recitar uma lista de três itens curtos que acabou de lhe ser apresentada. A situação é clara.

"Nos últimos doze meses, começamos a notar, com os resultados dos exames do presidente Reagan, sintomas que indicam a possibilidade de mal de Alzheimer em sua fase inicial", diz o diagnóstico. "Testes adicionais e uma extensa observação nas últimas semanas levaram-nos a concluir que o presidente Reagan está entrando nos estágios iniciais da doença."

"Embora sua saúde seja boa, espera-se que, com o passar dos anos, ela comece a deteriorar. Infelizmente, não há cura para o mal de Alzheimer e não existe nenhum tratamento eficaz que possa deter sua progressão."

* * *

Três meses após os exames na Clínica Mayo, Ronald Reagan se junta aos ex-presidentes e primeiras-damas que tornaram públicos seus problemas de saúde. Franklin Roosevelt admitiu a pólio e, em 1938, lançou um programa de caridade conhecido como Marcha dos Dez Centavos. A sinceridade de Betty Ford sobre o câncer de mama, e mais tarde sua batalha contra o alcoolismo, ajudou a levar esses dois assuntos sensíveis a uma discussão pública.

Apesar da crescente confusão e dos esquecimentos, Ronald Reagan ainda está alerta o suficiente para ter ideia do destino que se abateu sobre ele. Nos bons tempos, entenderia que é impotente para deter o avanço do mal de Alzheimer.

A doença é fatal, matando suas vítimas entre quatro e doze anos. Os medicamentos atuais no mercado não significam cura, mas paliativos para melhorar a memória temporariamente.

O mundo ainda está aprendendo sobre o mal de Alzheimer. Todos o confundem com senilidade e demência. Em 5 de novembro de 1994, Ronald Reagan pega uma caneta e um papel para falar ao mundo.

Meus companheiros americanos,

Recentemente, fui informado que sou um dos milhões de americanos que serão atingidos pelo mal de Alzheimer. Ao saber desta notícia, Nancy e eu tivemos que decidir se iríamos manter este assunto em particular, como cidadãos reservados que somos, ou se tornaríamos pública a informação. No passado, Nancy sofreu de câncer de mama, e eu mesmo passei por cirurgias por conta do câncer. Ao divulgar esses casos, descobrimos que fomos capazes de sensibilizar a opinião pública. Ficamos felizes que, como resultado, muitas pessoas foram submetidas a exames de prevenção. Elas foram tratadas em estágios iniciais e capazes de retornar a uma vida normal e saudável.

Então, agora, nós sentimos que é importante compartilhar com vocês novamente. Ao abrir nossos corações, esperamos promover maior conscientização sobre esta condição. Talvez isso incentive uma compreensão mais clara sobre os indivíduos e as famílias que são afetadas.

No momento, eu me sinto muito bem. Pretendo viver o resto dos anos que Deus me deu nesta terra, fazendo as coisas que sempre fiz. Vou continuar dividindo a jornada da vida com a minha amada Nancy e com minha família. Pretendo desfrutar o ar livre e continuar em contato com meus amigos e apoiadores.

Infelizmente, conforme o mal de Alzheimer progredir, a família carregará um pesado fardo. Eu apenas gostaria que houvesse alguma maneira de poupar Nancy desta experiência dolorosa. Quando chegar a hora, estou confiante de que, com sua ajuda, ela enfrentará tudo com fé e coragem.

Para encerrar, quero agradecer ao povo americano por me dar a grande honra de servir como presidente. Quando o Senhor me chamar para casa, seja quando for, eu partirei com o maior amor por este nosso país e eterno otimismo pelo seu futuro.

Agora, eu inicio a viagem que vai me conduzir para o pôr do sol da minha vida. Eu sei que para os Estados Unidos haverá sempre um brilhante amanhecer pela frente.

Obrigado, meus amigos. Que Deus os abençoe sempre.

Atenciosamente,
Ronald Reagan

* * *

Com o destino selado, Ronald Reagan se senta em um banco na Igreja Presbiteriana de Bel Air. Uma grande cruz de madeira levanta-se atrás do púlpito, onde o veterano pastor Michael Wenning lidera a congregação em prece ao Senhor. "Pai nosso", diz Reagan, em palavras que memorizou quando criança. Ele fixa os olhos na cruz. "Que estais no céu, santificado seja o vosso nome..."

Nancy está ao lado de Reagan, também rezando em voz alta.

E ao lado de Nancy está Patti Davis. Depois de anos de um amargo isolamento e estranhamento, o diagnóstico de Alzheimer de Ronald Reagan trouxe a filha de volta. Inacreditavelmente, ela está prestes a voltar para casa, curando feridas de uma vida inteira, para ficar mais perto do pai nos últimos dias. A reviravolta de Patti Davis é surpreendente.

Assim como os irmãos, ela deixou o passado para trás. Acabaram--se os dias de raiva em que ela zombava da política do pai. O objetivo agora é a reconciliação em vez da rebeldia.

"Amém."

* * *

É uma tarde de fevereiro de 1996, um dia agradável de sol e céu limpo no sul da Califórnia. George Shultz bebe chá com Ronald e Nancy Reagan em sua casa de Bel Air. As azaleias ao longo da calçada estão começando a florescer. O ex-secretário de Estado veio cumprimentar o ex-chefe, o homem a quem serviu por seis anos e meio. Juntos, eles passaram incontáveis horas elaborando a política externa que viria a definir a administração Reagan e o término da Guerra Fria e colocaria fim à influência comunista em todo o mundo. Eles viajaram juntos a bordo do avião presidencial e sentaram-se à mesa de negociação, onde Reagan negociou friamente um novo tratado de armas com o líder soviético Mikhail Gorbachev.

Ronald Reagan não se lembra de nada disso. Ele já começou até a esquecer-se de que foi presidente dos Estados Unidos. Embora ele passe algum tempo em seu escritório nas proximidades de Century City, a maior parte do dia é gasto, principalmente, lendo os quadrinhos e sentando-se perto do parque Armand Hammer, onde observa as crianças brincando.

Reagan tem uma aparência saudável. Mas está morrendo. Às vezes, acorda no meio da noite achando que é hora do café da manhã. Ainda consegue vestir-se, às vezes fazendo nó nas gravatas. O aperto de mão está firme e, quando se aventura a ir ao Los Angeles Country Club para jogar golfe, se parece com os outros jogadores no campo, comemorando as boas tacadas e resmungando com raiva quando as bolas são perdidas. O jogo de Reagan, porém, é limitado a um ou dois buracos em vez dos dezoito tradicionais.

Talvez o sinal mais revelador de que o fim está próximo é que o amado Rancho del Cielo está à venda. Não sendo mais capaz de montar um cavalo ou de limpar o mato, Reagan nunca mais voltará ao rancho. O lugar será vendido pela melhor oferta.

Ronald Reagan não faz a menor ideia de que isso está para acontecer.

George Shultz e Nancy Reagan continuam conversando nesta tarde quente de inverno, e Reagan finalmente se levanta e sai da sala, seguido por uma enfermeira.

"Quem é aquele homem sentado no sofá com Nancy?", o ex-presidente pergunta à enfermeira. "Eu o conheço. Ele é alguém muito famoso."

32

CENTRO DE SAÚDE ST. JOHN
SANTA MÔNICA, CALIFÓRNIA
20 DE JANEIRO DE 2001
9h05

Nancy Reagan senta-se em uma cadeira ao lado da cama de hospital do marido, assistindo a um novo presidente ser empossado.

"Eu, George Walker Bush, juro solenemente..."

Ronald Reagan também assiste à cerimônia, completamente alheio de que ele mesmo já fez o juramento, há exatamente vinte anos. Enquanto ele fita a televisão, há um olhar distante nos olhos. Faz sete anos que o Alzheimer foi diagnosticado. Reagan fará 90 anos daqui a duas semanas. Oito dias atrás, ele quebrou o quadril quando caiu em casa e, depois da alta hospitalar, passará o resto da vida em uma cama. O físico robusto do ex-presidente se deteriora a olhos vistos, e os exercícios diários são coisas do passado. Os largos ombros de outrora agora estão encolhidos, os ossos em suas costas são claramente visíveis e pressionam sua carne fina.

Ronald Reagan não tem consciência de sua condição física. Ele nem sequer reconhece a própria esposa. "Minha mãe fala sobre a solidão de sua vida agora", a filha Patti escreve em seu diário. "Ele está presente, e de muitas maneiras ele também não está. Ela sente a solidão em pequenos detalhes — ele costumava passar loção em suas costas. Agora, ele não faz mais isso. E ela pressente que o futuro será insuportável sem ele."

Nancy sabe que a inabalável devoção ao marido fez dela um alvo a ser desprezado em seus dias na Casa Branca, e por isso não tem nenhum arrependimento. "Eu sou a única que o conhece bem, e eu era a única pessoa na Casa Branca que não tinha absolutamente agenda própria, exceto ajudá-lo", ela afirmou em sua autobiografia.

O bom amigo dos Reagan, Jimmy Stewart, observou certa vez que se "Nancy tivesse sido a primeira esposa de Ron em vez da segunda, ela teria sido uma verdadeira estrela em Hollywood, com alguns Oscar como resultado disso".

Nancy, no entanto, o guiou à presidência. "Por mais que eu ame o Ronnie", escreve ela, "preciso admitir que ele tem pelo menos uma falha: é ingênuo em relação às pessoas a sua volta. Ronnie tende a pensar somente bem das pessoas. Enquanto essa é uma grande qualidade em um amigo, pode trazer problemas na política."

Nancy Reagan tinha uma influência capaz de mudar o mundo. Neste momento, ela e seu Ronnie assistem à posse presidencial. Daqui a poucas horas Reagan será liberado para voltar para casa, e o compromisso de Nancy com ele continua. Desde sua queda, ele não sai mais de casa, exceto nas ocasiões em que é colocado em uma cadeira de rodas e levado ao pátio.

"Meu pai é o único homem na casa hoje em dia, além dos agentes do Serviço Secreto que ocasionalmente entram aqui", escreve Patti

Davis. "Agora, é uma casa de mulheres — enfermeiras, minha mãe e as empregadas domésticas."[1]

É uma vida tediosa para Nancy. Ela permanece ao lado do marido noite e dia, saindo apenas de vez em quando com amigas para comer salada Cobb [misto de folhas, tomate, frango, abacate e ovos] e biscoitos de chocolate no Hotel Bel-Air — que fica ali perto. O alívio é necessário, pois Ronald Reagan já não pode fazer mais nada por si mesmo. O escritório foi transformado em quarto. Ele passa os dias lá, em uma cama de hospital, sendo cuidado por uma equipe e por Nancy, bem ao lado da mesa em que antigamente escrevia muitas cartas e discursos. Ele não é mais capaz de se alimentar ou até mesmo de falar.

Ele simplesmente está à espera da morte.

* * *

"Eu te batizo USS *Ronald Reagan*, e que Deus abençoe todos os que navegam em ti", diz Nancy Reagan em 4 de março de 2001 diante de milhares de pessoas, em Newport News, na Virgínia. Ela levanta a tradicional garrafa de champanhe, quebrando-a contra o casco de aço do navio. Nancy sorri enquanto o público, composto pela equipe naval e por funcionários do estaleiro, rompe em aplausos. Seu marido adoraria saber que um porta-aviões movido a energia nuclear foi encomendado em sua homenagem.

Nesse dia, ela e Ronald completam 49 anos de casamento. Ronald Reagan não sabe disso, e encontra-se quase imóvel, dia após dia, na Califórnia.

---

[1] A casa de Ronald Reagan é vigiada por uma equipe do Serviço Secreto. Há também uma enfermeira durante o dia e outra à noite, juntamente com uma equipe de cozinha e limpeza. Há quartos para dois empregados, uma adega, uma sala de ginástica e uma estufa para o cultivo de flores perto da piscina.

"É solitário", Nancy dirá a Mike Wallace em uma rara entrevista na televisão para o *60 Minutes*. "No fundo, você vê que está nessa sozinha. E não há nada nem ninguém que possa fazer algo por você."

* * *

Um ano após o lançamento do USS *Ronald Reagan*, o casal completa o quinquagésimo aniversário de casamento, que acontece sem alarde. Nancy recorda, em 4 de março de 2002: "Houve momentos em que me pegava dizendo: 'Querido, lembra-se quando...'"

* * *

Dois anos mais tarde, fica claro que a vigília solitária de Nancy Reagan chegará em breve ao fim.

Dormindo, Ronald Reagan luta para respirar, sem saber que a filha Patti está sentada em cima de sua antiga mesa, observando-o partir. Ron Jr. interrompeu as férias havaianas e segue rumo à Califórnia. "Somos testemunhas do fim de uma vida", Patti escreve, "e mesmo sabendo, há anos, o que está por acontecer, parece que nós nunca consideramos isso como uma realidade."

Nancy Reagan não dirá adeus ao marido. Ao longo da última década de declínio, ela cuidou de Reagan como se ele ainda estivesse bem de corpo e mente. Nancy dorme na cama do casal, mantendo vivas as tradições tanto quanto possível.

Desde o dia em que se conheceram, em 1949, ela teve como missão se casar com Ronald Reagan e depois moldá-lo no homem que acreditava que ele poderia ser. Ela resistiu por anos a cruéis ataques, tudo por causa de sua lealdade para com o marido.

Ainda agora, no meio do que os médicos chamam de "degradação neurológica contínua", Nancy protege o ex-presidente. Ninguém de fora está autorizado a vê-lo — somente a família. Até o fim, ela mantém o legado de Ronald Reagan, enquanto se esforça para imaginar a vida sem ele.

"Ele está lá", ela disse uma vez a um entrevistador, explicando o motivo pelo qual não poderia dizer adeus ao homem com quem tinha dividido uma jornada maravilhosa ao longo da vida. "Ele está lá."

Dois dias depois, em 5 de junho de 2004, Nancy soluça. Finalmente, ela reconheceu a realidade.

Morre Ronald Reagan.

33

CATEDRAL NACIONAL
WASHINGTON, DC
11 DE JUNHO DE 2004
12h

O mundo inteiro assiste à cerimônia.

"Perdemos um grande presidente, um grande americano e um grande homem, e eu perdi um amigo querido", diz Margaret Thatcher, com o rosto nos grandes telões dispostos na catedral. "Em sua vida, Ronald Reagan foi uma presença tão alegre e revigorante que era fácil esquecer as difíceis tarefas históricas às quais ele se propôs."

Cerca de 4 mil pessoas preenchem a centenária igreja episcopal e assistem a Thatcher elogiar o querido amigo por meio de uma gravação. No meio da multidão está a família Reagan, o presidente George W. Bush e os ex-presidentes Ford, Carter, Bush e Clinton. A própria Thatcher está presente, toda vestida de preto e com um chapéu enorme, sentada bem em frente a Mikhail Gorbachev. Está frágil e curvada, e os médicos pediram que ela não viajasse. Thatcher ignorou a recomendação em respeito ao amigo de longa data. No entanto, temendo constranger-se ao falar ao vivo no funeral, a baronesa Thatcher filmou em Londres, meses atrás, sua fala elogiosa a Reagan.

* * *

Nem todo mundo presta homenagens. Na Cuba comunista, o governo celebra a morte de Reagan com uma proclamação que ataca suas políticas conservadoras, afirmando: "Ele nunca deveria ter nascido."

Nos Estados Unidos, a opinião da extrema-esquerda sobre a passagem de Reagan é resumida pela revista *Slate*: "Ele era burro como um toco", escreve Christopher Hitchens. "Eu não podia acreditar que um homem como ele havia sido um miserável governador da Califórnia num ano tão ruim, muito menos que um país tão inteligente iria eleger tal impostor e idiota."

* * *

O funeral de Reagan é o maior dos Estados Unidos desde a morte do presidente John F. Kennedy, há mais de quarenta anos. A segurança é extremamente reforçada, pois esse é o primeiro grande evento nacional depois dos ataques terroristas em Nova York e Washington, DC, em 11 de setembro de 2001. Quando o corpo de Reagan foi colocado na cúpula do Capitólio e as portas foram abertas ao público, na noite de 9 de junho, uma onda de humanidade chegou para prestar suas homenagens. Muitas pessoas esperaram dois dias por esse momento. Durante toda a noite e por todo o dia seguinte, cinco mil visitantes por hora passaram pelo caixão de Ronald Reagan.

Na manhã de 11 de junho, declarada pelo presidente George W. Bush como dia nacional do luto, o corpo de Ronald Reagan foi levado à Catedral Nacional para o primeiro funeral de Estado desde o de Lyndon Johnson em 1973.

Com pessoas de todo o mundo assistindo pela televisão, e mais 3.700 sentadas nos bancos da igreja, a gravação de Margaret Thatcher chega ao fim.

"A vida de Ronald Reagan foi rica, não apenas por suas realizações públicas, mas também por sua felicidade privada. Suas realizações públicas estavam enraizadas em sua felicidade privada.

"O momento mais decisivo de sua vida foi o encontro e o casamento com Nancy. Nele, temos o claro testemunho de um marido dedicado e grato. 'Nancy surgiu e salvou a minha alma.'"

Todas as câmeras de televisão viraram-se para Nancy. Apesar dos dez longos anos de declínio de Reagan, e do extenso tempo que ela teve para se preparar para este momento, ela está consumida pela dor.

"Compartilhamos sua dor hoje", Thatcher continua. "Nos anos finais de sua vida, a mente de Ronnie foi obscurecida pela doença.

"Aquela nuvem foi eliminada agora. Ele voltou a ser ele mesmo novamente, mais do que em qualquer momento na Terra. E assim podemos ter certeza de que o Grande Amigo do andar de cima nunca esquece aqueles que se lembram dele. E assim como a última viagem deste peregrino fiel o levou para além do pôr do sol, e assim como o amanhecer rompeu o céu, eu gosto de pensar que, nas palavras de John Bunyan, 'todas as trombetas soaram do outro lado'."

Um sorriso sutil surge nos lábios de Thatcher no telão quando ela termina sua homenagem. No fim, é possível notar uma ligeira paralisia facial, resultado da recente série de derrames. Ainda assim sua voz é clara e determinada.

"Nós, aqui, caminhamos pelo crepúsculo, e temos um farol que nos serve de guia, algo que Ronald Reagan nunca teve.

"Nós temos o exemplo dele."

$$* * *$$

Naquela mesma noite, o corpo de Ronald Reagan é enterrado na Califórnia. Margaret Thatcher está presente bem como Jane Wyman. Nancy Reagan beija o caixão e sussurra: "Eu te amo", antes de se afastar para sempre. Segurando a bandeira americana que cobria o caixão do marido, Nancy se desfaz em lágrimas. Está pálida, e parece frágil e assustada.

Quatro aviões de combate F-18 voam enquanto uma banda militar toca "America the Beautiful". Simbolicamente, um dos jatos de repente se afasta, deixando os outros três voando na formação conhecida como "homem ausente".

"Em meu coração, sei que o homem é bom", diz a inscrição na lápide de Reagan, "sei que o que é certo sempre triunfará em algum momento, e que existe um propósito e valor em cada vida."

Posfácio

Em janeiro de 2015, o *Journal of Alzheimer's Disease* publicou um estudo que examinou as coletivas de imprensa da presidência de Ronald Reagan. Os pesquisadores procuravam mudanças no vocabulário que poderiam ter sinalizado um início precoce da doença. Descobriram três sintomas específicos: Reagan aumentou o uso de palavras repetitivas, bem como o hábito de trocar substantivos específicos por palavras como "isso" e "coisa". Nesse mesmo período, o uso de palavras únicas diminuiu. Os autores do estudo também observaram que traumas e anestesia podem acelerar a desordem mental. Mencionaram que a tentativa de assassinato de 1981 pode ter desempenhado um papel fundamental no declínio de Ronald Reagan.

* * *

O homem que atirou em Reagan, **John Hinckley Jr.**, permanece no Hospital St. Elizabeth, em Washington, DC, até hoje. Mais de trinta anos depois de ter sido considerado inocente, por insanidade, pela tentativa de assassinato do presidente, Hinckley não deve permanecer em custódia por muito mais tempo. Em dezembro de 2013, um juiz federal declarou que ele "não era um perigo" e autorizou visitas sem supervisão de até dezessete dias para a casa de sua mãe em Williamsburg, na Virgínia. Hinckley foi autorizado a dirigir, embora não possa falar com a mídia. O juiz exige que ele carregue um telefone celular com GPS habilitado, a fim de que seja possível rastrear seus movimentos. Com o tempo, ele pode tornar-se um homem completamente livre, seguindo os passos de pretensos assassinos presidenciais como Squeaky Fromme e Sara Jane Moore, que foram soltos em 2009 e 2007, respectivamente. Ambas as mulheres permaneceram na prisão por mais de três décadas por tentarem matar o presidente Gerald Ford.

* * *

Em janeiro de 2015, os promotores se recusaram a fazer acusações adicionais de homicídio, por conta da morte do secretário de imprensa **James Brady**, em agosto de 2014 — apesar do fato de que as balas de Hinckley foram responsáveis pelos ferimentos que mataram Brady aos 73 anos. Brady nunca se recuperou totalmente do episódio, passando a segunda metade da vida lidando com dores constantes, fala arrastada, paralisia e perda de memória de curto prazo. Como resultado disso, sua esposa, Sarah, que estava com Nancy Reagan na capela do hospital no dia do atentado, tornou-se uma feroz defensora do controle de armas. **Sarah Brady** morreu de pneumonia, com 73 anos, em abril de 2015, menos de um ano após o falecimento do marido.

* * *

Tim McCarthy, o único homem na história do Serviço Secreto que levou um tiro no lugar de um presidente, trabalha como chefe de polícia no subúrbio de Orland Park, em Chicago. "Eu me sinto feliz por conseguir fazer isso", ele disse ao *Chicago Tribune* em 2011. "Eu me sinto feliz por trabalhar no que fui treinado para fazer."

O policial do Distrito de Colúmbia **Thomas K. Delahanty**, a última vítima de Hinckley, processou a fabricante de armas que

Ronald Reagan

acabou com sua carreira policial. Também processou John Hinckley, mas os tribunais decidiram contra ele em ambos os casos. Delahanty fez aparições em dois filmes sobre a tentativa de assassinato, e nunca mais voltou a trabalhar como policial.

* * *

Enquanto este livro é escrito, em agosto de 2015, **Nancy Reagan** ainda vive em Bel Air, na Califórnia, na mesma casa que dividiu com Ronald Reagan. A ex-primeira-dama, que nas palavras de um repórter "protegeu a presidência de Reagan", colocou uma coroa de flores no túmulo do marido, em 2011, para comemorar o centenário de nascimento. Ela teve problemas de saúde, incluindo a pélvis fraturada em 2008 e costelas quebradas por conta de uma queda sofrida quatro anos depois. Porém, mesmo com o declínio da saúde (estando muitas vezes confinada a uma cadeira de rodas), Nancy Reagan continua uma defensora da pesquisa do mal de Alzheimer.[1]

* * *

Os filhos de Reagan permanecem sob o olhar do público. **Patti Davis** posou nua mais uma vez, para a revista *More* em 2011, com 58 anos, e continua a ganhar a vida como escritora.

Ron Reagan Jr. mora em Seattle, onde atua como defensor do ateísmo e das pesquisas com células-tronco. Em março de 2014, ele perdeu a esposa (após um casamento de 33 anos), Doria Palmieri Reagan, por conta de uma doença neuromuscular degenerativa. Ron

---

[1] Nancy faleceu em sua casa em 6 de março de 2016, aos 94 anos, vítima de insuficiência cardíaca. [*N. do T.*]

Reagan continua um militante liberal, muitas vezes aparecendo em programas de notícias da TV a cabo.

Michael Reagan é um antigo apresentador de um *talk show* conservador no rádio. Ele chamou o meio-irmão adotivo, Ron, de uma "vergonha" por sugerir em um livro que seu pai sofria do mal de Alzheimer enquanto servia a presidência. A vida de Michael Reagan não tem sido fácil, e ele esteve envolvido em uma grande variedade de processos cíveis.

Maureen foi a única filha de Ronald Reagan que tentou uma carreira política. Morreu de melanoma em 2001 com 60 anos. Está enterrada no Calvary Catholic Cemetery, em Sacramento.

* * *

Jodie Foster sobreviveu ao burburinho da mídia após a tentativa de assassinato de Reagan e prosperou. Depois de se formar pela Universidade de Yale, em 1985, passou a ter uma distinta carreira em Hollywood, como atriz, diretora e produtora. Foster ganhou dois Oscar de Melhor Atriz. O primeiro em 1989 pelo papel em *Acusados* e o segundo em 1992 pelo famoso papel em *O silêncio dos inocentes*. Dizem que John Hinckley ficou indignado quando Jodie Foster declarou-se lésbica, em 2013.

* * *

O ano de 2013 marcou a morte de **Margaret Thatcher**, aos 87 anos. A ex-primeira-ministra britânica foi elevada a baronesa em 1992 e se tornou membro da Câmara dos Lordes, depois de uma vida como plebeia. Sua memória começou a falhar em 2000, mas uma série de pequenos derrames, em 2002, fez com que se retirasse da vida pública. A gravação em homenagem a Ronald Reagan foi seu último discurso público. As cinzas de Margaret Hilda Thatcher estão enterradas no Royal Hospital Chelsea em Londres, junto às cinzas do marido, Denis, que morreu em 2003.

* * *

James Baker III, chefe de gabinete durante o primeiro mandato de Ronald Reagan ainda trabalha como conselheiro político, aos 85 anos, assim como o companheiro da troika Reagan, **Edwin Meese**. Aos 83 anos, Meese vive na Virgínia, onde atua em uma série de conselhos educacionais e grupos de reflexão sobre políticas públicas.

* * *

O terceiro assessor de Reagan, **Michael Deaver**, faleceu vítima de câncer no pâncreas em 18 de agosto de 2007. Deaver saiu da Casa Branca depois do primeiro mandato de Reagan, e abriu uma bem--sucedida agência de lobbying em Washington. Em 18 de março de 1987, foi condenado em cinco acusações de perjúrio durante uma investigação sobre o uso de tráfico de influência de sua nova empresa. Seu crime consistiu em perjúrio para o Congresso e um júri federal. Por isso, Deaver foi condenado a três anos de condicional e multado em 100 mil dólares. Apesar do pedido de Deaver, Ronald Reagan não ofereceu a ele um indulto antes de deixar o cargo. Nancy Reagan não compareceu ao funeral de Deaver, mas emitiu uma declaração dizendo que Deaver era "como um filho". Michael Deaver tinha 69 anos quando faleceu.

Os sentimentos de Nancy, obviamente, não eram tão íntimos em relação a Don Regan. Demitido por causa dela, o ex-chefe de gabinete da Casa Branca inclinou-se para a pintura de paisagens como uma maneira de passar os dias. Ele estava feliz com os esforços artísticos, muitas vezes gastando até dez horas por dia nas pinturas. **Don Regan** morreu de câncer em 10 de junho de 2003. Está enterrado no Cemitério Nacional de Arlington.

* * *

A primeira esposa de Ronald Reagan, **Jane Wyman**, viveu até os 90 anos. Depois de se divorciar de Reagan, Wyman teve outro marido, o vocalista Fred Karger, com quem se casou e se divorciou duas vezes. Na época de sua morte, em 2007, era tão devota à igreja católica que foi enterrada vestindo um hábito da ordem religiosa das Irmãs Dominicanas. Jane Wyman está enterrada no Forest Lawn Cemetery, em Los Angeles, Califórnia.

* * *

A mãe de Ronald Reagan, **Nelle Reagan**, morreu em 25 de julho de 1962, aos 69 anos. O marido, o alcoólatra Jack Reagan, morreu em 1941, aos 57. Ambos estão enterrados no Calvary Cemetery, no leste de Los Angeles. O único irmão de Ronald Reagan, Neil, morreu em 1996, vítima de insuficiência cardíaca. O corpo foi cremado.

* * *

O amado **Rancho del Cielo**, de Ronald Reagan, foi vendido em 1998. A propriedade não foi modificada ou subdividida, nem mesmo a casa de adobe branco foi derrubada. A propriedade permanece exatamente como era na época em que Ronald e Nancy Reagan eram os donos. Um grupo conservador conhecido como Young America's Foundation comprou a propriedade de Nancy Reagan, que reduziu significativamente o preço para tornar a venda possível. Um museu em

Santa Bárbara, na Califórnia, relembra a história do rancho, exibindo uma série de itens pessoais de Reagan. Há um número limitado de passeios pela propriedade, que dá aos visitantes a compreensão de por que Ronald Reagan se sentia tão bem nesse retiro montanhoso.

Até hoje, há quem diga que o fantasma de Ronald Reagan está presente na propriedade.

Nota dos autores

Ao pesquisar e escrever este livro, Martin Dugard e eu fomos muito cuidadosos, usando somente material que poderia ser confirmado por, pelo menos, duas fontes e, mesmo assim, tentamos ser muito justos ao apresentar fatos que pudessem colocar certos indivíduos em uma posição ruim.

No último ano da presidência, Ronald Reagan estava ciente de que algumas pessoas próximas a ele questionavam a maneira como conduzia sua administração. Livros críticos, como aqueles escritos por sua filha Patti, por Donald Regan, pelo ex-porta-voz Larry Speakes e por outros aparentemente magoaram Reagan, que valorizava a lealdade. O presidente, no entanto, guardou isso para si mesmo, raramente fazendo alguma referência em público.

Em 16 de maio de 1988, ele deixou o assunto escapar em uma carta privada enviada ao amigo e conselheiro John Koehler. Atualmente, essa carta está em minha posse, sendo adequado publicá-la neste livro (ver encarte), o que dá a Ronald Wilson Reagan a última palavra.

Ele merece.

BILL O'REILLY
Long Island
Nova York

Agradecimentos

Aos parceiros de sempre que me ajudaram a colocar tudo no papel: Makeda Wubneh, meu assistente há mais de vinte anos; Eric Simonoff, o agente literário das celebridades; Steve Rubin, meu perspicaz editor; Gillian Blake, sábio editor; e Roger Ailes, meu chefe na televisão. Obrigado, pessoal!

— BILL O'REILLY

Agradeço a Eric Simonoff, o melhor agente do planeta e o homem que tornou a parceria O'Reilly-Dugard uma realidade. À paciência e grande organização de Makeda Wubneh. Agradeço também a Steve Rubin e Gillian Blake, da editora Holt, por sua sagacidade, discernimento e rápida leitura. Assim como a Al e Rosemary Dugard. Aos meus filhos, Devin, Connor e Liam. E, como sempre, a Calene, que me faz uma pessoa melhor.

— MARTIN DUGARD

Fontes

Ronald Reagan viveu a vida adulta sob o olhar do público. Essa curiosidade da mídia podia ser, às vezes, onerosa para ele, mas funcionou muito bem para os nossos propósitos, ajudando muito o nosso processo de investigação. Uma vantagem particular é a enorme quantidade de vídeos que documenta sua carreira como ator e político. O leitor é aconselhado a assistir as muitas coletivas de imprensa, inaugurações, palestras, debates presidenciais e outras incontáveis aparições públicas — até mesmo os esquetes do *Saturday Night Live*, tudo disponível on-line.

E ainda que este livro seja sobre Ronald Reagan, os poderosos momentos históricos que marcaram as carreiras de Richard Nixon, Gerald Ford, Jimmy Carter, Alexander Haig, Margaret Thatcher e de tantas outras importantes figuras também estão disponíveis para que todos possam ver. Os vídeos não são tão profundos quanto as cartas e os diários, mas permitem ao pesquisador ver a angústia ou a alegria no rosto de um indivíduo (a homenagem de Margaret Thatcher a Reagan é de partir o coração), escutar o ritmo das palavras faladas e conhecer o contexto em que essas palavras foram ditas. O discurso de Reagan em Berlim é ainda mais poderoso quando visto em vídeo, no qual é possível vê-lo dizer aquelas palavras.

Tal como acontece com os outros livros desta série, consultamos uma ampla variedade de fontes para contar a história de Ronald

Reagan em detalhes. Além de vídeos, as fontes incluem livros, artigos de revistas, arquivos, jornais, arquivos do FBI e da CIA, bancos de dados da internet, bibliotecas presidenciais e transcrições de conversas com pessoas que viveram com ele no âmbito pessoal e profissional. O site Zillow, por exemplo, permitiu-nos uma excursão pela casa de Reagan, em Pacific Palisades, que foi colocada à venda recentemente. Também foi muito útil que a Fundação Margaret Thatcher (margaretthatcher.org) e a Biblioteca Presidencial Ronald Reagan (reaganlibrary.gov e reaganfoundation.org) catalogaram as cartas desses grandes líderes, as transcrições e até as fitas de áudio de suas discussões, permitindo-nos ouvi-las.

O Miller Center, da Universidade da Virginia (millercenter.org) é um tesouro de informações sobre todos os assuntos presidenciais. O diário de Reagan e a agenda de sua administração na Casa Branca podem ser encontrados na internet, em reaganfoundation.org. Já o Museu da Casa Branca (whitehousemuseum.org) leva os leitores por todo o edifício, com fotos de bastidores da Ala Oeste e da residência oficial.

Viagens, como sempre, foram primordiais para a adição de importantes detalhes descritivos. Nós viajamos a diversos locais que foram fundamentais para a vida pessoal e política de Reagan nos Estados Unidos e em todo o mundo. Ainda mais crucial foi o dia passado no Rancho del Cielo, ao norte de Santa Bárbara. Agradecemos a Andrew Coffin, da Young America's Foundation, pelo longo e interessante passeio privado.

O que se segue é uma breve lista dos muitos livros, revistas e jornais que nós usamos na elaboração deste livro. Agradecemos muito ao mundo do Google Books, que permite aos escritores pesquisar grandes obras sem sair de casa, numa biblioteca de grande valor. Esses meandros atraíram uma série de outras figuras históricas e de eventos não organizados. Centenas de livros, artigos de revistas e jornais foram destacados e cruzados enquanto escrevíamos. Decidimos listar os mais importantes nesta pesquisa. Os livros incluem: todas as obras de Kiron K. Skinner, Annelise Andersen e Martin Anderson, particularmente *Reagan: A Life in Letters* e *Reagan, In His Own Hand: The Writings of Ronald Reagan that Reveal His Revolutionary Vision for America*; Edmund Morris, *Dutch: A Memoir of Ronald Reagan*; Kitty Kelley, *Nancy Reagan: The Unauthorized Biography*; Jane Mayer e Doyle McManus, *Landslide: The Unmaking of the President, 1984-1988*; Nancy Reagan, *My Turn: The Memoirs of Nancy Reagan*; John R. Barletta, *Riding with Reagan: From the White House to the Ranch*; Del Quentin Wilber, *Rawhide Down: The Near Assassination of Ronald Reagan*; James W. Clarke, *Defining Danger: American Assassins and the New Domestic Terrorists*; Peter Schweizer, *Reagan's War: The Epic Story of His Forty-Year Struggle and Final Triumph over Communism*; Stephen Vaughn, *Ronald Reagan in Hollywood: Movies and Politics*; Jimmy Carter, *White House Diary*; Lou Cannon, *President Reagan: The Role of a Lifetime*; Michelangelo Capua, *William Holden: A Biography*; Marc Eliot, *Reagan: The Hollywood Years*; David Gergen, *Eyewitness to Power: The Essence of Leadership*; Jonathan Aitken, *Margaret Thatcher: Power and Personality*; Patti Davis, *The Long Goodbye: Memories of My Father*; e o bastante emotivo *Breaking Points*, de Jack e Jo Ann Hinckley.

Nós também consultamos um amplo número de revistas e jornais que contam a vida e a carreira de Reagan por meio de muitos artigos e reportagens publicados em suas páginas. Listar cada uma das centenas de artigos e reportagens seria muito difícil e, em vez disso, indicamos as publicações em que mais nos baseamos: *The Los Angeles Times*, *The New York Times*, *Vanity Fair*, *Time*, *The National Review*, *The Washington Post*, *Daily Mail* (Londres), *The Daily Telegraph* (Londres), *The Philadelphia Inquirer*, *The Boston Globe*, *The Atlantic*, *Billboard*, *Variety*, *Forbes* e *The Pittsburgh Press*.

Os autores também agradecem a Roger Ailes, Pat Caddell, Lou Cannon e Lesley Stahl, por suas opiniões pessoais. Além disso, ao dr. Jimmy Byron, da Fundação Richard Nixon, que foi particularmente prestativo.

Índice

60 Minutes (programa de TV), 344

Aaron, Ben, 223, 225
ABC (emissora), 101, 145, 212, 278, 306, 323
aborto, 128, 179
Afeganistão, 25, 201
Afro-americanos, 102
Agnew, Spiro, 112, 112n
Aids, 234
Ailes, Roger, 288-290
Air Force One, 117n, 261
Albert, Eddie, 50
Alemanha, 260, 267, 274, 314-317
   Muro de Berlim, 100, 314, 314n, 315, 316-317, 320
Allen, Richard, 224, 226
América Central, 198, 201
América do Sul, 20, 20n
Anderson, John, 17n, 167n
Andropov, Yuri, 200, 267
Ankerson, Ardis, 60, 60n, 63
anticomunismo, 49-58n, 58, 83, 100, 198, 314-317

Argentina, 246-258
armas nucleares, 29, 135, 196, 196, 198-199, 202, 224, 267, 278, 280, 315-316, 322
armas, 102, 170, 170n, 171-174, 180, 210, 212-213
assassinos, Os (filme), 90-91
astrologia, 95, 96n, 108, 167, 260-261, 305
ataques suicidas, 269-271
atentados terroristas de 11 de setembro, 348
Autry, Gene, 35, 35n, 36
Ayres, Lew, 42-43, 44n

Baker, Howard, 300, 301-302, 306, 307
Baker, James III, 29n, 185, 225, 288, 300n, 303, 355
Barletta, John, 325, 326
BBC (emissora), 98
Bedtime for Bonzo (filme), 33-34, 34n, 45, 48
Beirute, 268-274

beisebol, 34, 35n, 42

Benny, Jack, 40

Blair House, 177, 177n

Bloomingdale, Betsy, 176

Bogart, Humphrey, 46

Bolívia, 20, 20n

"Born in the U.S.A." (canção), 281-282, 282n

Boyle, James, 162-163

Bradlee, Ben, 276, 310

Bradley, Bill, 233n

Brady, James, 207-208, 211, 215-218, 296

   tiroteio e consequências, 217, 218, 225, 237-238, 352

Brasil, 20, 20n

Brejnev, Leonid, 196-200, 200n, 201-203, 234, 234n, 267

Bremer, Arthur, 149-150, 150n

Bryan, William Jennings, 92, 92n

Buckley, William F., Jr., 83n, 247

Buckley, William, 271-273, 272n

Buchanan, Pat, 304

Burger, Warren, 184

Burns, George, 40, 328

Bush, Barbara, 323, 333

Bush, George H. W., 117, 130n, 157n, 183, 273n, 319-322, 333, 334, 347

   como vice-presidente, 167, 184, 203, 224n, 226, 229, 301

   eleição presidencial de 1988, 321

Bush, George W., 64n, 129n, 341, 347

Caddell, Pat, 19, 29, 29n

cadetes do barulho, Os (filme), 37, 50

Cagney, James, 54

Califórnia, 17, 38, 40, 62, 182, 348

   Reagan como governador, 92, 93-104, 107-108, 108n

   ver também Hollywood

Camp David, 260-261, 285, 322

Cannon, Jim, 300-301

Carson, Johnny, 34n, 114, 176, 180, 282

Carter, Jimmy, 17-31, 134, 139-147, 181, 186, 196, 198, 279, 333, 334, 347

   1976, eleição presidencial de, 137-147, 147n

   1980, campanha presidencial, 17-19, 20, 31, 155-167, 166n, 169

   Crise dos reféns do Irã, 17n, 159, 157-159, 157n, 182

   entrevista para a Playboy, 146, 146n

   na qualidade de presidente, 18-31, 150-170, 173-182

Carter, Rosalynn, 157, 163, 165, 177, 181, 333

Carvin, Michael Lance, 132, 132n

Casa Branca, 105, 106n, 109, 115n, 115-117, 155, 207, 227, 255, 300, 310-323

   mesa presidencial, 157, 157n, 187, 197

   Reagan deixa a presidência, 319-323

   Sala de Situação, 224, 248

Casey, William, 29, 272, 273n, 304

Castro, Fidel, 266

CBS (emisora), 80, 97, 163, 195, 238, 280, 284

Cemitério Nacional de Arlington, 254

CIA, 49, 77, 271-272

Clinton, Bill, 157n, 333, 347

Clinton, Hillary Rodham, 89n, 333

CNN (emissora), 306

Colbert, Claudette, 247, 247n, 248

Colômbia, 20n

comerciais "É manhã na América", 279, 282, 288

Comissão Tower, 303, 303n, 307, 309

Comitê de Atividades Antiamericanas (HUAC), 56, 56n, 57

Comunismo, 15, 20, 46, 49-58, 58n, 100, 135, 197-198

   Hollywood e, 49, 58, 58*n*

   queda do, 320

   soviético, 20, 51, 196-202, 312-317, 320

Congresso, 42, 81, 84, 159, 229, 266

   depoimentos do HUAC, 56, 56*n*

Connally, John, 110, 113

controle de preços, 186, 186n

Coolidge, Calvin, 179, 240

Cooper, Gary, 44n

Corbin, Paul, 29n

Cox, Edward, 115n

Criador de campeões (filme), 38

Cronkite, Walter, 18n, 195-198, 323

Cruzada pela Liberdade, 49

Cuba, 198, 201, 266, 266, 267, 291, 348

Culvahouse, A. B., 300, 302

Chapman, Mark David, 212n

Chase, Chevy, 127, 127n

Cheney, Dick, 130, 130n, 145

Chicago Cubs, 35, 35n

China, 108, 201

Davis, Bette, 46

Davis, Loyal, 28n

Davis, Patti, 13, 15, 64, 64n, 95, 128, 128n, 143, 184, 227, 277n, 299, 331-332, 338, 342-344, 353

   Entrevista para a *Playboy*, 331-332

de Cordova, Fred, 34, 34n, 46

De Niro, Robert, 26, 149, 150, 151, 152n

Dean, James, 72, 75

Dean, John, 110n

Deaver, Michael, 144, 185, 215-216, 220, 225, 231-232, 261, 281, 288-290, 303, 355

Delahanty, Thomas, 213, 217, 235-236, 352-353

desemprego, 22, 31, 274

deVeau, Leslie, 294-296

Dole, Bob, 134

Donaldson, Sam, 212, 278-279, 306, 323

Donovan, Raymond, 211, 304

economia, 22, 30, 74, 155, 156n, 186

   políticas de Reagan, 186, 230, 239-240, 262, 274, 281

Edwards, Penny, 43, 44n

Egito, 201

Eisenhower, Dwight, 46, 81, 106, 106n, 196n

El Salvador, 198, 266

elefante Fénykövi, 175, 175n

eleições presidenciais:

de 1960, 79-86

de 1964, 89-91, 96

de 1968, 103, 103n

de 1972, 106-109

de 1976, 129-147, 197n, 284

de 1980, 17-31, 31n, 145, 155-167, 167n, 169

de 1984, 275-291, 291n

de 1988, 321-322

de 2000, 341

Em cada coração um pecado (filme), 41, 41n, 42

escândalo do Watergate, 22, 103-117, 126, 139, 276, 310, 335

estrada de Santa Fé, A (filme), 46

extremismo islâmico, 269-274

FBI, 55-56, 173, 227

Ferraro, Geraldine, 282n

Flynn, Errol, 34, 38, 46, 60n

Ford, Betty, 106n, 128-129, 140, 140n, 142-143, 144, 145, 33, 336

Ford, Gerald, 19, 64n, 106n, 113, 117, 117n, 126-135, 164, 178n, 181, 196n, 199, 294, 333, 334, 347, 352

campanha de 1976, 141

campanha presidencial, 129-147, 147n

Reagan e, 137-147

Ford, John, 58n

Foster, Jodie, 26-27, 150, 150, 152-53, 169-174, 189-190, 207-210, 261-62, 293, 295, 354

Fromme, Lynette "Squeaky", 294, 294n, 352

futebol americano, 14, 34, 38

Gable, Clark, 28n, 247

Galtieri, Leopoldo, 245-251, 258

General Electric Theater (programa de TV), 71-75, 84, 86, 97, 98n

Gergen, David, 29n

Giordano, Joseph, 221

Goldwater, Barry, 89-90, 89n, 91, 96

Gorbachev, Mikhail, 201, 311-317, 320, 347

Grã-Bretanha, 97, 98, 123-126, 129, 157n, 180, 243-258, 267, 274, 327n

Downing Street, 253, 254, 254n, 256, 327

Guerra das Malvinas, 243-258, 267

Grant, Cary, 34, 83

Greve dos controladores de tráfego aéreo, 239-240

Griscom, Thomas, 300, 302

Guerra das Malvinas, 244-246, 246n, 248-256, 257n, 258, 267

Guerra do Vietnã, 22, 96, 94, 97, 98, 105, 108, 125, 125n, 139, 198, 281

Guerra Fria, 197, 267

fim da, 15, 320

Gulick, Robert and Sally, 139-140

Haig, Alexander, 203, 224, 248-249

atentado a Reagan e, 224-226, 226n

Hall, Fawn, 302-303, 303n

Heckler, Margaret, 304, 304n

Hezbollah, 269, 272

Hinckley, Jack e Jo Ann, 189-193, 293, 297

Hinckley, John, Jr., 26-27, 31, 351-352
  bastidores do, 77-78
  Jodie Foster e, 150-153, 169, 171-173, 189-190, 207-210, 262, 293, 295, 297
  na prisão, 261-263, 293-297
  plano para matar Reagan, 189-193, 205-216
  prisão por posse de armas, 170-173, 173n
  problemas mentais e afastamento da sociedade, 119-21, 169-174, 189-193, 261-263, 293
  tentativa de assassinato contra Reagan e consequências, 216-228, 234-239, 352-353

Hinerfeld, Ruth, 21-22

Hitchens, Christopher, 348

Hitler, Adolf, 46, 50-51, 171

Holden, William, 60, 60n, 61, 61n, 63, 64

Hollywood, 23, 33-40, 150-151
  Comunismo e, 48-58, 528n
  filmes de Reagan, 23, 33-48, 90, 91, 176, 218, 226, 232, 342
  política e, 83
  Screen Actors Guild (SAG), 42, 48-58, 58n

homossexualidade, 102

Hoover, Herbert, 196n

Hoover, J. Edgar, 55

Hope, Bob, 61n, 176, 290

Hopper, John, 190, 193n

Humphrey, Hubert, 103, 103n

Ilha Géorgia do Sul, 249, 249n

Illinois, 21, 35

"imagem da América e da juventude para o mundo, A" (debate em Londres), 97-100

imigração, 91

imprensa, 21, 21n, 48, 62, 89, 99, 103, 117, 132, 180, 183, 207-208, 215, 226, 232, 239-241, 257n, 275-279, 299, 310, 322

indústria cinematográfica. Ver Hollywood; filmes específicos, atores, diretores e estúdios

inflação, 22, 155

Instituto Nacional de Saúde Mental, 262

Invasão de Granada, 265-266, 266n, 267-268, 273, 273n, 274

Iowa, 35, 38

Irã, 22, 24, 269, 270, 273, 300, 302
  1979, crise dos reféns, 18n, 22, 156, 156n, 158-159, 163, 182, 182n, 183
  xá do, 156, 182

Irã-Contras, escândalo, 248, 273n, 273-274, 300, 302-307, 310-311, 311n

Iraque, 273

Israel, 249, 269

Johnson, Lyndon, 100-106, 114n, 196n, 348

jujubas, 140

Kelly, Gene, 53, 53n

Kennedy, Jacqueline Lee "Jackie", 60n, 180, 222n

Kennedy, John F., 60n, 64n, 79-86, 105, 106, 108n, 114n, 157n, 159, 196n, 276, 291, 348

1960, eleição presidencial, 79-86

assassinato de, 86n, 101, 126, 222n, 333n

em Berlim, 314, 314n

Kennedy, Robert F., 97-101, 103, 159

assassinato de, 100-101

Kennedy, Ted, 29n, 159-166, 166n, 207, 209

1980, campanha presidencial, 163, 163n, 164-167

incidente de Chappaquiddick, 159-162, 162n, 164

Kerry, John, 282n

KGB, 197, 197n

Khomeini, aiatolá, 156n

Kissinger, Henry, 114, 115-116, 126, 199

Kohl, Helmut, 260

Kopechne, Mary Jo, 159-162, 162n

Kramer, Stanley, 58n

Kruschev, Nikita, 200, 316

Larson, Christine, 44, 44n, 48, 64, 64n

Las Vegas, 67-72

Laurie, Piper, 43-44, 44n

Lennon, John, 180, 212n

Líbano, 269-274

Lincoln, Abraham, 21, 106n, 177n, 237, 321

MacArthur, Douglas, 136*n*

Mailer, Norman, 81n

mal de Alzheimer, 13, 262, 284, 301, 327, 335-345, 351

Manson, Charles, 294, 294n

McCarthy, Joseph, 56n

McCarthy, Tim, 215-18, 225, 234-235, 352

McCord, James, 109

Meese, Edwin, 185, 222, 225, 302, 355

MGM, 60n

mídia. Ver imprensa; rádio; televisão

militares, 23-26, 38-39, 115

bombardeios em Beirute, 268-274

invasão de Granada, 265-268

participação de Reagan, 38-39

Mitterrand, François, 243

Mondale, Walter, 31n, 276

1984, campanha presidencial, 279-291, 291n

Monroe, Marilyn, 39, 80n

Morley, Karen, 56, 56n

Mudd, Roger, 163

Muro de Berlim, 100, 314, 314n, 315, 316-317, 320

NASA, 233*n*

National Review (revista), 83, 83n, 247

Neal, Patricia, 43, 44n

Nelson, Ricky, 128, 128n
New York Times (jornal), 48, 131, 178, 201, 261, 262
Newsweek (revista), 21, 99, 100, 103
Nicarágua, 248, 266, 273, 300
Nixon, Pat, 18, 105, 105n, 106n, 116, 333
Nixon, Richard, 56, 64, 80-89, 126, 127, 182, 186, 196, 196, 202
    1968, eleição presidencial de, 103n, 104
    1972, eleição presidencial, 106-110
    Califórnia, corrida governamental de 1962 na, 87-88, 88n, 89
    campanha presidencial de 1960, 80
    funeral de, 333, 333n, 334
    Reagan e, 82-88, 108-112, 333-334
    renúncia de, 106, 115, 115n, 116-117
    Watergate e, 105-117, 276, 310
Nofziger, Lyn, 21n
North, Oliver, 273, 273n, 300, 302-303, 303n, 311

"O Discurso", 74
O'Neill, Thomas "Tip", 166, 224, 229
Obama, Barack, 157*n*, 282*n*
ônibus espacial, 223, 223n
ONU, 255
Opfer, George, 214, 219-220
Organização dos Controladores de Tráfego Aéreo (PATCO), 240-241
Organização para a Libertação da Palestina, 269
OTAN, 196, 203

Pacto de Varsóvia, 203
Panteras Negras, 102

Paquistão, 25
Parr, Jerry, 216-219, 221
Parsons, Louella, 38, 61
Partido Democrata, 24, 46, 79-87, 107-113
Partido Republicano, 81, 82-87, 109, 113, 129-147, 175, 182, 221
Patton, George, 196n, 314
petróleo, 25, 155, 156n, 186
pouso na Lua, 162n
Powell, Colin, 321
Powell, Jody, 21, 155, 156
Primeira Guerra Mundial, 23, 179

Quigley, Joan, 260-261, 305

rádio, 35, 37, 49, 125, 143, 143n, 267
Rather, Dan, 238
Reagan, Christine, 40, 40n, 42
Reagan, Jack, 62, 356
Reagan, Maureen, 15, 38, 44, 47, 61, 144, 184, 227n, 228
Reagan, Michael, 14, 40, 40n, 44, 47, 61, 128, 144, 184, 227, 227n, 299, 354
Reagan, Nancy, 27-29, 47-48, 58, 64, 83, 86n, 93, 182, 231, 334, 349, 352-353
    atentado contra Reagan e consequências, 220-234
    câncer de mama, 321
    carreira política de Reagan e, 28, 64-65, 93-96, 108, 128, 132-136, 143-145, 167, 143, 186, 231-233, 275-279, 288-290, 299-307, 343

casamento com Reagan, 47, 59-65, 69-72, 101-104, 137, 143-144, 183, 221-222, 230-233, 260, 277, 341-345

como primeira-dama, 175-182, 182-186, 208, 214, 220-233, 299-307, 319-323

diagnóstico de mal de Alzheimer de Reagan e, 327-328, 335-345

extravagância na Casa Branca, 175-176, 180-181

fama de rainha do gelo, 84, 128-129, 140n, 143-144, 180-181, 230-233, 277-279, 303-307, 332

filmes de, 28n, 60n, 61, 70, 83

morte de Reagan e, 13-15, 343-350

passado de, 27-29, 29n, 60, 60n

roupas de, 175-176, 180-181

saída da Casa Branca, 319-323

versus Don Regan, 299-307

vida depois da morte de Reagan, 353

Reagan, Nelle, 40, 62, 262, 356

Reagan, Ron, Jr., 13, 128, 143-144, 180, 180n, 184, 227, 300, 344, 353

Reagan, Ronald, 19, 34, 37, 42, 49, 57, 65, 91, 92, 125, 182, 231, 268, 316, 334

1976, campanha presidencial, 129-136, 197n

1980, eleições presidenciais de, 17-31, 31n, 145, 155-159, 167, 167n

1984, eleições presidenciais, 275-291, 291n

aparência física, 17, 18, 24, 34, 36, 137-139, 177, 229, 232

Biblioteca Presidencial, 328

cabelo de, 17, 17n, 34, 178, 178n, 232, 334

carreira em Las Vegas, 67-72

casamento com Jane Wyman, 37-38, 39-43, 62, 143-144

casamento com Nancy Davis, 48, 59-65, 69-71, 102-104, 137, 143-144, 183, 221-222, 230-233, 260, 277, 341-345

cavalos e, 40, 41, 47, 48, 49, 57, 60, 325-326, 339

como governador da Califórnia, 92, 93-104, 107-108, 108n

como mulherengo, 43-48, 59-60, 64, 95, 101-103

como pai, 38, 40, 42, 44, 48, 64, 64n, 128, 183, 184, 228, 299, 331-332

decadência física e mental, 14, 229-232, 246-247, 259-263, 277-279, 283-285, 299-302, 307n, 309-311, 325-329, 333-339

declínio no cinema, 40-49, 57-75, 83-84, 90, 176

deixa a Casa Branca, 319-323

diário do, 203, 203n

discursos de, 74, 89-92, 124, 131-136, 208, 213, 215, 233, 280, 283-284, 309-311, 315-317, 320n, 321

escândalo Irã-Contras, 248, 273n, 273-274, 300, 302-307, 310-311, 311n

Ronald Reagan

estilo político e rotina, 20, 24, 38-39, 90-92, 99, 113, 178-179, 260

filmes de, 23, 33-48, 90, 91, 176, 218, 226, 232, 342

finanças de, 68-69, 83-84, 86, 96, 96n, 124, 320

Ford e, 133n, 133-34, 137-147

funeral de, 347-350

habilidades de memorização, 30, 41

ideias anticomunistas, 49-58, 58n, 83, 100, 198, 314-317

infância de, 39-41, 182

início do interesse em política, 41-42, 45-46, 48-57, 83-92

invasão de Granada, 265-268, 272-273, 273n, 274

mal de Alzheimer, 13, 262, 285, 301, 327, 335-345, 351

morte de, 13-15, 343-350

na televisão, 70-75, 83-84, 86, 90-92, 94, 94n, 97-102, 183, 195-199, 278-279, 302, 309

Nixon e, 82-87, 109-112, 333-334

os problemas da idade, 232, 259-263, 279, 287-291, 301-302, 309-311

pancada na cabeça, 325-327

passividade e afastamento de, 182, 259-261, 283-285, 300

plano de assassinato de Hinckley, 189-193, 205-216

problemas auditivos, 259-260, 265, 265n

política doméstica, 186, 230, 239-241, 262, 274, 281

política externa, 196-203, 234, 240-41, 243-258, 265-274, 280, 302-317

política soviética, 196-203, 226, 233, 234n, 240-241, 267, 274, 278, 279n, 280, 311-317, 317n

posse, 175-186

rancho de, 14, 40, 47, 49, 58, 60, 62, 96, 96n, 275-277, 277n, 283, 291, 325-326, 339, 356

recuperação depois do tiroteio, 220-239, 246-247

Screen Actors Guild e, 42, 48-58, 58n

serviço militar, 38-39

Thatcher e, 123-126, 243-258, 265-268, 274, 311-314, 320, 327-329, 347-350

tentativa de assassinato e consequências, 216-239, 351-352

torna-se presidente, 167, 175-186

torna-se republicano, 86-87

Regan, Don, 299-300, 300n, 301-307, 355

religião, 179-180, 228, 338

Republic Pictures, 34-37

Revere, Anne, 56, 56n

Robinson, Edward G., 54

Rockefeller, Nelson, 85, 130

Ronald Reagan, USS, 343

Roosevelt, Franklin D., 179, 196, 326, 336

Rumsfeld, Donald, 130n

Saturday Night Live (programa de TV), 127-128, 146n, 299-300

Screen Actors Guild (SAG), 42, 48-58, 58n, 60, 74, 100

Schaack, Terry, 13

Schlesinger, James, 115

Schwarzenegger, Arnold, 108n

Segunda Guerra Mundial, 38, 39n, 96, 51, 79, 141, 196n, 234, 245, 314

Segurança de aeroportos, 170, 170n

Serviço Secreto, 131, 132, 132n, 173, 178, 211, 214-220, 222, 247, 260, 277, 294, 296, 325, 342, 343n, 352

tentativa de assassinato de Reagan e, 215-220, 234-236

Sheffield, HMS, 251-255

Shultz, George, 241, 338

Sinatra, Frank, 61, 79, 80, 83, 108, 108n, 176, 281

sindicatos, 239-240

Sirica, John, 109

Smith, Howard K., 22

Sorrell, Herb, 51-53, 53n

Speakes, Larry, 223

Springsteen, Bruce, 280-282, 282n

Stahl, Leslie, 284

Stalin, Joseph, 51, 200

Stewart, Jimmy, 45, 328, 342

Stockman, David, 25, 28n, 288-289

Stone, Marvin, 22n, 22, 23, 25

taxa de juros, 22, 156n

Taxi Driver (filme), 149, 150, 150*n*, 151-153, 169, 172

Taylor, Patricia, 104

televisão, 23, 70, 88, 117, 144, 163, 179, 223, 300, 306, 344, 349

1980, debates presidenciais, 17-31

Reagan na, 70-75, 83-84, 86, 90-92, 94, 94n, 97-102, 183, 195-199, 278-279, 302, 309

terrorismo, 170, 172, 268-274, 348

Thatcher, Margaret, 123-125, 244-257, 327n, 327-328, 354-355

Guerra das Malvinas, 243-246, 246n, 248-258, 267

Gorbachev e, 311-315

morte de, 354-355

passado de, 245, 245n

Reagan e, 123-126, 243-258, 265-68, 274, 311-314, 320, 327-329, 347-350

Time (revista), 144, 335

tortura, 272

tradição das faixas amarelas, 182, 182*n*

Truman, Harry, 46, 106, 106n, 196

"Um tempo para escolher" (discurso), 89-92

União Soviética, 15, 20, 22, 25, 100, 101, 124, 196-203, 224, 298-299

armas nucleares, 196, 196, 198, 202, 267, 278, 280, 315-316

economia, 312, 317n

gulags, 200, 200n

políticas de Reagan, 197-203, 226, 234, 234n, 235, 241, 266-268,

273, 277, 279n, 280, 311-316, 317n

regime comunista, 20, 51, 196-202, 312-316, 320

Universal Studios, 33, 33n

virada eleitoral, 139, 139n

Vitória amarga (filme), 45

Walters, Barbara, 145, 283

Wall Street Journal (jornal), 21, 284

Wallace, George, 149-150, 150*n*

Wallace, Mike, 344

Warner Bros. Pictures, 34-40, 45, 62

Warner, Jack, 36, 52

Washington Post (jornal), 107, 276, 280, 310

Washington Star (jornal), 207

Wayne, John, 55, 83, 85n

Weinberger, Caspar, 224, 273n

Will, George, 229-330

Wood, Natalie, 73, 75

World Vision, 212n

Wyman, Jane, 37-38, 44n, 48, 55, 62, 350, 356

casamento com Reagan, 37, 38, 40-43, 62, 118

filmes de, 37, 40, 40n, 42, 43, 45, 45n

Este livro foi composto na tipografia
Adobe Garamond Pro, em corpo 12/16,5, e impresso
em papel off-white no Sistema Digital Instant Duplex
da Divisão Gráfica da Distribuidora Record.